DAMIAN **RICHTER**

GO!

DER *Startschuss* IN DEIN **NEUES LEBEN**

INHALT

KAPITEL 1

SO FING ALLES AN: MEIN *dunkelster* MOMENT   12

→ Warum Du dieses Buch liest - Liebe es, lass es oder verändere DICH!   13

→ Mein dunkelster Moment: Zum Glück gescheitert   18

→ Die wichtigste Lektion meines Lebens - Von einer Erkenntnis, die alles veränderte   20

→ Die zerstörerische Macht der vier gefährlichsten Wörter der Welt   30

→ Eine Fähigkeit, die einfach alles verändert: Die Macht, Entscheidungen zu treffen   38

→ Die erstaunliche Auswirkung von Selbstbild und Fremdbild   47

KAPITEL 2

G.A.I.L. - DEIN WEG IN EIN AUSSERGEWÖHNLICHES *Leben*   52

→ Was uns alle verbindet: Endlich angekommen im Leben   53

→ Die Ein-Schritt-Methode zum Glücklich-Sein   58

→ Endlich on fire: Die Welt aus den Augen Deines alten Ich's   67

→ Motivation auf Knopfdruck: So findest Du Dein Warum   72

→ Geboren, um zu gewinnen   76

→ Der Erfolgsmacher: Das ist mein Erfolgsgeheimnis   81

KAPITEL 3

ENDLICH *Klarheit* - WER DU **BIST** UND WAS DU **WILLST**   88

- ➡ Die Weisheit des Zauberers:
  Nach dem Chaos kommt die Klarheit   89
- ➡ 100% Du selbst - Schritt für Schritt zurück zu Dir   93
- ➡ Folge Deiner Intuition!   100
- ➡ Ein Gedanken-Experiment, das Dein Leben verändert   106
- ➡ „Endlich habe ich ein Ziel!"
  - Wie Du herausfindest, was Du wirklich willst   114
- ➡ Was das Universum und Amazon gemeinsam haben   125
- ➡ Volltreffer! - So erreichst Du Deine Ziele   130

KAPITEL 4

MISSION *Traumleben:* DIE REISE **BEGINNT**   136

- ➡ Du bist der Architekt Deines Lebens - auch ohne Studium   138
- ➡ Schritt für Schritt zum Ziel   147
- ➡ Die ultimative Anleitung zum Ankommen:
  Die drei Säulen der Umsetzung   154
- ➡ Was, wenn Dir mal die Puste ausgeht?
  Durchhalten spielend leicht lernen   160

KAPITEL 5

FÜHLE DIE **ANGST** UND *handle* TROTZ ALLEDEM — 168

- ➡ Der Unterschied: Das machen erfolgreiche Menschen anders als die anderen — 168
- ➡ Der Volle-Hose-Exkurs: Was ist eigentlich Angst? — 174
- ➡ Wenn der Bolzen steckt: Mit der Quickie-Methode zu mehr Mut in zwei Minuten — 177
- ➡ Die Triade als Technik der Titanen — 181
- ➡ Wie Du Deine Komfortzone durchbrichst - So meisterst Du Deine Angst! — 189
- ➡ Von der Angst, nicht gut genug zu sein - Wie Du aufhörst, Dich ständig zu vergleichen — 196

KAPITEL 6

DER *Kampf* MIT DEINEN **DÄMONEN** — 206

- ➡ Du bist nicht kaputt - Warum wir alle oft nicht „funktionieren" — 207
- ➡ „Ich bin an allem schuld!" - Der Freispruch Deines Lebens — 213
- ➡ Killer-Methoden für Aufschieberitis und negative Gedanken — 224
- ➡ Das Superman-Mindset des erfolgreichsten Trainers der Welt — 231
- ➡ Keine Angst vor dem Scheitern: Wie Du endlich loslegst und Dich zeigst — 236

KAPITEL 7

40 SEITEN FÜR EIN **GIGANTISCH** GROSSES *Selbstvertrauen*   243

→ Du und der Clou vom Chamäleon   244
→ Das Phänomen der sauren Gurke
   - Endlich nie mehr anpassen und verbiegen   249
→ Alles eine Sache der Einstellung:
   So wirst Du unverletzbar   255
→ Ab heute wird modelliert
   - Entdecke den Muhammad Ali in Dir   264
→ Ich glaube an Dich! Und ich verrate Dir auch warum   271
→ Ein zähneknirschendes Eingeständnis   275

VORWORT

VON SERGEJ DUBOWIK

Dein Leben ist im Moment nicht so, wie Du es Dir schon immer gewünscht hast? Alle um Dich herum scheinen glücklicher zu sein? Irgendwas machst Du falsch, doch Du weißt nicht genau was?

Jetzt kommt die Überraschung: Den meisten von uns geht es ähnlich wie Dir! Wir alle kämpfen mit den Fragen: Was wollen wir wirklich? Was macht uns glücklich?

Auch wenn unsere Unternehmen und Vorhaben auf den ersten Blick sehr unterschiedlich erscheinen, verfolgen Damian Richter und ich dennoch eine gemeinsame Vision: Wir möchten so vielen Menschen wie möglich bewusst machen, dass sie eigenständig und aus eigener Kraft ein außergewöhnliches Leben kreieren können und jeder einzelne von uns zu 100% für die Entfaltung seines vollen Potenzials selbst verantwortlich ist.

Damian geht den Weg über die Persönlichkeitsentwicklung, ich gehe den Weg über die unternehmerische Entwicklung. Am Ende gehört beides eng zusammen. Nur Erfolg im unternehmerischen Sinne ohne Erfolg im Privatleben ist nur die halbe Medaille und umgekehrt genau so.

Deshalb bin ich um so glücklicher, einen Menschen wie Damian kennengelernt zu haben. Damian schafft es, Themen wie Finanzen, Beziehung, Gesundheit und Beruf auf eine Art und Weise zu verknüpfen wie kein anderer Coach, Trainer, Speaker oder Mentor im deutschen Sprachraum. Damian ist für mich ein Coach für Persönlichkeitsentwicklung auf ALLEN Ebenen. Wir brauchen mehr Menschen wie Damian. Mehr Menschen, die uns regelmäßig daran erinnern zu lächeln, unsere Emotionen zu reflektieren und uns zeigen, dass unser Leben niemals einseitig ist, egal in welcher Situation wir uns gerade befinden.

Es wird gesagt, dass kein Baum in den Himmel wachsen kann, wenn seine Wurzeln nicht bis in die Hölle reichen. Damian hat in seinem Leben eine Menge erlebt! Von den tiefsten Tiefs und dem Moment, als er seinem Leben ein

Ende setzen wollte, bis hin zu den höchsten Hochs und Augenblicken, in denen er Milliarden-Portfolios an der Börse verwaltete. Damian kennt beide Seiten des Lebens und spricht über beide Seiten so offen wie kaum ein anderer. Dabei verfolgt er das Ziel, allen zu zeigen, dass es immer einen Ausweg gibt und dass es, wenn Du am Boden bist, nur noch bergauf gehen kann.

Das Buch „GO! Der Startschuss in Dein neues Leben" verspricht genau das, was auf dem Titel steht. Egal, wo Du gerade in Deinem Leben stehst, egal wie verzwickt oder erfolgreich Dein Leben gerade ist, nach dem Lesen dieses Buches wird JEDER Leser viele Aspekte seines Lebens durch eine komplett neue Brille sehen als davor.

Wir leben heute in einer Illusion der Perfektion, wir glauben, wir können erst dann glücklich sein, wenn wir ein bestimmtes Vorhaben erreicht haben. Damian räumt mit diesem Denkfehler auf und zeigt uns, dass das Glück im Moment ist und jeder sofort ein glückliches Leben führen kann.

Ein Buch hat die Macht, alles zu verändern. Dieses Buch hier gehört auf jeden Fall zu einem dieser Bücher. Wenn Du die Kunst des glücklichen Lebens beherrschen willst, dann musst Du dieses Buch, welches Du gerade in Deinen Händen hältst, unbedingt lesen.

Ich wünsche Dir viel Spaß beim Lesen und hoffe, dass Du die Disziplin und Entscheidungsstärke hast, die Ideen aus diesem Buch für Dein Leben umzusetzen.

Sergej Dubowik
Vertriebs- und Digitalisierungsexperte
Dubai, im April 2020

Danke FÜR **DICH** IN MEINEM LEBEN!

Es gibt da jemanden, bei dem ich mich schon vor dem ersten Kapitel bedanken will. Und dieser „Jemand" bist Du.

Du hast Dir dieses Buch besorgt, ganz egal ob Du es gekauft, geschenkt bekommen oder gefunden hast - und hältst es jetzt in Deinen Händen. Deine Neugierde, Deine Offenheit und Dein Drang nach Wachstum sind es, die mich mit Glück erfüllen. Denn es gibt nichts Größeres für mich, als andere Menschen auf dem Weg in ihren Erfolg begleiten zu dürfen.

Mit „GO!" hast Du Dir die ultimative Anleitung gesichert, welche Dich sofort und ohne Umwege direkt in die Umsetzung führen wird. Setzt Du diese Anleitung um, werden Deine Träume, Visionen und Ziele nicht mehr länger Hirngespinste sein, sondern schon bald zu Deiner Realität.

> „DAS SCHIFF IST *sicherer*, WENN ES IM HAFEN LIEGT. DOCH DAFÜR WERDEN SCHIFFE **NICHT GEBAUT**."
> Paulo Coelho

Auf Deiner Reise durch dieses Buch bist Du nicht allein. Tritt jetzt unserer GO-Familie in einer geschlossenen **Facebook-Gruppe** bei und sichere Dir **kostenlose** Downloads, Meditationen, Videos und Dokumente als Bonus-Ergänzung zum Buch unter:

 WWW.DAMIAN-RICHTER.COM/GO-TRAINING

Auf eine magische Reise voller Wachstum, Liebe und Erfüllung,

Dein Damian

KAPITEL 1

SO FING ALLES AN:
MEIN *dunkelster* MOMENT

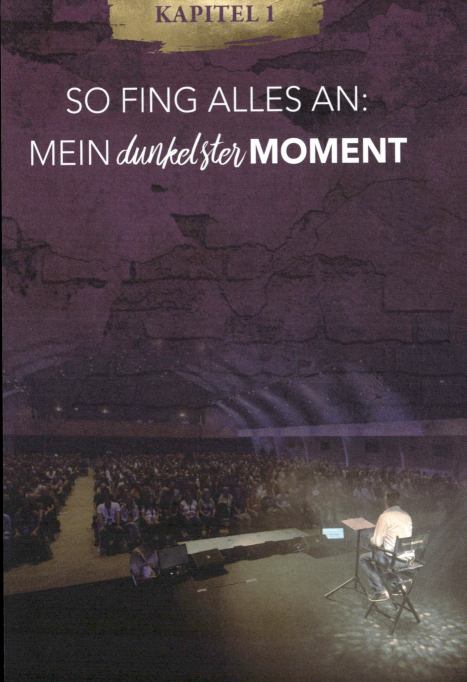

SO FING ALLES AN: MEIN *dunkelster* MOMENT

> *„Man kann einem Menschen nichts beibringen,*
> *man kann ihm nur helfen,*
> *es in sich selbst zu entdecken."*
>
> GALILEO GALILEI

Du bist wie ich. Und ich bin wie Du. Das ist auch der Grund, warum Du Dir dieses Buch auf jeden Fall bis zum Ende durchlesen solltest. Denn ich weiß ganz genau, wie es Dir gerade geht. Ich weiß, warum Du dieses Buch liest. Ich weiß, was in Dir gerade vor sich geht. Glaube mir. Im Laufe der folgenden Seiten wirst Du auch erfahren, warum - doch das, was Du zu Beginn des Buches wissen solltest ist:

Ich kann Dich verstehen.

Ich kann Dich verstehen, wenn Du abends weinst, weil Du nicht weißt, wie Du den Kühlschrank füllen, den Urlaub bezahlen oder die neuen Klamotten für die Kinder finanzieren sollst. Ich kann Dich verstehen, wenn Du Dich selbst dafür verurteilst, dass Du sie schon wieder nicht angesprochen hast, dass Du ihm wieder nicht gesagt hast, was Du eigentlich für ihn fühlst und dass Du Dich schon wieder nicht getraut hast, es einfach zu machen. Ich kann Dich verstehen, wenn Du Dich dabei ertappst, dass Du traurig, unzufrieden oder verzweifelt bist, ohne so richtig zu wissen, warum. Und ich weiß, dass Du das am liebsten gar nicht zugeben würdest.

Ich kann Dich ebenfalls verstehen, wenn Du Dich fürchtest. Wenn Du Angst davor hast, alleine zu sein. Nicht die Liebe zu finden, nach der Du Dich so sehnst. Niemals Dein wahres Potential gelebt zu haben und niemals das Leben wirklich genießen zu können. Ich kann Dich verstehen, wenn es Dir so scheint, als sei gerade alles einfach zu viel. Und ich kann Dich verstehen, wenn Du Dich umbringen willst. Denn ich habe all das bereits erlebt - und überlebt.

Heute bin ich einer der glücklichsten Menschen dieser Welt. Ach, was sage ich? Des gesamten Universums! Ich liebe die Frau an meiner Seite. Ich liebe meine zwei Kinder und meine Geschenktochter. Ich liebe es finanziell frei zu sein und ich liebe den Ort, an dem ich jeden Tag aufwache. Ich liebe mich und ich liebe das, was ich tagtäglich tun darf. Jeden Morgen, wenn ich in meinem Bett liege und meine Augen öffne, dann ist es wieder da. Dieses eine, ganz bestimmte Gefühl, ganz angekommen zu sein im Leben. Zur richtigen Zeit am richtigen Ort die richtige Person zu sein. Mit einem riesigen Lächeln auf den Lippen. Und weißt Du was?

Genau das ist der Grund, weshalb Du dieses Buch liest...

KAPITEL 1.1

Warum DU DIESES BUCH LIEST - **LIEBE ES, LASS ES** ODER **VERÄNDERE DICH!**

Vielleicht denkst Du, dass Du dieses Buch liest, weil Du wachsen willst und an Dir selbst „arbeiten" möchtest, damit Du schneller erfolgreich werden kannst. Du willst Dich selbst „optimieren", um bessere Ergebnisse im Beruf, den Finanzen, in Deiner Beziehung oder auch in der Gesundheit für Dich zu erzielen. Vielleicht willst Du bald den Sportwagen fahren, den all Deine Freunde haben wollen oder Dir, wenn Du erfolgreich bist, endlich mal den Urlaub leisten, den Du Dir schon so lange einmal „gönnen" wolltest.

Doch all das sind lediglich Teilaspekte.

Das, was jeder Mensch auf dieser Welt (und ja, damit meine ich auch DICH!) tatsächlich will, ist ein Gefühl. Und zwar das Gefühl, ganz anzukommen im Leben. Auf welche Art und Weise Du dieses Gefühl erreichst, ist eine individuelle und persönliche Angelegenheit - doch der Kern eines jeden Zieles und eines jeden Wunsches besteht aus genau diesem Ursprungsgefühl. Das, von dem Du dachtest, dass Du es willst, willst Du nicht.

Du willst keinen Sportwagen.

... Du willst das Gefühl, das Du hast, wenn Du mit 250km/h über die Autobahn fliegst und jeden rechts neben Dir liegen lässt, weil Du schneller bist als alle anderen!

Du willst keinen Traummann oder keine Traumfrau.

... Du willst das Gefühl von bedingungsloser Liebe, welche Dir die Freiheit schenkt, genauso zu sein, wie Du wirklich bist und gerade deswegen frei, unbeschwert und vertrauensvoll geliebt zu werden.

Du willst auch in Wirklichkeit kein Haus, keine höhere Stelle im Beruf oder mehr Geld auf dem Konto.

... Du willst das Gefühl von Sicherheit in Deinen eigenen vier Wänden, das Gefühl von Bedeutung oder Anerkennung, wenn Du neue und herausfordernde Aufgaben in Deinem Job gemeistert hast und das Gefühl von Unbeschwertheit und Sorglosigkeit, wenn Dein Konto immer weiter wächst und ganz vorne ein dickes Plus steht.

KNÜPFE DEIN GLÜCK NICHT AN BEDINGUNGEN!

Das Spannende ist, dass dieses Gefühl des Ankommens für die meisten Menschen immer an eine Bedingung geknüpft ist, die nur schwer zu erreichen ist. *„Wenn ich erst einmal meine Traumfrau gefunden habe, dann bin ich wirklich richtig glücklich!"*. Und bis es soweit ist, werden all diese Menschen depressiv, denn sie fühlen sich ohne ihre Traumfrau niemals wirklich glücklich...

Wie Du es schaffst, genau das im Hier und Jetzt zu verändern, wirst Du auf den folgenden Seiten sehr schnell für Dich erkennen können. Somit wird Glück und Lebensfreude auch für Dich zu einem vorhersagbaren Ergebnis. Vorausgesetzt, Du konsumierst die Inhalte dieses Buches nicht nur, sondern wendest sie aktiv an.

! WARNUNG !

An dieser Stelle muss ich nun leider eine ganz **besondere Warnung** aussprechen. Und zwar eine Warnung vor BÜCHERN! Und damit meine ich Bücher wie genau dieses, das Du gerade hier in Deinen Händen hältst. Denn Fakt ist: Bücher zu kaufen ist einfach. Bücher zu verschenken ebenfalls. Bücher riechen gut, fühlen sich oftmals gut an und geben uns allen das Gefühl, in uns und unser Wissen zu investieren. Lesen bildet, das ist ja allgemein bekannt. Doch gerade, weil die Anschaffung so einfach, die Lagerung so praktisch und auch der Zugang zu jedem Buch der Welt durch Onlineshops wie Amazon praktisch allgegenwärtig und effizient ist, tragen Bücher ein riesiges Gefahrenpotential in sich. Sie werden gekauft, verschenkt und angefangen - doch fast niemals ganz zu Ende gelesen. Und damit wird das in den Büchern enthaltene Wissen nahezu nie vollständig genutzt.

Die fatale Folge: Die Bücherstapel bei Dir zuhause wachsen und wachsen und wachsen. Du beginnst sogar den Staub auf den Büchern abzuputzen. Doch soll ich Dir was sagen? All die in den Büchern verborgenen Schätze werden niemals gefunden und entdeckt... Ein echtes Trauerspiel.

Manche Bücher sind echte Schätze!

Lass nicht zu, dass der Goldschatz, der jetzt in diesem Moment direkt in Deinen Händen liegt und der Schlüssel für die Tür sein könnte, hinter der sich Dein Traumleben verbirgt, in Vergessenheit gerät oder schlimmer noch: in einem Bücherregal verstaubt. Arbeite mit diesem Buch, **markiere, lese** und **unterstreiche, notiere, ergänze** und **verbessere** die Inhalte mit Deinen eigenen Gedanken. Setze dann alle Erkenntnisse und gesammelten Impulse für Dich um und einfach alles wird sich in Deinem Leben verändern. Warum ich mir da so sicher bin? Ganz einfach: Du hast bis hierher gelesen, was soviel bedeutet wie: Du meinst es schon mal ernster als der Durchschnitt der meisten Menschen auf dieser Welt.

"Love it, change it or leave it"

„Love it, change it or leave it" ist ein Spruch, der vielen Menschen bereits bekannt ist. Ins Deutsche übersetzt könnte man sagen: Liebe es, verändere es oder lass es sein. Dieser Satz kann sich, wie ich finde, sowohl auf eine einzelne, bestimmte

Situation oder auf das gesamte Leben beziehen. Dass Du das Leben nicht verlassen willst oder bereits gedanklich mit allem abgeschlossen und aufgegeben hast, ist klar. Sonst hättest Du Dir dieses Buch nicht angeschafft, ausgeliehen oder vielleicht von einem Freund geschenkt bekommen und anstatt es wegzuschmeißen lieber behalten - oder? Den Teilsatz „leave it" können wir hier also getrost unbeachtet lassen.

Vielleicht liebst Du Dein Leben bereits, doch gibt es noch immer einen Anteil in Dir, der sich nach Veränderung sehnt. Aus diesem Grund ist der Auszug „verändere es" der treffendste für Dich und alle anderen, die sich auf die Reise von „GO!" begeben.

DU WILLST DEIN LEBEN VERÄNDERN!? DANN VERÄNDERE DICH!

Damit sich Dein Leben tatsächlich nachhaltig verändern kann, musst Du zunächst Dich selbst verändern, an Dir arbeiten und Dich neu ausrichten. Genau das werden wir gemeinsam Schritt für Schritt, im Laufe dieses Buches tun. Aus den tiefsten Tiefschlägen und den höchsten Höhenflügen meines Lebens habe ich sehr viel gelernt. Vielleicht kennst Du meine Geschichte bereits aus meinem DURCHSTARTER PODCAST und den Folgen 10, 20 und 30. Solltest Du sie noch nicht gehört haben, so lass Dir eines gesagt sein: es war einfach ALLES mit dabei. Und mit ALLES meine ich tatsächlich ALLES. Von den größten Erfolgen, Partys und Meilensteinen, über den Verlust aller materieller Güter, die ich besaß, bis hin zum versuchten Selbstmord in einem Gifhorner Hotel.

Folgen 10, 20 und 30

Einige meiner größten Erfahrungen habe ich nun in diesem Buch niedergeschrieben. Warum es mit "GO!" nun ein weiteres Buch in der Bücherwelt gibt? Weil dieses Buch anders ist als alle, die Du bisher gelesen hast...

Die Welt der Bücher ist eine der spannendsten Welten, die es meinem Empfinden nach in unserem Universum gibt. Ein gutes Buch ist wie Magie, wie ein langer Zauberspruch, der die Macht hat, alles zu verändern. Denn Bücher offenbaren uns Chancen und Möglichkeiten, wie es fast kein anderes Medium jemals getan hat.

EIN EINZIGES BUCH VERMAG DAS LEBEN EINES MENSCHEN FÜR IMMER ZU VERÄNDERN

Genauso war es bei mir und bei vielen anderen Menschen vor und nach mir. Abraham Lincoln fand als kleiner Junge eine Kiste mit Büchern über die Schriften Amerikas, über Rechte, Gesetze und Gerechtigkeit und war fortan fest entschlossen, sein Leben der Politik zu widmen. Stell Dir nur einmal vor, was gewesen wäre, wenn der kleine Abraham damals diese Bücherkiste nicht gefunden hätte... Welchen Einfluss das auf die Geschichte Amerikas und damit auch die Geschichte der gesamten Welt genommen hätte...

Und weißt Du was? Ein einziges Kapitel, ein einziger Satz oder ein einziges Wort kann auch Dein Leben für immer auf den Kopf stellen.

Eine einzige Erkenntnis kann der Grund dafür sein, dass Du bereits in wenigen Wochen und Monaten Deine Träume nicht nur träumst, sondern auch lebst. Dass Du Deine Visionen umsetzt und Deiner inneren Stimme endlich folgst. Eine einzige Aussage kann der Funke sein, der das in Dir eingeschlafene Feuer der Selbstliebe wieder neu entfacht, damit Du Dein wahres Potential leben kannst!

Damit Du Dich traust, die Liebe Deines Lebens anzusprechen, wenn sie an Dir vorübergeht. Damit Du Dich traust, die Gehaltserhöhung einzufordern, die schon so lange überfällig wäre oder besser noch: Damit Du Dich traust, Deinen eigenen Weg voller Vertrauen und Glauben an Dich selbst zu gehen. **Kurz gesagt:** Damit Du Dich traust, Dir genau das Traumleben zu erschaffen, nach dem Du Dich so sehr sehnst...

Jedes Buch ist dabei grundverschieden. Jedes Buch ist anders geschrieben. Jedes Buch hat eine andere Farbe, eine andere Energie, eine andere Vision und eine andere Aufgabe. Sowohl aus Sicht des Autors, wie auch aus der Sicht von Dir: dem Leser und der Leserin.

GO! - DEIN TREUER BEGLEITER IN DEIN TRAUMLEBEN

Die Aufgabe dieses Buches ist es, Dich auf Deinem Weg, in Deine wahre Größe und in Dein Traumleben zu begleiten, Dich zu unterstützen und für Dich da zu sein, wenn Du einmal zweifelst. Es soll Dir Halt und Kraft und

Fokus geben, wenn Du mal wieder von Deinem Weg „abgekommen" bist und Dich in der Hektik und dem Stress des Alltags verlierst. „GO!" ist der Kompass, mit dem Du Dich immer wieder neu ausrichten kannst. Dein Echolot, das Dir den Weg weist, wenn Du einmal nicht mehr weiter weißt. Dein „Engel", der allzeit bereit steht, Dir den Impuls zu geben, den Du gerade brauchst, um so richtig durchzustarten.

KAPITEL 1.2

MEIN *dunkelster Moment:* ZUM **GLÜCK** GESCHEITERT

Damit Du die tiefe Gewissheit in Dir trägst, dass Dich alle Inhalte und sämtliche Erkenntnisse dieses Buches auch wirklich voranbringen werden, werde ich Dir eine kurze Geschichte erzählen und mich damit ganz kurz vorstellen.

Denn wenn Du bereits den wertvollsten Besitz Deines Lebens - nämlich Deine Lebenszeit - hier in dieses Buch und in das Hören der Hörbuch-Version investierst, dann finde ich, hast Du es auch verdient zu erfahren, mit wem Du es hier zu tun hast!

EIN TRAUMLEBEN, GEBOREN AUS EINEM ALBTRAUM

Mein Name ist Damian und wie Du vielleicht weißt, bin ich glücklicher Familienvater und gleichzeitig auch erfolgreicher Unternehmer, Investor, Immobilist sowie seit Anfang 2011 auch Erfolgstrainer und Lifecoach. Heute stehe ich fast jedes Wochenende vor Tausenden von Menschen auf den größten Bühnen des Landes, erreiche mit meinem LEVEL UP YOUR LIFE - Event das Leben zehntausender Seminar-Teilnehmer und -Teilnehmerinnen und verfolge dabei ein großes Ziel: **Gemeinsam mit meinem Team diese Welt zu einem noch besseren Ort werden zu lassen, als sie es ohne uns bereits gewesen wäre.**

Und ja - dieses Leben ist in jeder Hinsicht magisch und auf jede Art und Weise einmalig. Voller Vorfreude auf den Tag stehe ich morgens auf - und voller

Dankbarkeit, Erfüllung und Demut schlafe ich am Abend neben meiner Frau Sandy wieder ein. Für mich beinhaltet dieser Moment das Gefühl, „ganz angekommen im Leben" zu sein.

Doch das war nicht immer so.

DIE SCHLIMMSTE NACHT MEINES LEBENS

Es ist noch nicht einmal 15 Jahre her, als ich vollgepumpt mit Schlaftabletten, hustend und mich selbst übergebend in einer Badewanne eines Hotels in Gifhorn aufwachte, nur um festzustellen, dass ich sogar an dem Versuch gescheitert war, mir mein Leben zu nehmen. „Nicht einmal das kriegst Du hin!", war der erste Gedanke, den ich fassen konnte. Ich lag also in diesem Badezimmer und sah an mir herunter, als ich mich direkt noch einmal übergeben musste. Der Gestank in dem fensterlosen Raum war einfach unerträglich.

Ich weiß noch ganz genau, wie ich mich versuchte aufzurappeln, der Hals dabei kratzte, mir kotzübel war und ich mich im Spiegel ansah - nein, ansehen musste, weil ich mich am Waschbecken festhielt, damit ich nicht umfiel... Ich blickte in die Augen eines Mannes, der abgeschlossen hatte. Mit sich selbst und seinem Leben. Der die Verantwortung abgegeben hatte und innerlich gebrochen war. Der nichts mehr besaß, was für ihn von Wert war. Der in den Augen einer gesamten Stadt ein Betrüger und Verräter war. Und der sich vom Leben ungerecht behandelt, gefressen, einmal verdaut und wieder ausgespuckt fühlte. Und auch genau danach roch.

Wenn Du glaubst, dass an dieser Stelle eine filmreife Hollywood-Veränderung geschah oder ein Gedanke von „Jetzt mach ich alles anders!" in mir hochkam und alles wieder gut wurde, dann liegst Du falsch. So einfach war das bei mir damals nicht.

OHNE DIE PASSENDE ANLEITUNG DAUERT ALLES LÄNGER

Mir fehlte so ziemlich alles, was mir dabei helfen konnte, schnell wieder auf die Beine zu kommen. Mir fehlte all das Wissen, das Du mit „GO!" gerade in Deiner Hand hältst. Ich brauchte ganze zwei Jahre, um mich wieder im Spiegel anschauen zu können und einen Mann zu sehen, der wusste, dass er wertvoll ist, weil er ist, wie er ist. Der wusste, dass er alles schaffen kann, was er will, weil er die Verantwortung für sein Leben zu 100 % übernommen hat und weil er wusste, wofür es sich lohnte, seine Ängste zu überwinden. Und der ebenfalls den festen Glauben aufgebaut hatte, dass ihn nichts und niemand davon abhalten wird, seine Ideen, Träume und Visionen Wirklichkeit werden zu lassen.

Rückblickend betrachtet war es für mich damals natürlich ein Geschenk des Himmels, dass ich zu wenig Tabletten und zu viel Alkohol geschluckt hatte, sodass ich bewusstlos wurde, bevor ich mir die Überdosis geben konnte. Doch damals fühlte es sich an wie der Abgrund im Abgrund. Es fühlte sich an, als wenn das Leben mich mit dem Leben bestrafen wollte, nur um mir eine Lektion zu erteilen.

Diese Lektion des Lebens, welche die Grundlage für all meine darauf aufbauenden Erfolge werden sollte, wurde mir erst mit der Zeit so richtig bewusst und sollte einfach ALLES verändern. Mein Denken, meine Gefühle, meine Entscheidungen, mein Handeln und meine Ergebnisse.

KAPITEL 1.3

DIE **WICHTIGSTE LEKTION** MEINES LEBENS - VON EINER *Erkenntnis*, DIE **ALLES VERÄNDERTE**

Damit auch Du diese eine, wichtigste Lektion vollkommen begreifen und verstehen kannst, solltest Du zunächst wissen, wie ich damals überhaupt in die Situation gekommen bin, mir das Leben nehmen zu wollen. Ich mach es kurz, um schnell wieder zum Wesentlichen (nämlich der besagten Lektion) zurückzukommen:

Mit Anfang zwanzig war ich gerade dabei, als Unternehmer so richtig durchzustarten. Bereits mit 14 Jahren gründete ich gemeinsam mit meinem besten Freund Niky mein erstes Gartenbauunternehmen. Knappe acht Jahre später - ich war gerade Anfang 20 - war ich Inhaber und Geschäftsführer eines Finanzdienstleistungsunternehmens mit über 50 Mitarbeitern. Eines Tages kam mein Vater zu mir und sagte mir, dass ein Unternehmer Kontakte suche, um eine Hangbebauung mit Einfamilienhäusern an einem Berghang in der Schweiz durchführen zu können. Mein Leitspruch damals lautete: „*Gar kein Problem!*" - also nahm ich die Anfrage an und traf mich wenige Wochen später mit besagtem Unternehmer im ehemaligen Mövenpickhotel in Braunschweig zu einer ersten Besprechung.

DER ANFANG VOM ENDE: EINE SCHICKSALHAFTE BEGEGNUNG

Diese Begegnung sollte der Beginn einer Zeit sein, die mein Leben in eine vollkommen neue Richtung lenkte. Zunächst entwickelte sich alles prächtig. Mit dem mysteriösen Unternehmer verstand ich mich so gut, dass aus unseren ersten Kontakten eine Art Vater-Sohn-Beziehung entstand.

Er war der Mentor, von dem ich immer geträumt hatte. Einer, der mir zeigte, wie auch ich meine Erfolge schnell vergrößern und vermehren konnte, denn damals war ich so zerfressen von Selbstwertlosigkeit, dass ich mir im Außen Großes aufbauen musste, um meine innere Leere irgendwie auszuhalten. Ein Konzept, das natürlich nicht aufgehen konnte, wie ich später schmerzlich erfuhr. Doch in der Zeit unseres Kennenlernens wollte ich davon nichts wissen.

Ich vertraute dem Mann blind und war fest davon überzeugt, dass wir viel gemeinsam bewegen würden. Wir gründeten zusammen Unternehmen und Kapitalgesellschaften. Meine Geldbörse war gespickt mit Visitenkarten, auf denen „Vorstand" stand. Ich fühlte mich wie ein König und erteilte mutwillig Kontovollmachten von Unternehmen an meinen Mentor und Geschäftspartner, die er wiederum an mich übertragen hatte. Und so kam es, dass ich eines Tages - ich saß gerade auf dem Trecker beim Heuballpressen auf dem Pferdehof meiner damaligen Partnerin in der Nähe von Gifhorn - einen Anruf bekam.

Ich ging ran und es meldete sich die Schweizerische Bankenkommission. Ich sollte sofort in die Schweiz kommen. Die Herren stünden in meinem Büro und müssten mich dringend sprechen. Innerhalb von 24 Stunden flog ich in die Schweiz, nur um zu erfahren, dass alle Geschäftskonten geplündert, mein Mentor spurlos verschwunden sei und nun dringender Tatverdacht bestünde, dass ich das gleiche tun würde. Denn immerhin war ich es, der Kontovollmachten erteilte und Verantwortungen über die Unternehmen inne hatte.

VON JETZT AUF GLEICH: MEIN LEBEN, DIE HÖLLE AUF ERDEN

8,35 Millionen Euro Kapital von Anlegern waren von heute auf morgen abgehoben und verschwunden und ich stand als Sündenbock in Presse, Funk und Fernsehen. Dabei hatte ich doch gar nichts getan - dachte ich damals jedenfalls... Dass der Satz *„Dummheit schützt vor Strafe nicht"* allerdings seine Berechtigung hat und Konsequenzen mit sich bringt, musste ich damals in aller Intensität am eigenen Leib erfahren...

Alleine in Gerichtsverhandlungen zu sitzen, sich mit zurecht wutentbrannten Anlegern auseinanderzusetzen und Berge von Papier- und Unterlagen durchzuarbeiten, war für mich damals die absolute Hölle. Sogar in meinem Heimatort Gifhorn titelte die Tageszeitung *„Damian Richter - Kapitalanlagebetrug?"* - Das Fragezeichen am Satzende lasen allerdings nur die **wenigsten**.

Jeder Gang zum Supermarkt glich einem Spießrutenlauf, jedes Handyklingeln ließ mich erschaudern, jede Email, die ich bekam, öffnete ich nur unter allergrößter Anstrengung.

Von dem Mann verlassen, dem ich mehr vertraute als meinem eigenen Vater, mit Schulden in Millionenhöhe und einem Image-Schaden, der so immens war, dass ich fest davon überzeugt war, mich nie wieder davon zu erholen, traf ich einen Entschluss. Ich entschied mich dazu, nicht länger diesen Druck fühlen zu wollen, nicht länger als Verlierer, Betrüger und Halsabschneider beschimpft zu werden, sondern mir die Kontrolle zurückzuholen und dem Albtraum ein Ende zu setzen. Ich plante meinen Suizid, buchte mir ein Hotelzimmer in meiner Heimatstadt Gifhorn, kaufte Schlaftabletten und Alkohol und begann, alles in mich hineinzustopfen. Doch es klappte nicht und am nächsten Morgen wachte ich vollgekotzt wieder auf. Angekommen an einem der dunkelsten Momente meines Lebens. Tiefer fallen konnte ich nicht mehr.

WENN DU GANZ UNTEN BIST, KANN ES NUR NOCH BERGAUF GEHEN

Erst sehr viel später verstand ich, dass dieser dunkelste Moment meines Lebens mein Wendepunkt werden sollte und sogar etwas Gutes an sich hatte. Ich war so tief gefallen, dass es nur noch besser werden konnte - denn weiter runter ging es nicht mehr. Klingt immer komisch, aber es stimmte. Ziemlich genau zwei

Wochen nach meinem gescheiterten Plan, mich von dieser Welt zu verabschieden, traf ich mich mit einer guten Freundin aus früheren Zeiten, die durch die Zeitungen von meiner Geschichte erfahren hatte.

Als sie mich fragte, was denn wirklich passiert sei, gab es für mich kein Halten mehr... Ich beschimpfte und beleidigte meinen ehemaligen, spurlos verschwundenen Mentor, verteufelte das Leben und alle damit verbundenen Umstände und konnte es nicht glauben, dass meine Freundin kein einziges Mal verständnisvoll nickte - was mich wiederum noch wütender machte. Sie sah mich einfach nur an und hatte ein stummes Lächeln auf den Lippen, das mich wahnsinnig machte.

Irgendwann beendete ich meine Erklärung und Schilderung der Dinge und sie fragte: *„Fertig?"*. Ich zog meine Augenbraue fragend hoch. *„Bist Du fertig? Oder kommt da noch was?"* - *„Nein, das war alles, würde ich sagen"*, erwiderte ich verdutzt. *„Gut"*, sagte sie, *„dann habe ich jetzt eine Frage an Dich"*. Endlich! Endlich dachte ich mir, zeigt sie etwas mehr Interesse, anstatt immer nur diesem dauerhaft gleich bleibenden Grinsen.

„Damian, wenn Du mal ganz tief in Dich hinein spürst, was glaubst Du. Wer ist an all dem eigentlich WIRKLICH schuld?!" - Und wieder brach es aus mir heraus. *„Na wer wohl!? Dieser gottverdammte Feigling, verschwindet mit dem Geld und..."* - sie unterbrach mich. *„Du hast nicht ganz verstanden, Damian. Ich fragte: Was glaubst Du, wer ist an dem Ganzen eigentlich WIRKLICH schuld?"*. Und dieses Mal fiel mir die Betonung auf dem Wort **„WIRKLICH"** natürlich auf...

EIN SCHMERZHAFTES EINGESTÄNDNIS

Mein Gesichtsausdruck muss wohl so verständnislos ausgesehen haben, dass sich meine Freundin zurücklehnte, einmal tief durchatmete und dann noch mal fragte: *„Wer ist WIRKLICH schuld Damian, denk doch mal nach!"* - *„Ich verstehe nicht recht..."*, stammelte ich, nur um dann von ihr wiederum unterbrochen zu werden mit einem energievollen: *„Kannst Du's nicht verstehen oder WILLST Du es nicht verstehen?"*. Pause. Zehn Sekunden, zwanzig Sekunden.

Und auf einmal dämmerte es mir. Es war ein Gefühl wie damals in der Schule. Deutsch, achte Klasse. Wir bekamen die Klassenarbeiten wieder. Der Notenspiegel an der Tafel hatte es bereits durchsickern lassen, dass es eine 5 unter den Arbeiten gab. Ich blätterte vorsichtig in meinem Arbeitsheft auf die letzte Seite und sah die Note: 5. Schnell klappte ich das Heft wieder zu, packte es in den Schulranzen und sah wieder nach vorne. Bloß nicht anmerken lassen, dass ich derjenige war, der die 5 geschrieben hatte. Doch das Gefühl und das Wissen darüber, etwas gerade richtig vermasselt zu haben, konnte ich den gesamten Tag über nicht abschütteln...

Und genauso - nur 8,35 Millionen mal schlimmer, fühlte ich mich in genau diesem Moment, als mir meine Freundin tief in die Augen blickte und noch mal fragte: *„Damian, wenn Du ganz ehrlich bist. Wer ist WIRKLICH schuld daran? Wer hat all das Drama kreiert, erschaffen und angezogen?"*

ICH. Ich war es.

Ich habe sämtliche Warnhinweise meines Umfeldes ignoriert. Habe nicht auf den Ratschlag meines Vaters gehört, alles ruhiger anzugehen, die Verträge in Ruhe zu lesen. Ich habe mich von der Gier und dem Drang nach Erfolg leiten lassen, blind zu sehen, dass jemand heimlich, still und leise seine Flucht vorbereitete und meine Naivität und Dummheit missbrauchte, um 8,35 Millionen Kapital aus unseren Unternehmen zu entwenden...

Derjenige, der wirklich schuld war, war ich. Auch wenn ich es mir nicht eingestehen wollte.

EIN GESPRÄCH, DAS MEIN LEBEN FÜR IMMER VERÄNDERTE

Ich weiß noch, wie mir damals eine Träne über die Wange lief und sie ihren Arm um mich legte. An das Gespräch, was dann folgte, erinnere ich mich als wäre es gestern gewesen:

„Du weißt es, oder?", sagte sie und drückte mich fest an sich. Dann flüsterte sie mir ins Ohr: *„Das ist gut, das ist sehr gut. Du bist alleine darauf gekommen. Das bedeutet, dass Du jetzt wieder fest im Sattel sitzen kannst. Der erste Schritt ist getan." „Das musst Du mir erklären",* sagte ich, *„denn ich habe das Gefühl, dass es durch diese Sicht nur noch viel schlimmer geworden ist."* Sie setze sich damals wieder kerzengerade hin und sah mir in die Augen.

„Wenn Du sagen würdest, dass Dein Pferd daran schuld ist, wenn es beim Springreiten nicht richtig läuft - wer hat dann die Macht darüber, ob ein Wettkampf gut oder weniger gut endet?!", fragte sie. Ich überlegte kurz.

„Na das Pferd natürlich", antwortete ich. *„Genau! Der, dem wir die Schuld zuweisen, hat immer die Macht. Du bist schuld heißt also übersetzt nichts anderes, als Du hast die Macht!"* Ich nickte. Bis hierhin hatte ich alles verstanden. *„Und weiter?"* - *„Naja, wenn Dein Pferd die Macht hat, zu entscheiden, wie der Wettkampf verläuft, bist Du dann als Reiter jemals wirklich glücklich? Was denkst Du?".* *„Natürlich nicht",* gab ich zu, *„denn dann habe ich ja gar keinen Raum, in dem ich selbst noch auf das Pferd einwirken könnte."*

„Ja richtig! Was ist aber, wenn Du sagst, dass es in Deiner Macht liegt, zu jeder Zeit auf das Pferd einzuwirken, ihm gut zuzureden, klare und eindeutige Anweisungen zu geben, die Bedürfnisse des Tieres vorauszuahnen und sie zu erfüllen, damit das Pferd dann auch optimal für Dich arbeitet?" - *„Dann habe ich die Kontrolle wieder fest in meiner Hand!"* Ich richtete mich auf: *„Wenn ich also sage, dass ich schuld daran bin, dass der Wettkampf verloren ist, kann ich daran arbeiten und so lange mit dem Pferd trainieren, bis sich die Wahrscheinlichkeit massiv verbessert, dass das Pferd mitmacht und performt und wir als Team funktionieren."* Freudig antwortete sie: *„Herzlichen Glückwunsch, Du hast es erkannt!"*

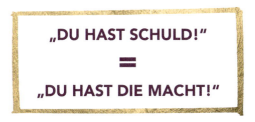

„DU HAST SCHULD!"
=
„DU HAST DIE MACHT!"

Dieses Gespräch war wie ein **Freispruch** für mich. Ein Freispruch von der Abhängigkeit, die ich mir mental auferlegt hatte. Indem ich dachte, dass mich einzig und allein mein Mentor in diese missliche Lage gebracht hatte, dachte ich auch, dass nur er mich dort wieder herausholen konnte. Schließlich hatte er das ganze Geld. Doch nun, da ich eingesehen hatte, dass ich es war, der mich genau zu diesem Punkt gebracht hatte, wusste ich, dass auch ich zu 100 % die Macht besitze, dem Schrecken ein Ende zu bereiten.

Indem ich mir sagte, dass **ich** dafür **verantwortlich** war, bin und immer sein werde, was in meinem Leben passiert, hatte ich die Gewissheit, dass ich vollkommen egal, was auch passierte, immer und überall aktiv auf das reagieren konnte, was gerade in meinem Leben geschah. Damit war ich sozusagen wie Iron Man. Unaufhaltsam. Unerschütterlich.

> Meine Lektion, die mir das Leben erteilte, war für mich fortan wie in Stein gemeißelt:
>
> **Übernimm die Verantwortung** für Dein Leben **zu 100%** - und Du erhältst die Macht über Dein Leben zurück.

Ich begann, mir **bessere Fragen** zu stellen und fragte mich nicht mehr, wieso ausgerechnet mir all das passiert ist und wie mein ehemaliger Mentor mir das nur antun konnte (denn so hätte ich ja die Verantwortung wieder abgegeben!). Stattdessen beschäftigte ich mich damit, die Antworten auf Fragen wie: „*Was muss ich nun machen, um alles wieder gerade zu biegen und aus diesem Loch herauszukommen?*" oder „*Was ist das Gute an dieser Situation und wer kann mir gerade vielleicht weiterhelfen?*", zu finden und schaufelte mich Tag für Tag, Schritt für Schritt wieder frei.

Diese Lektion darüber, die Verantwortung zu 100% für mein eigenes Leben zu übernehmen, rettete mich. Sie nicht zu kennen und in Unwissenheit zu leben, hätte mich fast das Leben gekostet.

SCHLUSS MIT DEN AUSREDEN, SCHLUSS MIT DEN SCHULDZUWEISUNGEN!

Die Verantwortung für Dein eigenes Leben zu 100% zu übernehmen, bedeutet allerdings auch, dass Du ab heute keinerlei Ausreden mehr in Deinem Leben zu lassen kannst.

Zu sagen, das Wetter, der Chef oder der Stau auf dem Weg zur Arbeit sind Gründe, warum etwas in Deinem Leben nicht so klappt, wie Du es gern hättest, gehört ab heute der Vergangenheit an. Denn willst Du wirklich einigen Wolken und ein bisschen Wasser, das auf die Erde fällt, die Kontrolle darüber geben, ob Du glücklich bist oder nicht?! Willst Du wirklich ein paar stehenden Metallklumpen auf der Autobahn die Kontrolle darüber geben, ob Du tiefenentspannt bist oder gerade vollkommen ausrastest, weil Du schon wieder zu spät zu einem Meeting kommst? Ich denke nicht. Die **Lösung** für Dich heißt: **Übernimm die Verantwortung** für Dich und Dein Leben zu 100% und trage dieses Mindset in **jeden einzelnen Bereich Deines Lebens** hinein.

DER GRUND, WARUM DIE MEISTEN MENSCHEN NIEMALS DAS LEBEN FÜHREN WERDEN, DAS SIE SICH WÜNSCHEN

Du denkst, das ist unfair? Du denkst, es ist schwer, sich nach dem Prinzip der 100% Verantwortung auszurichten und Du beginnst bereits Gedanken zu denken wie: *„Aber ich kann doch gar nichts dafür, wenn das Wetter schlecht ist. Wieso soll ich dann die Verantwortung dafür übernehmen?"*.

Dann gratuliere ich Dir an dieser Stelle ganz herzlich! Denn jetzt gerade, in diesem Moment, hast Du eines bereits verstanden. Und zwar, warum die meisten Menschen auf der Welt niemals das Leben führen werden, von dem sie schon immer träumen. Sie sind nämlich nicht in der Lage, die Verantwortung für ihr Leben zu übernehmen und sich zu jeder Zeit darüber bewusst zu sein, dass sie es selbst in der Hand haben, ob sie sich ärgern (zum Beispiel über das Wetter) oder nicht. Ob sie frohen Mutes weitermachen oder ob sie die Verantwortung abgeben, mit dem Finger auf die anderen zeigen und sich in Selbstmitleid und Unzufriedenheit verlieren.

Die Verantwortung zu 100% zu übernehmen, ist eine Herausforderung, der Du Dich **voller Vorfreude** stellen darfst. Denn indem Du Dich dieser Aufgabe stellst, wirst Du massiv wachsen. Und indem Du wächst, wirst Du neue Herausforderungen sehr viel leichter lösen können, als es bislang in Deinem Leben der Fall war. Eines Tages wirst Du zurückblicken und dankbar dafür sein, dass Du den vermeintlich beschwerlicheren Weg gegangen bist. Denn auf diesem Weg wartet die Freiheit auf Dich! Ein Gefühl, das die meisten Menschen niemals erleben werden.

Die wichtigste Lektion meines Lebens - Von einer Erkenntnis, die alles veränderte

> **BIST DU BEREIT FÜR EINE KLEINE CHALLENGE?**
>
> Die Aufgabe an Dich lautet: **Übernimm für die kommenden sieben Tage die Verantwortung für Dein Leben zu 100%!** Das bedeutet: kein Meckern, kein Beklagen, kein Nörgeln, keine Schuldzuweisungen und keine Lästereien.
>
> Du richtest Deinen gesamten Fokus und Deine volle Aufmerksamkeit nur auf Dich selbst aus. Wenn Du Dich dabei ertappst, wie Du Dich beschwerst oder anderen Vorwürfe machst - und sei es nur in Gedanken - **beginnt die Challenge von vorne** und weitere sieben Tage gilt es, die Verantwortung nicht abzugeben.
>
> Lässt Du Dich auf diese Challenge ein, hast Du eine lebenslange Aufgabe zu bewältigen. Auch ich habe es bislang erst einmal geschafft, sieben Tage lang bewusst die Verantwortung für alles zu übernehmen, was in meinem Leben passierte. Und das war im Urlaub! Doch wehe dem, ich bin nicht ausgeschlafen oder die To-Do's prasseln nur so auf mich herein… Dann geht es mir wie vielen anderen auch und ich falle regelmäßig aus meinem Verantwortungsdenken heraus.

Glaube mir, auch ich bin kein Roboter, der alles sofort richtig umsetzt und anwendet.

Auch ich habe damals einige Zeit gebraucht, um dieses Prinzip vollkommen in mein Leben zu integrieren. Meine gute Freundin war damals mein Mentor, denn immer wenn wir uns gesehen oder telefoniert haben, erinnerte sie mich an die 100% Verantwortung. Sie war der Grund, weshalb ich all mein Handeln und mein Tun fortan ständig reflektierte und neu begutachtete. Und ja, manchmal habe ich sie dafür gedanklich auf den Mond geschossen. Denn wenn Du gerade am Boden liegst und Deine Wunden leckst, ist eine Freundin, die Dich freundlich darauf hinweist, dass ganz allein Du selbst diese Wunden zu verantworten hast, nicht gerade das, was Du Dir in dem Moment wünschst...

EIN WICHTIGER RATSCHLAG FÜR DICH AUF DEM WEG IN DEIN AUSSERGEWÖHNLICHES LEBEN

Doch genau das ist die Aufgabe von Coaches, großen Mentoren und wahren Lehrmeistern: uns herauszufordern und auch dann damit weiterzumachen, wenn wir eigentlich aufhören wollen. Weil sie an uns glauben und weil sie wissen, dass mehr in uns steckt als das, was wir von uns selber glauben. Aus meiner eigenen Erfahrung gebe ich Dir daher nun einen wichtigen Ratschlag mit auf Deinem Weg: Wenn Du schnell vorankommen willst im Leben, brauchst Du einen Coach. Denn jeder - und ich meine WIRKLICH jeder - braucht einen Coach, wenn er es ernst meint mit einem außergewöhnlichen Leben.

Und weißt Du was? Es kann sein, dass es Momente in diesem Buch gibt, in denen Du Dich dabei ertappst, wie Du mir am liebsten an die Gurgel gehen willst, wie Du rebellierst und Gedanken denkst, die mit einem großen „Aber" anfangen. In diesen Momenten musst Du unbedingt dranbleiben! Leg das Buch auf gar keinen Fall weg, sondern lies immer weiter! Denn immer dann, wenn die Themen in diesem Buch etwas „mit Dir machen", nähern wir uns einem Gefühlskern oder einer Erkenntniswurzel, die wir uns anschauen müssen, damit sich etwas verändern kann.

Dann bist Du sozusagen der Goldgräber, der gerade wenige Zentimeter von dem großen Schatz entfernt ist und einfach nur noch weiter mit dem Pickel auf den Stein schlagen muss, bis er ihn freilegt und ein Leben auf einem vollkommen neuen Level führen kann.

MEIN GEHEIMES ZIEL HINTER „GO!"

Für unsere gemeinsame Reise durch dieses Buch ist es mir eine riesige Ehre, Dein persönlicher Mentor und Coach sein zu dürfen und Dich auf Deinem Weg ein Stück weit zu begleiten. Dabei habe ich nur ein Ziel: Dich mit all meinem Wissen, mit all meiner Energie und mit all meiner Erfahrung so sehr dabei zu unterstützen, Deinen persönlichen Weg erfolgreich zu gehen, dass Du über Dich und auch über mich hinauswächst. Meine Motivation hinter diesem Buch ist es, eines Tages von Menschen und Überfliegern wie Dir einen Brief zu erhalten, in dem Du mir von dem Abenteuer Deines Lebens berichtest. Nämlich der Reise zu Dir selbst. Wie Du durchgestartet bist, wie Du Deine Ängste überwunden hast, Deine Träume und Ziele hast wahr werden lassen und ganz angekommen bist im Leben. Ist dieser Moment eingetroffen, hat sich der Sinn dieses Buches erfüllt.

KAPITEL 1.4

DIE **ZERSTÖRERISCHE** *Macht* DER VIER GEFÄHRLICHSTEN **WÖRTER** DER WELT

Bevor wir nun so richtig loslegen und durchstarten, habe ich noch eine Bitte an Dich. Und diese Bitte wird oftmals falsch verstanden, daher lies die kommenden Zeilen sorgfältig durch, damit Du sie auch richtig auffasst.

Glaube nur das, was Du selbst als wahr erkannt hast!

Ich bitte Dich aufrichtig, mir innerhalb dieses Buches und auch auf all meinen Seminaren kein einziges Wort zu glauben. Glaube mir kein Wort von dem, was ich schreibe oder sage. Denn Du kannst nicht den Weg des Erfolges gehen, indem Du alles akzeptierst und abnickst, was ich Dir erzähle. Wahrhaft erfolgreich und erfüllt bist Du nur dann, wenn Du selbst etwas als „wahr" erkannt hast, wie das folgende Zitat von Buddha wunderbar schön aufgreift:

Glaube nichts, weil es geschrieben steht.
Glaube nichts, weil ein Weiser es gesagt hat.
Glaube nichts, weil alle es glauben.
Glaube nichts, weil es als heilig gilt.
Glaube nichts, weil ein anderer es glaubt.
Glaube nur das, was Du selbst als wahr erkannt hast.
Glaube nur das, was Du selbst als wahr erkannt hast.
Glaube nur das, was Du selbst als wahr erkannt hast.

Dinge selbst als „wahr" zu erkennen, gelingt Dir nur, wenn Du etwas neues ausprobierst und anwendest. Nur indem Du all das Wissen, was ich hier mit Dir teilen werde, auch tatsächlich für Dich selbst austestest, wirst Du erfahren, ob all das genau so für Dich funktioniert, wie für mich! Und weißt Du was?

Du bist **nicht** die EINE Ausnahme im gesamten Universum und das ist gut so!

Warum ich Dir das sage? Weil ich oft genug gehört habe, dass Menschen zu mir sagen: „Damian, das ist ja alles schön und gut und für Dich mag das vielleicht alles gelten, doch für mich gestaltet sich das etwas schwieriger. Bei mir ist es anders." Diese Menschen verpassen es, Erfahrungen zu machen, die ihr Leben komplett auf den Kopf stellen würden - im positiven Sinn. Weil sie dem Denken verfallen, dass sie die einzige Ausnahme im gesamten Universum sind.

Ja, das ist traurig. Denn wenn ein Mensch sein Potential nicht lebt, wird er niemals ein glückliches Leben führen. Dann wird er niemals wissen, was alles möglich gewesen wäre, wenn er sich getraut hätte. Dann wird er eines Tages unzufrieden feststellen, dass er die besten Chancen verpasst hat, doch dann ist es zu spät...

WAS FÜR MICH FUNKTIONIERT, FUNKTIONIERT AUCH FÜR DICH

Aus diesem Grund weise ich immer wieder ganz deutlich darauf hin, dass das, was ich sage, nicht nur für mich funktioniert, sondern dass alle Inhalte einer universellen Wahrheit entsprechen, die für alle gleichermaßen gilt. Auf meinen Seminaren und Webinaren waren bereits tausende Lehrer, Schüler, Omas, Opas, Tischler, Ärzte, Fleischer, Maurer, Politiker, Sportler, Anwälte und Richter, junge und alte Menschen, Ingenieure, Unternehmer, Hausfrauen, Mütter, Väter, Schauspieler, Musiker, Autoren, Köche, LKW-Fahrer, Bauern und Philosophen. Und sie **alle** haben die Inhalte, welche ich hier in diesem Buch mit Dir teile, nicht gleich geglaubt, doch sie alle waren **offen und bereit**, die Inhalte und Strategien in ihrem Leben auszutesten und anzuwenden.

Bei allen haben sie ihre volle Wirkung entfaltet und ein vollkommen neues Gefühl von Erfüllung nach sich gezogen. Daher ist die Wahrscheinlichkeit, dass es auch bei Dir funktionieren wird, extrem hoch.

SEI ES DIR SELBST WERT UND MACH MIT!

Glaube mir also kein Wort! Und - und das ist meine zweite Bitte - mach aktiv mit! Lies dieses Buch mehrmals, überfliege, schlage nach und mache Dir Notizen. Arbeite die Aufgaben gewissenhaft durch und beteilige Dich. Denn so wirst Du Dein Wissen immer wieder neu reaktivieren und auf verschiedenen

Verstandes-Ebenen vertiefen können und auch in einigen Wochen und Monaten **mehr als 90%** des hier übermittelten Wissens abrufen und anwenden können. Viele Aufgaben und Ideen eignen sich übrigens auch hervorragend dafür, sie zuhause in Deinem gewohnten Umfeld zu erledigen und durchzuführen.

Bei all den Aufgaben kann es manchmal sein, dass sich etwas irgendwie komisch oder kitschig anfühlt, weil Du sie vielleicht noch niemals zuvor auf diese Art und Weise gemacht hast. Doch ich sage Dir dazu Folgendes: Lieber mache ich kitschige Übungen, bringe mich total mit ein und lebe danach mein Traumleben, anstatt verdammt cool zu sein und meinen Ängsten und Zweifeln jeden Tag aufs Neue zu erliegen und ein Leben weit hinter meinem Potential zu führen. Wahr oder wahr?!

Und mal unter uns gesagt: Wenn Du schon nicht bei Dir zuhause damit anfängst, kitschige Übungen umzusetzen, wo Dich niemand sehen kann und keiner Dich verurteilt, dann machst Du es da draußen in der Welt erst recht nicht! Also bring Dich ein, gib 100% Deiner Energie, halte nichts zurück und Du wirst massiv davon profitieren können.

> **ÄNDERE DEINE VERHALTENSWEISE UND DU ÄNDERST DEIN LEBEN**

Du willst Veränderung in Deinem Leben? Dann stell Dich darauf ein, dass Du ab heute die Dinge in Deinem Leben ganz massiv anders machen musst, als bisher. Denn Deine bisherige Verhaltensweise hat Dich genau dorthin gebracht, wo Du heute stehst: Zu der Energie in Deinem Körper, zu den Beziehungen, die Du gerade führst, Deinem Selbstbewusstsein, Deiner Selbstliebe und Deinem Selbstwert und zu Deinem aktuellen Kontostand.

Wenn Du mit all dem schon absolut zufrieden und glücklich wärst, würdest Du dieses Buch gerade nicht lesen, oder? Daher beginne, alles umzukrempeln und neue Verhaltensweisen zu etablieren, die Dich Deinem Traumleben noch näher bringen werden als alles, was Du bisher getan hast.

EIN FATALER IRRGLAUBE, DER DEIN LEBEN ZERSTÖRT

Manche Menschen denken übrigens, dass sie alles so weitermachen könnten wie bisher und gleichzeitig neue Ergebnisse in ihrem Leben erhalten könnten. Doch hast Du schon einmal einen Raucher gesehen, der, indem er jeden Tag eine Zigarette raucht, auf einmal rauchfrei war? Nein? Ich auch nicht.

Albert Einstein hat diese Tatsache in einem berühmten Zitat einmal zusammengefasst:

> *„Zu glauben, alles so weitermachen zu können wie bisher und gleichzeitig neue Ergebnisse zu erwarten, ist die **Definition von Wahnsinn**."*

DIE VIER GEFÄHRLICHSTEN WÖRTER DER WELT

Wahnsinn ist es auch, die vier gefährlichsten Wörter der Welt zu benutzen. Diese vier gefährlichsten Wörter der Welt sind so gefährlich, dass ich sie am liebsten gar nicht erst benutzen würde... Denn glaube mir, sie sind die Wurzel allen Übels!

Sie sind der Grund dafür, warum es heutzutage viele belesene Menschen gibt, die von Seminar zu Seminar hüpfen und sich weiterbilden, aber trotzdem das Gefühl haben, nicht wirklich glücklich zu sein. Ich werde sie Dir gleich verraten - und wenn Du sie liest, solltest Du schnell weiterlesen! Verbringe bloß nicht zu viel Zeit mit ihnen, schließlich wollen wir uns auf das fokussieren, was uns voran bringt und nicht auf das, was uns sabotiert und aufhält, richtig?

> **DIE VIER GEFÄHRLICHSTEN WÖRTER DER WELT LAUTEN:**
> **„DAS WEISS ICH SCHON!"**

Stell Dir vor, jeder Mensch sei wie ein Gefäß, eine Tasse beispielsweise. Als eine solche Tasse kommt jeder Mensch auf die Welt. Natürlich ist diese Tasse - also das Gefäß Deines Lebens - anfänglich noch ziemlich leer. Manche Menschen würden sagen, dass etwas „Karma" oder vorgeburtliche Themen bereits im Gefäß enthalten sind, doch einigen wir uns vorerst darauf, dass die Tasse leer ist.

WARUM DU DENKST, WIE DU DENKST

Nun wird **DAS GEFÄSS DEINES LEBENS** im fortschreitenden Alter immer mehr gefüllt - und zwar von den Menschen in **Deinem Umfeld**. Dein Gefäß wird gefüllt mit all den Glaubenssätzen, die heute in Dir stecken. Glaubenssätze über Dich und über das Leben und über jeden einzelnen Lebensbereich sowieso. In Deinem Gefäß des Lebens ist festgehalten, wie Du über Geld denkst, wie Du Liebe definierst, was Du über Deine Gesundheit und Deinen Lifestyle weißt, ob Du wertvoll bist oder nicht, mutig oder ängstlich und welches Bild Du von Dir selbst hast. Was haben Deine Eltern, Geschwister, Erzieher oder Freunde als kleines Kind zu Dir, über Dich und über Themen wie Geld, Erfolg und Liebe gesagt? All diese Informationen sind unbewusst in Deinem Gefäß des Lebens gespeichert.

Die traurige Wahrheit ist, dass es einige Muster und Glaubenssätze in Deinem Gefäß gibt, die Dir nicht gut tun, die Dein Glück und Deine Erfüllung sabotieren. Denn wenn alles gut wäre, hättest Du ja bereits den Erfolg, das Geld, die Gesundheit und die Liebe, die Du Dir wünschst, richtig? Wenn alles ideal ist, gäbe es nichts, was zu beanstanden wäre.

HÜTE DICH VOR DEN „DAS WEISS ICH SCHON"-GEFAHREN!

Dein Gefäß des Lebens beinhaltet also Glaubenssätze und Verhaltensmuster, die Dich aktuell noch an einem Punkt festhalten, an dem Du nicht weißt, wie Du auf das nächste Level gelangen kannst - denn sonst wärst Du ja bereits dort. Wenn Du jetzt dieses Buch liest und bei einem Inhalt innerlich sagst: „Das weiß ich schon!", dann legst Du sozusagen eine **tonnenschwere Eisenplatte** auf Dein Gefäß des Lebens. Du verschließt Dich.

In diesem Stadium gibt es **zwei konkrete Herausforderungen**. Die erste Herausforderung ist, dass Deine alten, nicht dienlichen Muster und Glaubenssätze nicht aus Deinem Gefäß des Lebens herausgeholt werden können. Stell Dir vor, Du würdest einen Topf gefüllt mit Spaghetti, mit einem Deckel verschließen und diesen tage-, wochen- oder sogar jahrelang stehen lassen. Ich sag nur: *"Guten Appetit!"*. Genau das passiert mit Deinem Gefäß des Lebens, wenn Du sagst: *"Das weiß ich schon."*!

Die **zweite Herausforderung** ist es, dass gleichzeitig keine neuen, Dir dienlichen Glaubenssätze und Verhaltensweisen in Dein Lebensgefäß hineingelangen werden! Es wird sich also nichts in Deinem Leben verändern. Du stagnierst und wirst mit der Zeit immer unglücklicher. Kommt Dir das bekannt vor? Dann solltest Du ab heute die vier Wörter: „*Das weiss ich schon!*", aus Deinem Wortschatz **streichen** und ein für allemal **verbannen**.

SEI OFFEN, WERDE GLÜCKLICH

Viel **cleverer** ist es, jederzeit offen zu sein für die Dinge, die wir im Außen wahrnehmen und aufgezeigt bekommen. Offen zu sein, damit Altes gehen und Neues kommen kann. Einmal gedanklich sauber machen, damit danach wieder alles schön glänzt und funkelt. Bist Du offen, verschwindet die schwere Eisenplatte auf Deinem Gefäß des Lebens und neue Informationen können aufgenommen und alte, undienliche Inhalte ungehindert abgegeben werden.

Und ja, natürlich kann es immer mal wieder sein, dass Du Dir denkst, Du hast etwas schon einmal gehört oder gelesen. Doch dass Du es nun erneut liest und hörst, hat einen Grund. Du hast es noch nicht vollkommen verstanden. Oder Du hast es verstanden, lebst es allerdings noch nicht.

DIE VIER PHASEN DES VERSTEHENS

Warum es so ist, dass wir zwar Dinge glauben zu verstehen, sie aber noch nicht aktiv umgesetzt haben, hat einen Grund. Denn es gibt **VIER VERSCHIEDENE PHASEN DES VERSTEHENS,** die wir in die folgenden Phasen einteilen können:

➔ **1. Phase: Die Phase des kognitiven Verstehens**

Diese Phase beschreibt den Vorgang des reinen Verstehens auf Verstandesebene. Das bedeutet, dass Du rein vom Intellekt den Umstand einer Sache oder einen konkreten Sachzusammenhang logisch nachvollziehen kannst. Stell Dir vor, dass Du ein Kuchenrezept für einen Erdbeerkuchen vor Dir liegen hast und Du es Dir durchliest. Alle wichtigen Zutaten sind vorhanden und Du hast mitsamt der beiliegenden Anleitung verstanden, wie genau Du den Kuchen Schritt-für-Schritt backen musst, damit er Dir gelingt und am Ende ganz wunderbar schmeckt.

➔ **2. Phase: Die Phase des emotionalen Verstehens**

Die zweite Phase beschreibt die Verknüpfung des kognitiven Verstehens mit einem emotionalen Bezugspunkt. Klingt kompliziert, ist es aber nicht. Bleiben wir bei dem Erdbeerkuchenbeispiel. Rein vom Verstand weißt Du bereits, dass der Kuchen sehr, sehr lecker wird, wenn Du das Rezept richtig befolgst und es umsetzt. Wenn der Kuchen fertig gebacken ist und Du ihn das erste Mal probierst und Deine Geschmacksknospen vor Freude tanzen, setzt Du Dir in Deinem Verstehen einen riesigen emotionalen Anker. Du hast einen emotionalen Bezug (Geschmacksexplosion, Freude beim Essen) zum kognitiven Verstehen (das Rezept für den Kuchen) aufgebaut und somit die reine Information auf einer viel tieferen Bewusstseinsebene in Deinem System verankert und verknüpft. Dir das Kuchenrezept zu merken, wird Dir fortan sehr, sehr leicht fallen, da Du den reinen Wissensteil nun mit einer starken Emotion verknüpft hast.

➔ **3. Phase: Die Phase des praktizierenden Verstehens**

Indem Du nun zum Beispiel immer öfter einen Erdbeerkuchen backst, optimierst Du die Abläufe des Backens, wirst immer schneller und geübter und verstehst mehr und mehr die Zusammenhänge der einzelnen Unterpunkte. Auch wenn es witzig klingen mag, wirst Du mit der Zeit einsehen, warum Du erst den Teig machst, dann die Erdbeeren ergänzt und am Ende das Glibberzeug über den Kuchen gibst. Indem Du das neu gelernte Wissen anwendest und umsetzt, sammelst Du praktische Erfahrungswerte, die Dein Verständnis der Gesamtsituation immer weiter verbessern.

→ *4. Phase*: Die Phase des vertiefenden Verstehens

Nehmen wir an, Du hast nun einige Wochen lang einen wunderbaren Erdbeerkuchen gebacken und all Deine Freunde und Bekannten lieben ihn sehr. Aufgrund der Erfahrung aus Phase 2 und Phase 3 weißt Du bereits, dass er Deinen Freunden gut schmeckt und dass Du sämtliche Abläufe des Erdbeerkuchen-Backens fast schon wie im Schlaf beherrschst. Nun hat Deine Lieblings-Omi Geburtstag und Du willst noch einen drauf setzen. Anstatt des normalen Erdbeerkuchens forcierst Du nun ein kleines Upgrade davon. Du fügst beim Back-Vorgang eine leichte Prise Zimt mit in den Teig hinzu, da Du Dir sicher bist, dass der Kuchen so noch deutlich besser schmecken könnte. Im Nachgang, als Du den Kuchen das erste Mal probierst, bist Du vollends begeistert. Die Zimt-Note wertet Deinen Kuchen maximal auf und macht ihn wirklich einzigartig. Neugierde, der Drang nach Wachstum und Einfallsreichtum bilden die Säulen der vierten Phase des Verstehens, in der Du Dein Wissen über die Phasen durch eigene Erfahrungen ergänzt und erweiterst.

WISSEN IST NOCH LANGE NICHT „MACHT"

Erst, wenn Du alle Phasen durchlaufen hast, hast Du eine Sache tatsächlich und porentief verstanden. Die meisten Menschen rennen von Workshop zu Workshop und denken, sie sind die Könige der Welt, weil sie kognitiv - also vom Verstand her - etwas begriffen haben. Doch überlege einmal und sei dabei ganz ehrlich zu Dir. Wirst Du satt, wenn Du jedes Erdbeerkuchen-Rezept auf dieser Welt zwar kennst - aber keines in die Realität umsetzen kannst?

Wahrscheinlich nicht.

Daher lautet **mein Ratschlag an Dich**: Beginne ab heute damit, nicht nur kognitiv Inhalte von Workshops, Seminaren oder Büchern in Dich hinein zu laden, sondern führe diesen Prozess zu Ende, indem Du die Phasen des emotionalen, praktizierenden und vertiefenden Verstehens hinzufügst und ergänzt.

Damit Du auch wirklich verstehst, was ich damit meine, habe ich Dir hier noch einmal kurz die **grundlegende Essenz** jeder Phase zusammengefasst:

1. Du hast die Anleitung für ein bestimmtes Vorhaben erhalten und vom Kopf her verstanden (Rezept für einen bestimmten Kuchen = **kognitives Verstehen**)

2. Du hast einen emotionalen Bezug zum Wissensteil des kognitiven Verstehens hergestellt (Der Kuchen, der durch das Rezept entsteht, schmeckt besonders lecker = **emotionales Verstehen**)

3. Du wendest Dein neues Wissen aktiv an und sammelst dadurch praktische Erfahrungswerte, die Dein Verständnis der Gesamtsituation immer weiter verbessern (mehrmaliges Kuchen-Backen = **praktizierendes Verstehen**)

4. Du hast aufgrund Deiner Expertise nun die Möglichkeit, Dein Verständnis über eine bestimmte Thematik selbstbestimmt zu erweitern und weiter auszubauen (Zimt als Extra-Note im Erdbeerkuchen = **vertiefendes Verstehen**)

KAPITEL 1.5

EINE FÄHIGKEIT, DIE EINFACH *alles* VERÄNDERT: DIE MACHT, *Entscheidungen* ZU TREFFEN

Immer wieder werde ich in den Pausen von Seminaren wie dem LEVEL UP YOUR LIFE von meinen Teilnehmern um ein kurzes Gespräch unter vier Augen gebeten. Weil ich es liebe, mich mit unserer „Überflieger-Familie" auszutauschen, stimme ich dem auch immer zu, sofern es mir mein straffer Zeitplan während eines Events erlaubt.

Die Frage, die ich dann immer wieder gestellt bekomme, lautet: *„Wie hast Du es* *geschafft, innerhalb von nur zwei Jahren von 8,35 Millionen EUR Schulden wieder finanziell frei zu werden? Wie hast Du es geschafft, so erfolgreich und glücklich zu werden, ohne irgendeine Grundlage?"* - und immer antworte ich das gleiche.

DIE UNIVERSELLE ANLEITUNG FÜR EIN GLÜCKLICHES UND ERFÜLLTES LEBEN

Als erstes ist es wichtig - wie zu Beginn beschrieben - die **Verantwortung** für das eigene Leben zu 100% zu übernehmen. Denn wenn Du Dich nicht mehr beklagst, beschwerst, meckerst, nörgelst oder Dich über Dein Umfeld ärgerst, hast Du Zeit und Freiraum für die wirklich wichtigen Dinge in Deinem Leben. Nämlich Deine Träume, Ziele und Visionen.

Wahrhaftigen Erfolg erreichst Du nur, indem Du die **richtigen** Entscheidungen triffst. Doch die richtigen Entscheidungen triffst Du nur dann, wenn Du einen großen Erfahrungsschatz hast, aus dem heraus Du etwaige Entwicklungen vorhersagen und ableiten kannst - um dann dementsprechend darauf zu reagieren.

Wie aber baust Du Dir einen großen Wissensschatz auf?

Indem Du so viele Erfahrungen wie möglich machst, um herauszufinden, was funktioniert und was nicht. Damit Du Dir dieses Wissen aufbauen kannst, bist du wiederum eingeladen, viele Erfahrungen zu machen - die Du nur dann machen kannst, wenn Du Dich aktiv für sie entscheidest. Erfolg entsteht also, indem Du viele Entscheidungen triffst, dazulernst, Dich weiter entwickelst und eines Tages aufgrund Deines großen Erfahrungsschatzes bereits vorausahnen kannst, welche Entscheidung die genau richtige sein wird.

Eine Fähigkeit, die einfach alles verändert: Die Macht, Entscheidungen zu treffen

Genau diese Tatsache beinhaltet eine Komponente, vor der sich die meisten Menschen fürchten: Das Risiko einzugehen, eine vermeintlich „falsche" Entscheidung treffen zu können. Aus Angst davor verschließen sie sich ihrem Herzen, sperren ihre eigene, innere Stimme einfach weg und leben ein trostloses Leben ohne jegliche Höhen, ohne Magie und ohne das Gefühl, jemals richtig angekommen zu sein.

DARUM GIBT ES KEINE „FALSCHEN" ENTSCHEIDUNGEN

Doch das, was allen Menschen - und damit auch ganz besonders Dir - endlich klar werden muss, ist, dass es keine „falschen" Entscheidungen in diesem Sinne gibt. Denn was passiert, wenn Du eine Entscheidung triffst, die etwas anderes zum Vorschein bringt als das, was Du Dir davon versprochen hast? Richtig. In den meisten Fällen nicht all zu viel. Manchmal kann es sein, dass Du etwas Geld verlierst oder dass Du etwas erneut machen musst und von vorne beginnen darfst. Manchmal bedeuten weniger gute Entscheidungen auch, dass Du Zeit investiert hast, von der die meisten Menschen sagen würden, sie sei verschwendete Zeit gewesen.

Doch sind vermeintlich falsche Entscheidungen „verschwendete Zeit"? Sie sind das Lehrgeld, das Du dafür bezahlst, um eines Tages zur richtigen Zeit am richtigen Ort zu sein und genau das richtige zu tun, um Erfolge zu feiern, die so groß sind, dass die meisten Menschen ein Leben lang nur davon träumen. Je mehr „falsche" Entscheidungen Du triffst, desto größer wird Dein Wissensschatz darüber, wie die Dinge eben NICHT funktionieren. Das bedeutet, Du weißt mit jedem Schritt immer besser darüber Bescheid, was funktionieren könnte. Die Wahrscheinlichkeit, dass es also beim nächsten Mal klappt, steigt von Mal zu Mal.

Ganz egal, wie Du Dich im Leben entscheidest, Du kannst nur gewinnen.

Entweder triffst Du Entscheidungen, die Dir aufzeigen, was noch nicht funktioniert und daher verbessert werden darf oder aber Du triffst mit einer Entscheidung direkt ins Schwarze - in beiden Fällen kannst Du Dich riesig freuen. Demnach gibt es also auch gar keine „richtigen" Fehler, sondern nur **Erfahrungswerte**, die Deinen Erfahrungsschatz vergrößern, welcher Dir eines Tages dabei helfen wird, die richtigen Entscheidungen für Deinen Erfolg im Leben zu treffen. Allerdings gibt es hier eine wichtige, jedoch nicht zu unterschätzende, klitzekleine Ergänzung.

Prinzipiell können wir definieren, dass jedem Handeln eine relativ **bewusste** Entscheidung voraus geht. Wenn Du Dich jetzt beispielsweise dazu entscheidest, am Wochenende wieder nur zuhause rumzuhängen, Fernsehen zu schauen und Dich mit Currywurst und Pommes durch die freien Tage zu futtern, unterstützt diese Entscheidung natürlich niemals Dein wahres Ziel. Und auch Dein Wissensschatz wird nicht unbedingt sinnvoll angereichert.

VORSICHT VOR UNBEWUSSTEN ENTSCHEIDUNGEN

Leider merken die wenigsten Menschen, dass sie sich oftmals unbewusst dafür entscheiden, NICHTS für ihr Ziel zu tun. Denn wenn sie „Ja" dazu sagen, Serien, Kinofilme oder das Fernsehprogramm wie ein Zombie zu konsumieren, dann sagen sie gleichzeitig auch „Nein" dazu, selbstständig ihr eigenes Ding zu machen und ihren Traum zu verwirklichen.

Viele Stunden, Tage, Monate und sogar Jahre schauen Menschen sprichwörtlich in die Röhre und erfreuen sich lieber an dem Leben anderer Menschen, anstatt ihr eigenes Leben aktiv zu gestalten. Und dieses Handeln, beziehungsweise diese unbewusste Entscheidung für den Fernseher, hat dramatische Auswirkungen. Denn es sabotiert und verfälscht Deinen Erfolg. Es saugt Dir Deine Lebensfreude und Energie ab und hält Dich klein, unwissend und gefangen. Indem Du eine Stunde Serien bei Netflix oder Filme im Fernsehen schaust, entfernt sich Dein Traumleben wieder um einige Meter, Stunden oder sogar Jahre.

WIE DU ES SCHAFFST, JEDERZEIT EINE DIR DIENLICHE ENTSCHEIDUNG ZU TREFFEN

Damit ganz klar wird, dass diese Form von unbewussten Entscheidungen definitiv **NICHTS** damit zu tun hat, dass Du Dein Ziel schneller erreichst, indem Du Lehrgeld zahlst, habe ich gemeinsam mit meinem Team eine neue Wort-Kombination entdeckt. Sie lautet: „zielfokussierende Zielgerichtetheit in der individuellen Entscheidungsfindung". Klingt super, oder? Doch was hat es damit auf sich?

Wenn wir von der „zielfokussierenden Zielgerichtetheit" sprechen, schließen wir damit ein, dass sich der Entscheider oder die Entscheiderin VOR dem Treffen einer jeweiligen Entscheidung im klaren darüber war, dass ihn diese Entscheidung seinem Ziel näher bringt. Somit wird er sein Ziel schneller erreichen, als wenn er sich NICHT für diese Entscheidung ausrichten und festlegen würde. Natürlich wissen wir nicht immer ganz genau, ob eine Entscheidung uns tatsächlich unserem Ziel näher bringt oder nicht. Jedoch kann ein jeder von uns für sich definieren und entscheiden, wann eine Aktion und Reaktion in Bezug auf das Ziel Sinn ergibt und wann nicht.

TSCHÜSS NETFLIX, HALLO TRAUMLEBEN!

Die Entscheidung, auf dem Sofa zu sitzen und Netflix zu schauen, ist auf jeden Fall eine Entscheidung, die für die meisten Menschen niemals zielfokussiert ist. Es sei denn, Du bist ein angehender Regisseur und betreibst eine Markt-Recherche für Dein nächstes eigenes Projekt. Jedoch bin ich mir sicher, dass Du dann nicht sagen würdest, dass Du auf dem Sofa sitzt und Serien bei Netflix schaust, sondern produktiv an Deiner Vision arbeitest, um eines Tages ebenfalls unter den vorgeschlagenen Highlight-Serien zu finden zu sein.

Versteh mich nicht falsch, ich sage nicht, dass Du Dich nie wieder auf Dein Sofa setzten darfst, weil Dich diese Tätigkeit Deinem Ziel nicht näher bringt. Schließlich sind auch Ruhephasen und Momente von **qualitativ hochwertiger Entspannungszeit** wichtige Bestandteile und Elemente zur Erreichung von Zielen. Jedoch würdest Du diese Phasen wahrscheinlich eher in der Natur, im Yoga-Studio, im Fitness-Gym oder in Deinem Bett, der Badewanne oder dem Wellnessbereich verbringen, wahr oder wahr?

SO TRAINIERST DU DEINEN ENTSCHEIDUNGS-MUSKEL

Wenn es Dir so geht wie den meisten Teilnehmern, mit denen ich in den Seminarpausen am Bühnenrand sitze und mich austausche, wird Dir nun eine weitere Frage auf der Zunge liegen. Und zwar die Frage danach, **was genau** Du jetzt brauchst, um schneller und öfter mutige Entscheidungen zu treffen. Schließlich ergeht es den meisten Menschen so, dass sie wahre Meister darin sind, Entscheidungen auf die lange Bank hinauszuschieben. Eine wunderbare aufbauende Frage! Ich beantworte sie mit einer Gegenfrage: Was musst Du machen, um Muskeln aufzubauen? Nehmen wir einmal an, Du willst Deinen Bizeps trainieren. Was genau musst Du machen!?

Auf diese Frage wissen komischerweise fast alle eine Antwort: Natürlich losgehen, ins Fitnessstudio, Dich an die Hantelbank setzen und Gewichte stemmen. Die richtige Ernährung ist ebenfalls ein wichtiger Aspekt, jedoch ist das Training das absolute A und O in den Augen der meisten Menschen. Und da haben wir sie - die Lösung auf Deine vorherige Frage. Wenn Du schneller und einfacher größere Entscheidungen treffen willst, dann musst Du ins Entscheidungs-Fitnessstudio gehen und Deinen Entscheidungsmuskel trainieren! Und das schaffst Du, indem Du es eben einfach machst! Indem Du losgehst, Deinen Mut zusammen nimmst und eine erste Entscheidung für Dich selbst triffst. So kannst Du voller Neugier und mit besten Erwartungen an das Leben schauen, was passieren wird und wie genau Du als nächstes auf auftretende Umstände reagieren und Dich entscheiden kannst!

Denk daran: Du gewinnst in JEDEM Moment, indem Du Dich für eine zielfokussierende Entscheidung entschließt! Als kleine Hilfestellung bekommst Du von mir die „**LEUCHTTURM-FRAGE**".

Sie ist Dein Booster für schnelle Erfolge. Frage Dich, um Dich abzusichern, bei allem was Du tust ganz offen und ehrlich:

Bringt mich das, was ich gerade tue, meinem Ziel näher – ja oder nein?

Wenn ja, frage Dich, wie Du es vielleicht noch verstärken oder unterstützen kannst - falls nein, lass es. Hör auf und mach was anderes! Du verschwendest sonst tatsächlich das kostbarste Gut der Welt, das Dir niemand verkaufen und niemand leihen und niemand vermehren kann: **Deine Lebenszeit.**

Bitte denke daran, dass es anfangs vollkommen normal ist, dass Du Dir komisch vorkommen wirst und dass es sein kann, dass alles irgendwie schwer und ungewohnt ist. Wenn Du zum ersten Mal ins Fitnessstudio gehst, ist es auch vollkommen klar, dass Du die Geräte nicht kennst, sie wahrscheinlich nicht richtig bedienen kannst und im Vergleich zu anderen Besuchern eher unterdurchschnittliche Ergebnisse ablieferst. All das ist total normal.

Wieso also denken wir alle, dass wir mit unserem Entscheidungsmuskel sofort alles richtig machen müssten? Das wäre ja in etwa so, als würdest Du bei Deiner Fitnessstudio-Premiere auf der Hantelbank liegen und direkt die 150KG Gewichte stemmen wollen! Und die Folgen von einem gescheiterten Hebeversuch bei mehr als 150KG sind nicht gerade wünschenswert, wahr oder wahr?!

DIE ABKÜRZUNG: SCHNELL UND KONSEQUENT DEINE ZIELE ERREICHEN

Es ist also an der Zeit, dass wir neu denken. Dass wir umdenken. Erlaube Dir, Fehler zu machen. Doch mach jeden Fehler nur einmal und lerne aus ihm. Lerne ebenfalls aus den Fehlern von anderen Menschen und modelliere andere Größen aus dem Berufsfeld oder der Branche, in die Du erst noch hineinwachsen willst. So wirst Du Dein Ziel schnell und konsequent erreichen.

Entscheidungen kannst Du auf **zwei** verschiedene Art und Weisen treffen.

Zum einen kannst Du sie auf der Grundlage von **Logik und Verstand** treffen. Diese Art von Entscheidung ist besonders wichtig für alle Menschen, die Investments in Immobilien, Aktien oder andere Geschäftsmodelle tätigen oder zum Beispiel als Mediziner und Juristen tätig sind. Bei dieser Art des Entscheidungsprozesses werden alle „für" und „wider" einer Entscheidung gewissenhaft abgewogen und dann die wirtschaftlich und nach aktuellem Wissensstand dienlichste Entscheidung getroffen.

Zum anderen bist Du dazu eingeladen, im engen Kontakt zu Deiner **inneren Stimme und Intuition** zu sein. Auf Dein Gefühl zu achten, wenn es Dir etwas mitteilen möchte. In Dich hinein zu spüren und auf die Zeichen zu achten, die Dir begegnen. Die zweite Art des Treffens von Entscheidungen beinhaltet also eine deutlich persönlichere und „privatere" Findungsphase, da Du Dir erst einmal im Klaren darüber sein darfst, wohin es Dich denn eigentlich zieht - und das ohne den Verstand zu benutzen oder einzusetzen.

SO GELANGST DU MIT HILFE EINER MÜNZE ZU EINEM BESSEREN ZUGANG ZU DEINER INTUITION

An dieser Stelle fragen viele Teilnehmer immer wieder, woher sie denn wissen sollen, was genau Gefühl und Intuition und was genau Verstand und Kopf ist. Eine wunderbare Frage, die ich Dir anhand eines einfachen Bildes ganz leicht erklären kann. Das, was ich Dir jetzt verrate, kannst Du im übrigen auch wunderbar jederzeit nachmachen und für Dich austesten. Wenn Du also eine **wichtige Entscheidung** zu treffen hast, bei der es ganz allein auf Dein persönliches Gefühl und Deine Dir innewohnenden Sehnsüchte und Wünsche ankommt - Du sie aber bislang einfach nicht greifen und erkennen konntest - dann mach den **MÜNZTEST** - und der geht so:

> Nimm eine Münze in die Hand, am besten eine 1 oder 2 Euro-Münze und definiere, welche Seite der Münze für welche **Entscheidungsmöglichkeit** steht.
> Wenn Du zum Beispiel gerade aus der Schule kommst, Dein Abi in der Tasche hast und nun nicht weißt, ob Du ins Ausland gehen sollst oder lieber doch ein Jahr lang Praktika bei verschiedenen Institutionen machen solltest, ordne jede Möglichkeit einer Münz-Seite zu. Wirf dann die Münze hoch und während die Münze in der Luft ist, achte auf Deine Gedanken. Es wird instinktiv eine Seite geben, bei der Du **verstärkt den Wunsch** in Dir verspüren wirst, dass diese Seite nach der Landung nach oben zeigen soll - also dass eine bestimmte Entscheidungsmöglichkeit gewinnt.
> Im buchstäblich letzten Moment, kurz bevor die Seite der Münze „enthüllt" wird, ist dieses Gefühl am **stärksten**.
> **Merke es Dir und handle danach.** Halte dann die Münze verdeckt, so dass Du nicht sehen kannst, welche Variante nach oben zeigt und stecke die Münze ungesehen ein. So kommst Du Deiner wahren Intuition mehr und mehr auf die Schliche.

KAPITEL 1.6

DAS **GEHEIMNIS** VON DR. STRANGE: DIE ERSTAUNLICHE *Auswirkung* VON **SELBSTBILD** UND **FREMDBILD**

Jeder, der mich etwas besser kennt weiß, dass ich ein riesiger MARVEL-Superhelden-Fan bin (ganz offiziell natürlich nur wegen meines Superhelden-begeisterten Teams und meines 9-jährigen Sohnes, mit denen ich zu jeder neuen Film-Premiere feierlich ins Kino nach Wolfsburg fahre...)!

Natürlich bin ich immer wieder beeindruckt von den visuellen Eindrücken und genial gemachten Effekten. Doch liebe ich die MARVEL-Filme auch aus einem weiteren Grund. Viele von den Filmen tragen nämlich eine ganz besondere und wirklich tiefe Botschaft in sich, aus der ich oft viel für mich mitnehmen kann.

So auch der MARVEL-Film „Dr. Strange". In dem Film geht es um einen brillanten und gefeierten Neurochirurgen, der sich bei einem schweren Autounfall seine meisterhaften und preisgekrönten Finger verletzt. Fortan kann er nicht mehr seiner Passion als Neurochirurg nachgehen, von der er dachte, es sei seine Erfüllung. Sein Name: Dr. Stephen Strange. Deprimiert und einsam verbringt er die Zeit während seiner Reha damit, alternative Wege der Heilung zu finden. Seine Reise führt ihn nach Tibet, wo er eine geheimnisvolle Frau kennenlernt, die ihn in die Geheimnisse der Magie und in verborgene Dimensionen einführt und ihn zum „Obersten Zauberer" ausbildet, denn Stephen Strange ist zu weit höherem bestimmt, als zu seinem Dasein als Neurochirurg.

ENTDECKE DEN DR. STRANGE IN DIR

Warum ich Dir das alles erzähle? Ganz einfach: So wie es Dr. Strange im Film ergeht, so geht es den meisten Menschen da draußen - und wahrscheinlich auch Dir!

Sie denken, sie hätten ihre wahre Bestimmung oder Erfüllung in einem Beruf gefunden, den sie tagtäglich ausüben und immer wieder auf die gleiche Art und Weise durchführen. Doch irgendwann gibt es einen Moment, in dem sie, ausgelöst durch eine Außeneinwirkung (zum Beispiel wie bei Dr. Strange der Autounfall) oder durch einen eigenen Impuls, anfangen, alles zu hinterfragen. In ihnen gibt es ein subtiles Gefühl von Unzufriedenheit, das ihnen permanent wie eine innere Handbremse die Energie absaugt und den Schwung und die Leichtigkeit aus allen Aktivitäten zieht. Tief in sich wissen und spüren sie, dass da noch mehr auf sie wartet...

Also machen sie sich auf die Reise, dieser wahren Bestimmung nachzugehen und Antworten auf all die Fragen zu finden, die sich ihnen mit der Zeit aufgetan haben. Manche von uns surfen stundenlang im Internet in der Hoffnung, dort die richtige Antwort zu finden, andere wiederum begeben sich auf eine „echte" Reise in ferne Länder und unbekannte Kulturen. So tat es Dr. Strange ebenfalls. Dr. Strange stieß auf die bereits erwähnte geheimnisvolle Frau, die ihn ausbildete und ihn herausforderte. Denn sie glaubte an ihn und schenkte ihm Vertrauen und Zeit, sich neu zu entdecken und neu zu erfahren.

DIE MAGIE DES WAHREN „SEHENS"

Doch das alles entscheidende Element war folgende Tatsache: Sie sah mehr in ihm, als er es selbst damals konnte. Die geheimnisvolle Frau sah keinen verkrüppelten Neurochirurgen, der verzweifelt versuchte, seinen Platz in der Gesellschaft zu finden und seine Finger zu heilen, nein. Sie sah bereits den Helden in ihm, der dazu bestimmt war, eines Tages die Welt vor den Gefahren anderer Dimensionen zu retten. **Sie sah seine wahre Größe**, sie sah sein helles Licht, sie sah all sein Potential. Sie ließ sich nicht von der Erscheinung blenden, die da vor ihr stand, sondern konnte bereits jetzt schon sehen, was sich erst in ferner Zukunft zeigen sollte. Und damit wurde sie auch für mich zu einem großen Vorbild, an das ich mich auch heute noch sehr gerne zurückerinnere.

Dr. Stephen Strange hingegen hatte sich selbst gedanklich fast schon aufgegeben. Er sah nicht mehr viel Hoffnung auf seinem Weg. Und das, was die geheimnisvolle Frau in ihm sah, war ihm mehr als fremd. Niemals wäre er auf die Idee gekommen, als Wächter dieser Welt Millionen von Menschenleben zu retten.

Und auch, wenn diese Beispiele in den vorangegangenen Zeilen allesamt Inhalte aus dem Film „Dr. Strange" waren, so besitzen diese Bilder die Kraft, Dir eines zu verdeutlichen... Das Bild, was Du von Dir selbst hast, weicht so gut wie immer ab von dem Bild, was die Außenwelt von Dir hat. Wie bei Dr. Strange und der geheimnisvollen Frau. Genauso ist es auch im Supermarkt, auf Deiner Arbeit, in Deiner Familie und in Deinen Beziehungen. Das, was Du über Dich denkst, deckt sich so gut wie niemals mit dem, was andere von Dir denken. Diese Tatsache bezeichne ich auch gerne als das Phänomen von Selbstbild und Fremdbild.

DAS PHÄNOMEN VON SELBSTBILD UND FREMDBILD

Viele Menschen tendieren dazu, sich selbst ständig und permanent zu verurteilen. Sie verurteilen sich dafür, dass sie nicht schön genug, nicht schlau genug, nicht stark genug und nicht schnell genug sind. Sie zweifeln an ihren Fähigkeiten, an ihren Talenten und an ihrem Aussehen. Das spannende dabei ist, dass diese Menschen das Bild, was sie von sich selbst haben, auch auf andere Menschen übertragen. Sie denken, dass alle anderen genauso denken wie sie. Dass allen die Augenringe, die Falten oder der kleine Pickel aufgefallen ist. Dass alle merken, dass sie schon wieder 2 KG mehr auf der Hüfte haben, als noch vor zwei Wochen. Und ganz ähnlich wie bei Dr. Strange verfallen auch sie dann logischerweise in eine Traurigkeit und Lethargie, die ihnen ihre Lebensenergie raubt.

Sollte es Dir gerade ähnlich gehen, habe ich nun eine besondere Botschaft für Dich: Ich und alle anderen Menschen auf dieser Welt sehen Dich **ganz anders,** als Du es selbst gerade tust, denn wir verbringen nicht jeden Tag im Jahr 24 Stunden lang in DEINEM Körper!

Und mal ehrlich: Selbst wenn Du im Körper von Mutter Theresa stecken würdest - Du könntest immer Anhaltspunkte finden, die Gründe für ein Gefühl von Wertlosigkeit, Zweifel und Angst liefern würden. Du bist also nicht allein. So wie es Dir geht, geht es Millionen anderen Menschen ebenfalls.

Dich gibt es **kein zweites Mal!** Deswegen kann man Dich auch nicht mit einem anderen Menschen vergleichen, da wir alle mit verschiedenen „Extras" und Besonderheiten ausgezeichnet worden sind. Jeder von uns hat - ganz ähnlich wie Dr. Strange - eine besondere Superkraft. Und die heißt Individualität. Denn indem Du so bist, wie Du bist, Dich nicht verstellst und Deinen Prinzipien treu bleibst, steckt auch in Dir ein wahrer Rohdiamant, der nur noch darauf wartet, etwas geschliffen und poliert zu werden.

LASS DICH NICHT VON EINEM VERZERRTEN SELBSTBILD IRRITIEREN

Dass ich Dir diese Geschichte zu genau diesem Zeitpunkt des Buches erzähle, hat einen besonderen Grund. Unser Selbstbild ist geprägt durch alle Inhalte unseres „Gefäß des Lebens" - die guten und auch die schlechten. Unglücklicherweise sind negative Erinnerungen immer deutlich präsenter in den Köpfen der Menschen und damit auch leider dominanter in ihrer Einflussnahme auf das Selbstbild. Das führt dazu, dass die meisten Menschen ein **total verzerrtes Selbstbild** von sich haben und dieses verzerrte Selbstbild allein bereits große Erfolge und Glück sabotieren kann. Weil sie kaum Gutes über sich selbst denken, haben sie ein geringes Selbstwertgefühl und ihnen fehlt die Lebensfreude und die Energie.

Doch ohne Selbstwertgefühl, Lebensfreude und Energie kommst Du leider nicht weit auf dem Weg zu Deinem Traumleben... Und aus diesem Grund werden wir uns in den folgenden Kapiteln genau damit beschäftigen: wie Du es schaffst, Deine Lebensfreude, Deine Energie und Dein Selbstwertgefühl wieder in die richtige Richtung zu lenken, damit Du endlich mit Vollgas durchstarten kannst, um selbstbestimmt das Leben zu kreieren, von dem Du schon immer geträumt hast.

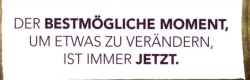

DER **BESTMÖGLICHE MOMENT,**
UM ETWAS ZU VERÄNDERN,
IST IMMER **JETZT.**

Deswegen lass uns nicht lang warten und direkt weitermachen - mit **Kapitel 2** und dem Thema G.A.I.L. - Dein Weg in ein außergewöhnliches Leben.

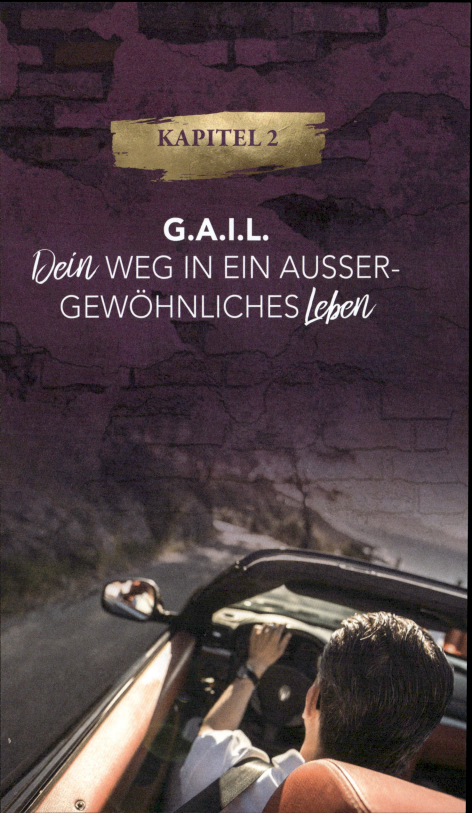

KAPITEL 2

G.A.I.L.
Dein WEG IN EIN AUSSER-GEWÖHNLICHES *Leben*

G.A.I.L.
Dein WEG IN EIN AUSSER-GEWÖHNLICHES Leben

---

*"Gehe nicht, wohin der Weg führen mag,
sondern dorthin, wo kein Weg ist und hinterlasse eine Spur."*
JEAN PAUL

Auf all meinen Seminaren und Workshops, die ich in den letzten zehn Jahren gegeben habe stelle ich zu Beginn immer die gleichen drei Fragen. Eine dieser Fragen lautet: *„Warum bist Du heute hier?!"* - und immer wieder herrscht großes Erstaunen im Publikum darüber, weshalb sich die Menschen aufmachen, um drei, vier oder sogar fünf Tage am Stück in einem Seminarraum zu sitzen und gemeinsam mit mir und meinem Team zu arbeiten.

Viele Teilnehmer haben keinen blassen Schimmer, warum sie wirklich da sind. Sie wissen es einfach nicht. Einige begleiten ihre Ehefrauen oder Ehemänner, andere wiederum haben ein Ticket geschenkt bekommen und wollen mal rein schnuppern, doch selbst ein großer Teil derer, die mit voller Absicht dabei sind, weiß nicht, warum. Und genau darin liegt das Problem.

WARUM LIEST DU DIESES BUCH?

Wenn Du nicht weißt, warum Du in den Supermarkt gehen willst, wieso solltest Du Dich dann überhaupt aufmachen? Ohne zu wissen, dass Du keine Milch, keine Eier oder kein Mehl mehr hast - aber einen leckeren Kuchen für den Geburtstag Deiner Oma backen willst - besteht keine Dringlichkeit, in den Supermarkt zu gehen, oder!?

Und da haben wir es. Die Beweggründe, die hinter einem Vorhaben stecken, entscheiden darüber ob und **wie erfolgreich** dieses Vorhaben am Ende sein wird. „Beweggrund" ist übrigens ein wunderschönes Wort, denn es beschreibt den Grund, der uns in Bewegung versetzt. Diesen Grund nenne ich das **„Warum"**. Dein „Warum" ist der Grund, der Dich selbst dann handeln lässt, wenn die Bedingungen mal nicht so gut sind. Wenn es draußen regnet und Du trotzdem Laufen gehst. Wenn der Gegner besser zu sein scheint, Du Dich aber trotzdem auf den Platz stellst, um gegen ihn anzutreten. Wenn der Weg lang und beschwerlich ist, Du aber trotzdem einen Fuß vor den anderen stellst, weil Du weißt, dass Du so irgendwann ankommen musst.

Doch um das „**WARUM**" und wie Du es findest wird es erst später gehen. Zunächst will ich Dir erklären, was Dich mit allen anderen Lesern dieses Buches verbindet, um die Grundlage zu schaffen, auf der wir Dein Warum definieren und finden können.

KAPITEL 2.1

WAS UNS **ALLE** *verbindet*: ENDLICH *angekommen* IM LEBEN

Springen wir zurück in die Seminar-Situation, in der ich meine Teilnehmer nach dem Grund frage, weshalb sie im Seminar sitzen. Wie Du bereits erfahren hast, sind die meisten ahnungslos und hoffen auf Inspiration durch andere Teilnehmer, die sich melden und glauben zu wissen, weshalb sie da sind. Einige beantworten meine Frage nach dem Grund ihres Erscheinens dann damit, dass sie finanziell frei werden wollen, ein größeres Haus, ein schnelleres Auto, mehr Geld oder Gesundheit oder mehr Spaß im Leben haben wollen. Einige sprechen auch davon, sich selbst mehr lieben und annehmen zu wollen, mehr zu sich selbst zu finden oder zu wachsen.

Und vielleicht geht es Dir ähnlich, wenn ich Dich frage, warum Du Dir dieses Buch gekauft hast. Warum hast Du Dir dieses Buch gekauft?! Denk einmal darüber nach. Was war Deine Intention, was war der Grund, weshalb Dich vielleicht der Titel oder Klappentext angesprochen hat? Was war Dein erster, primärer Gedanke, wobei Dir dieses Buch behilflich sein könnte? Wovon willst Du mehr, wovon weniger in Deinem Leben haben?

Wonach sehnst Du Dich und was ist das Ziel, das Du mit diesem Buch verknüpft hast?

Wenn es Dir so geht wie den meisten Menschen, dann wirst Du nun ähnliche Antworten haben wie die, die ich Dir eben bereits vorgetragen habe. Geld, materielles Gut oder andere erstrebenswerte Zustände, wie vollkommene Gesundheit, Glück oder Erfüllung im Alltag, mehr Selbstliebe oder eine innige Partnerschaft sind selbstverständlich nachvollziehbare Ziele, jedoch niemals der wahre Grund dafür, weshalb Du Dich für oder gegen etwas entscheidest.

Denn die Entscheidungen in unserem Leben treffen wir so gut wie **niemals** aufgrund von Daten und Fakten (Logik), sondern immer aufgrund von Emotionen und Gefühlen. Dieser Punkt ist elementar wichtig für Dich, denn er hilft Dir zu verstehen, wie Du als Mensch funktionierst. Du denkst vielleicht, dass viel Geld, ein schicker Sportwagen oder Gesundheit glücklich machen. Doch wenn Du genauer darüber nachdenkst wirst Du feststellen, dass dies ein Irrtum ist.

Viel Geld, schnelle Autos und grosse Häuser allein machen nicht glücklich!

Wie viele Menschen gibt es, die die schönsten Autos, die tollsten Häuser, volle Bankkonten oder einen fitten Körper haben und trotzdem unglücklich und unzufrieden sind? Ganz genau - sehr, sehr viele. Diese Dinge und Statussymbole allein können also niemals der ausschlaggebende Grund für Glück und Erfüllung im Leben sein! Da muss es noch etwas anderes geben...

> DAS, WORUM ES WIRKLICH GEHT, IST IMMER **DAS GEFÜHL,** DAS DU MIT DEM JEWEILIGEN DING ODER DER JEWEILIGEN SACHE **VERBINDEST.**

AUF DAS GEFÜHL KOMMT ES AN

In meinem Bekanntenkreis hat eine befreundete Familie zwei Söhne. Beide gehen gerade in die dritte Klasse und beide wollen unbedingt ein Handy haben, weil gerade alle Mitschüler in ihrem Freundeskreis ebenfalls Smartphones von ihren Eltern bekommen haben. Was glaubst Du, wollen die beiden Kids tatsächlich? Das Handy? Oder wollen sie vielleicht viel eher das Gefühl haben, dass sie durch das Handy dazugehören, ein Teil der „coolen Kids" sind und allen anderen damit zeigen, dass sie mithalten können?

Du ahnst es vielleicht schon. In erster Linie wollen Kinder eigentlich kein Handy, sondern vielmehr ein **Gefühl**. Und zwar das Gefühl der Freiheit vom Mangel an Anerkennung, Bedeutsamkeit und Liebe. Gehören sie zur Gruppe der „Handy-Besitzer" dazu, so denken sie, sind sie Teil einer besonderen Gruppe und dadurch umso liebenswerter. Die Lösung für die besonders unter jungen Eltern berühmte „Handy-Frage" liegt also darin, den Kindern nicht unbedingt ein Handy zu schenken, sondern sie in dem Gefühl zu bestärken, geliebt zu werden, bedeutungsvoll und anerkannt zu sein - auch ohne Handy.

WAS WILLST DU EIGENTLICH WIRKLICH?

Wenn Du bis eben dachtest, dass Du finanziell frei sein willst, wachsen willst oder Deine Beziehung optimieren willst, dann sind diese vermeintlichen Ziele Dein „Handy". Es wird also Zeit, dass Du Dich fragst, was Du eigentlich **WIRKLICH** willst. Welches Gefühl willst Du für Dich erfahren? Nach welchem Gefühl sehnst Du Dich - und wodurch gedenkst Du es zu erreichen?

An dieser Stelle habe ich noch einen wichtigen Hinweis für Dich, der Dir den Prozess etwas erleichtern wird: Die meisten Menschen sehnen sich nach dem Gefühl der **Freiheit**. Und zwar nach der Freiheit von einem Mangel, den sie in ihrer aktuellen Situation in ihrem Leben wahrnehmen.

DIE FREIHEIT VOM MANGEL AN...

Sie wollen **frei** sein vom Mangel an Selbstwert, Selbstliebe, Selbstvertrauen, Liebe, Glück, Zufriedenheit, Lebensfreude, Gesundheit, Geld, Reichtum und Erfolg.

Wenn Du zum Beispiel seit Jahren als Single unterwegs bist und dachtest, dass Dein Ziel ein feuerroter Ferrari sei, dann kann ich Dir sagen, dass Du Dich mit hoher Wahrscheinlichkeit nicht unbedingt nach dem Auto, sondern vielmehr nach dem Gefühl der Freiheit vom Mangel an Liebe und Anerkennung in Deinem Leben sehnst. Denn für die meisten Menschen ist das Auto nur der Weg, das Gefühl von Liebe und Anerkennung anderer Menschen zu erhalten. Indem sie Aufmerksamkeit generieren und auffallen, fühlen sie sich bedeutend und gesehen und erhoffen sich dadurch höhere Chancen, die Gunst und die Liebe anderer für sich zu gewinnen, als es ihnen ohne teures Auto möglich wäre.

ENTDECKE DEINE ZIELE NEU!

Jetzt bist Du gefragt. Formuliere für Dich Dein neues, konkretes Ziel, nämlich in Bezug auf das, was Du wirklich fühlen willst, mit Hilfe des folgenden Satzanfangs: „*In Wirklichkeit sehne ich mich nach dem Gefühl der Freiheit vom Mangel an....*"

Die Wortkonstellation „**FREIHEIT VOM MANGEL AN...**" ist dabei entscheidend. Denn indem Du frei von einem bestimmten Mangel bist, erlebst Du das **Gegenteil** von Mangel: Das Gefühl vollkommener Fülle.

Frage Dich hierbei stets, was konkret die Fülle von einem bestimmten Gefühl für Dich und Dein Leben bedeuten könnte - denn jeder versteht hierunter etwas vollkommen anderes. Die Freiheit vom Mangel an Mut bedeutet zum Beispiel für den einen, dass er es sich endlich traut, seinen Beruf zu wechseln, die Frau seiner Träume anzusprechen und sich als Sänger auf den Bühnen des Landes zu zeigen. Für den anderen könnte Mut hingegen schon bedeuten, auch mal kurz am Sonntag den Rasen zu mähen, obwohl der Nachbar sich immer über den lauten Lärm beschwert.

> Denke einen Moment lang über Deine individuelle Vorstellung von der Freiheit vom Mangel an _____ *(hier das Gefühl einfügen, nachdem Du Dich sehnst)* nach und achte dabei ganz genau auf die Bilder und Eindrücke, die Du in Deiner Innenwelt wahrnehmen kannst.

WIE DU IM LEBEN ENDLICH „ANKOMMST"

Wenn wir die Gefühle in unserem Leben ausgerichtet haben und alles in vollkommener Harmonie und Glückseligkeit ausbalanciert ist, dann beschreibt das den Zustand des „**Angekommen-Seins**".

In meinen Seminaren erzeuge ich an dieser Stelle immer ein Bild in den Köpfen der Teilnehmer, damit sie diesen Zustand noch besser verstehen und fühlen können. Ich fordere sie dann zu einem kleinen **GEDANKEN-EXPERIMENT** auf und sage:

> „Stell Dir einmal vor, eines wunderschönen Morgens wachst Du auf, die ersten Sonnenstrahlen des Tages kitzeln Dich an der Nase, die Bettwäsche ist frisch gewaschen und duftet herrlich. Du streckst Dich und dehnst Dich und kurz bevor Du die Augen öffnest hast Du dieses eine Gefühl in Dir: **Zur richtigen Zeit, am richtigen Ort die richtige Person zu sein**... - wie viele von Euch wollen genau dieses Gefühl haben?!" - und sofort melden sich nahezu alle Teilnehmer im Raum und signalisieren damit, dass dieses Gefühl für sie absolut erstrebenswert sei...

Damit weißt Du nun ganz genau, was jede Leserin und jeden Leser von „GO!" **vereint** - nämlich die Sehnsucht danach, eines Tages ganz im Leben anzukommen, sowie das Gefühl der Freiheit vom Mangel an (...) zu erleben.

SO WURDE DAS WORT „GAIL" GEBOREN

Aufgrund der überwältigenden Resonanz, die ich in den letzten Jahren auf die Thematik rund um das „Gefühl des Ankommens" erhalten habe, habe ich gemeinsam mit meinem Team einem ganz bestimmten Wort durch eine minimale Veränderung eine neue Bedeutung verliehen - und wenn Du den Titel des zweiten Kapitels aufmerksam gelesen hast, dann weißt Du sicher schon, welches

Wort ich meine! Aus „geil" wurde in unserem Sprachgebrauch fortan nur noch „**GA**I**L**" - mit A, anstatt mit E. Denn „unser" GAIL steht für **G**anz **A**ngekommen **I**m **L**eben - und bezieht sich dabei direkt auf den wunderschönen Morgen im Bett, an dem Du für Dich realisierst, diesen einen ganz bestimmten Punkt mit diesem einen ganz bestimmten Gefühl in Deinem Leben auch tatsächlich erreicht zu haben.

 MERKE DIR DABEI: Dieser eine Morgen, an dem Du aufwachst und einfach alles passt, ist keine Utopie und auch kein Hirngespinst. Er ist vielmehr die **logische Folge** eines **bestimmten Verhaltens**, einer bestimmten Art und Weise zu Denken und damit ein **vorhersagbares Ergebnis**, sofern Du Dich an einige **einfache Spielregeln** für ein erfülltes Leben hältst.

Welche genau das sind und wie auch Du sie für Dich adaptieren und in Deinem Leben anwenden kannst, das verrate ich Dir jetzt.

KAPITEL 2.2

DIE *Ein-Schritt-Methode* ZUM **GLÜCKLICH-SEIN**

„Der reichste Mensch der Welt ist nicht der, der am meisten besitzt, sondern der, der am wenigsten benötigt." (Unbekannt)

Glück. Ein vermeintlich kleines Wort mit großer Wirkung. Die Jagd nach dem Glück und der Schmerz über das Nichtvorhandensein von Glück treibt die Menschheit seit jeher an. Das Gute für Dich: Heute hat die Suche für Dich ein Ende und das Finden beginnt!

Die Voraussetzung dafür lautet allerdings, dass Du bereit bist, mental zu wachsen, auf ein vollkommen neues Level Deines Bewusstseins zu gelangen und Dich weiterzuentwickeln, um etwas zu erleben, was die meisten Menschen niemals in ihrem Leben auch nur ansatzweise spüren können.

Schon vor langer Zeit ist aus der Thematik des „Glücks" ein echter Mythos entstanden - und je wohlhabender und zivilisierter eine Gesellschaft wird, desto lauter werden die Fragen nach dem Sinn, der Erfüllung und dem Glück des Lebens. Vor 100 Jahren, in einer Zeit zwischen Weltkriegen und Weltkrisen, war die Frage *„Wie kann ich überleben?!"* von weitaus größerer Bedeutung als heutzutage. Ein Dach über dem Kopf sowie ausreichend Essen, um nicht zu hungern, ist für die meisten Menschen in unserem Land zur Normalität und Gewohnheit geworden. So entsteht Raum und Platz für andere Fragen. Eine davon könnte lauten: *„Wie werde ich glücklich?!"*.

WANN UND WIE ENTSTEHT GLÜCK?

Das Spannende am Glück ist, dass jeder Mensch ein anderes Glücksempfinden hat. Es gibt also kein Buch oder keine wissenschaftliche Arbeit, die uns als Maßstab dient um festzustellen, ab wann wir Glück empfinden können oder nicht.

Kleine Kinder freuen sich über Regen und empfinden Glück, wenn sie in Pfützen springen und die Schuhe und Hose, die Jacke und vielleicht auch die Kleidung der Menschen um sie herum nass und dreckig werden. Die meisten Erwachsenen ärgern sich über genau die gleiche Situation und müssen ihrem Ärger durch böse Blicke, Wut und Zorn Luft verschaffen, um nicht zu explodieren. Was Glück ist und was nicht, scheint also Auslegungssache, sowie von verschiedenen Faktoren abhängig zu sein.

Und genau das macht die Sache mit dem Finden von Glück nicht gerade leichter - denn wie kann ich Dir als Autor von „GO!" eine Anleitung für Dein Glück an die Hand geben, ohne genau zu wissen **wer Du bist**, was Deine persönlichen **Regeln für Glück** sind und **wann** genau sie sich auch tatsächlich erfüllen lassen?!

In all den Jahren, in denen ich nun schon mit Menschen zusammenarbeite, habe ich eine Sache festgestellt. Und zwar, dass es kein allgemein gültiges Rezept für individuelles Glücksempfinden geben kann. Es gibt jedoch Regeln und Grundsätze, die die Wahrscheinlichkeit massiv erhöhen, damit Du deutlich mehr Momente des Glücks in Deinem Leben erfährst. Und genau diese Regeln und Grundsätze werde ich in diesem Buch mit Dir teilen.

SO GEHT GLÜCK - EIN GESPRÄCH, DAS ALLES VERÄNDERTE

Ob Du es glaubst oder nicht - auch ich war lange Zeit auf der Suche nach meinem Glück. Denn egal was ich mir auch kaufte oder was ich auch versuchte, ich blieb unzufrieden und unglücklich und wusste nicht wohin mit mir. Ständige Lethargie und Lustlosigkeit knabberten an mir und ließen mich jeden Tag mit einem schlechten Gefühl einschlafen.

Eines Tages traf ich mich mit einem guten alten Bekannten, der in der Welt bereits viel umhergereist war. Sein Name war Jörg. Und Jörg hatte so ziemlich alles gesehen und erlebt, was man als Mensch erleben kann. Er war ein recht dünner, aber gleichzeitig fitter und lebensfroher Mann, der deutlich älter war als er aussah.

Neugierig wie ich war, fragte ich ihn über seine Erlebnisse und Eindrücke aus und lauschte seinen Erzählungen. Er wirkte glücklich, ruhig und angekommen. Seine Ausstrahlung beeindruckte mich und als er gerade eine längere Gesprächspause machte, fragte ich ihn: *„Jörg, was genau brauchst Du, um glücklich zu sein?!"*. Für einen kurzen Moment schien es, als dachte Jörg nach, denn er schaute weiter seelenruhig auf den Tisch. Dann hob er den Kopf, sah zu mir herüber und sah mich mit einem leichten Lächeln auf den Lippen an. Er holte Luft und sagte dann mit friedvoller und bedachter Stimme: *„Nichts."*

Ich verstand nicht recht: *„Nichts?! Gar nichts?! Wie jetzt?!"*

Diese Antwort konnte doch nicht sein Ernst sein. Schließlich berichtete mir Jörg kurz vorher noch aus seinem bewegten Leben voller Reisen in fremde Kulturen, magischen Momenten und spannenden Treffen mit großen Persönlichkeiten der Weltgeschichte und wollte mir jetzt ernsthaft weis machen, dass er nichts braucht, um glücklich zu sein?!

Ich glaubte seinen Worten nicht, also hakte ich nach. Doch Jörg blieb bei seiner Antwort, lächelte mich einfach weiter an und sorgte damit dafür, dass ich nur noch aufgekratzter und besessener darauf war, herauszufinden wie er zu seiner Antwort kam.

WIE AUS DEM NICHTS ECHTES GLÜCK ENTSTEHT

Als Jörg bemerkte, dass ich nicht von ihm abließ und weitere Informationen haben wollte, fügte er an: „*Damian, es ist doch ganz einfach. Mach ich mein Glück abhängig von äußeren oder inneren Gegebenheiten, ist mein Glück an Bedingungen geknüpft. Und wenn es an Bedingungen geknüpft ist, ist es nicht so leicht zu erreichen, als ohne. Wenn ich nichts brauche, um glücklich zu sein, dann kann ich es immer und überall sein, egal wo, egal mit wem, egal wie es mir persönlich geht. Verstehst Du das?!*"

Natürlich verstand ich das. Doch mein Verstand funkte mir dazwischen. „*Das kann doch gar nicht sein! Es muss doch etwas geben, dass das Gefühl von Glück in Dir hervorruft. Irgendein Reiz im Außen muss doch da sein, damit Du Dich glücklich fühlst! Das ergibt alles gar keinen Sinn - so funktioniert das nicht*". Die Antwort, die auf meinen Einwand folgte sollte einer der vielen **Schlüsselmomente** in meinem Leben sein. Jörg richtete sich kurz auf, beugte sich nach vorne und sah mir in die Augen. Dann fragte er mich mit ruhiger, fast schon monotoner Stimme:

"Und was wäre, wenn doch?!"

Er lächelte, lehnte sich wieder zurück und nahm einen Schluck Tee. Damit hatte er mich gekriegt. Denn mit genau dieser Frage eröffnete er mir den gedanklichen Raum einer neuen Wahrheit.

DENKE NEU! - EIN ETWAS ANDERER WEG INS GLÜCK

Meine bisherige Wahrheit war, dass Glück an Bedingungen geknüpft sei. Ganz egal, ob es sich dabei um schönes Wetter, einen Lottogewinn, ein tolles Date, einen schönen Kinofilm oder einen Sieg der Lieblingsfußballmannschaft (zum Beispiel von DSC Arminia Bielefeld) handelte - irgendein Reiz im Außen muss dafür verantwortlich sein, dass Glück in mir entsteht - dachte ich jedenfalls. Bis Jörg daher kam und mich fragte was wohl sei, wenn dem nicht so wäre...

Was wäre denn dann? Dann wäre Glück nicht an Ereignisse im Außen geknüpft. Und wenn das Glück an nichts gebunden ist, ist es frei - und ich kann es mir jederzeit einfach erschaffen und an meine Seite stellen. Diese Vorstellung war genial - fast schon gleichzusetzen mit einer **Superkraft**! Doch hatte ich keinen blassen Schimmer davon, wie genau ich diesen Zustand und diese Fähigkeit jemals erreichen konnte - und damit ging es mir sicherlich ganz ähnlich wie Dir gerade. Also tat ich das, was jeder von uns machen würde. Ich hakte weiter nach.

DENK DICH GLÜCKLICH!

„Das musst Du mir erklären Jörg! Ich hab gelernt, dass vom Nichtstun auch Nichts kommt. Wie also soll da Glück entstehen, wenn da nichts ist!?" Und wieder begann er zu lächeln. „*Jeder Mensch*", begann er zu schildern, „*ist zu jeder Zeit in der Lage, zu Denken. Das denken an sich kann sich natürlich je nach Umstand unterscheiden, schließlich gibt es flüchtiges denken, zerstreutes Denken oder auch sehr klares Denken. Aber Denken können wir alle - und zwar immer. Aus dem Nichts heraus entsteht ein Gedanke, oder?!*" Ich nickte. „***Falsch!***", raunte Jörg mich an. „*Aus dem Nichts heraus entsteht **niemals** ein Gedanke, denn ein Gedanke ist immer die Antwort auf eine unbewusste oder bewusste Frage, die wir uns in unserem Inneren stellen.*"

Das musste ich erst einmal verdauen. Eine Antwort auf eine Frage? Was soll das bitte sein? Ist eine Frage nicht auch ein Gedanke?! Fragen wie diese schossen mir durch den Kopf.

Jörg blieb ruhig und ignorierte die Fragezeichen in meinen Augen. „*Wenn ich Glück fühle, muss ich vorher etwas gedacht haben, was mich mit Glück erfüllt. Denn Gefühle und Emotionen entstehen aus unseren Gedanken. Und um einen Gedanken des Glücks zu erzeugen ist es wichtig, dass wir unseren Fokus durch eine Frage ganz gezielt **ausrichten**. Und auch das geht immer und überall. Ein einziger Impuls genügt und schon bin ich glücklich.*" Er nippte an seinem Tee und wirkte tatsächlich glücklich.

DIE QUALITÄT DER FRAGEN, DIE DU DIR STELLST, BESTIMMT DIE QUALITÄT DEINES **LEBENSGLÜCKS**

Erst mit der Zeit und nach einer langen Phase des Ausprobierens merkte ich wirklich, wie viel Wahrheit in seinen Worten steckte. Natürlich hatte ich mir damals am Abend alles was Jörg sagte in meinem Erfolgsjournal notiert, sodass ich seine Aussagen immer wieder überprüfen und nachvollziehen konnte. Zusammengefasst lauteten sie:

> **1.** Unbewusste und bewusste Fragen in unserem Inneren beeinflussen unser Denken
>
> **2.** Unser Denken beeinflusst unsere Gefühle! Wir müssen also die Art der Fragen weise wählen
>
> **3.** Unsere Gefühle rufen das Empfinden von Glück hervor, unabhängig von äußeren Umständen

Ich begann mit der Überprüfung, indem ich mir Fragen stellte. Ich fragte mich, was mich glücklich machte und sah sofort unzählige Bilder. Eine riesige Tafel Milka-Schokolade, eine Fahrt mit offenem Dach in meinem schwarzen Porsche 911 Turbo Cabriolet bei strahlendem Sonnenschein, ein Moscow Mule in meiner damaligen Lieblingsbar, ein frisch gemachter Latte Macchiato mit Soja-Milch, das Vogel-Gezwitscher in meinem Garten im Frühling und steigende Aktienkurse von sämtlichen Positionen in meinem Portfolio.

Damals war ich noch nicht mit meiner Partnerin Sandy zusammen und auch meine Kinder waren noch nicht geboren, sonst wären sie mir natürlich auch in den Sinn gekommen. Doch auch ohne Frau und Kinder spürte ich ganz deutlich, dass ich auf einmal anfing zu lächeln.

Ich trieb das Spiel weiter und fragte mich, was der schönste Moment meines Lebens gewesen sei. Prompt erinnerte ich mich an einen ganz bestimmten Abend, an dem ich das schönste Mädchen (ein Dior-Model aus Düsseldorf) küsste und damit den Startschuss einer wilden Jugendliebe setzte, die ein Jahr lang andauern sollte. Die Endorphine schossen durch meinen Körper und ich fühlte mich großartig. Jörg hatte Recht.

OHNE GLÜCK IM LEBEN GÄBE ES KEIN UNGLÜCK (UND ANDERSRUM)

Indem ich an meinen damals schönsten Moment dachte, war ich von Glück erfüllt. Ich benötigte kein Auto, kein Geld der Welt und auch nichts anderes, außer einer kleinen Erinnerung. Immer dann, wenn ich anderen Menschen die Wirkungsweise unserer Gedanken in Bezug auf das Erleben von „Glück" erkläre, gibt es jemandem im Saal, der die Arme verschränkt und mürrisch fragt: *„Und was ist, wenn ich keinerlei glückliche Erinnerungen in meinem Leben habe?!"*

Eine wunderbare Frage. Die Antwort auf diese Frage ist ebenfalls wunderbar, denn sie wird Dich sicherlich stutzig machen. Sie lautet: Dann bist Du blind gewesen! Und ja, das mag vielleicht hart klingen, doch es ist wahr.

Menschen können nur wissen, was Unglück ist, wenn sie einmal Glück erfahren haben.

Jeder, der behauptet ein Pechvogel zu sein und immer nur Unglück erfahren zu haben, MUSS in seinem Leben auch Glücksmomente erfahren haben. Denn ohne den Tag zu kennen, könnten wir nicht wissen, was Nacht ist. Ohne Yin könnten wir nicht erahnen, was Yang ist. Und ohne dass Du weißt, wie sich wahre Liebe anfühlt, weißt Du auch nicht wie es ist, wenn einem das Herz gebrochen wird, wahr oder wahr?!

DER ABSURDE TREND DES „UNGLÜCKLICH-SEINS"

Wenn auch Du denkst, dass Du Dich nicht an schöne Momente in Deinem Leben erinnern kannst, dann bist Du zu streng zu Dir selbst. Du hast systematisch all das ausgeblendet, was gut und glücklich war in Deinem Leben und Dich damit selbst bestraft. Herzlichen Glückwunsch, Du armes, armes **Opfer!**

Wohin hat Dich diese Verhaltensweise geführt!? Ganz genau - in ein Leben voller Schmerz, Mangel und Verdruss. Und nein - meine Aufgabe im Rahmen dieses Buches ist es nicht, Dein Freund zu werden. Denn dafür bin ich nicht angetreten. Ich bin hier, weil ich Dir wirklich weiterhelfen will und wenn ich Dir weiterhelfen soll, dann müssen wir Klarheit schaffen. Klarheit darüber, warum es Dir so geht, wie es Dir geht und Klarheit darüber, was konkret Du ab heute verändern darfst, um ganz schnell auf ein neues Level an Glück zu gelangen.

Warum verdrängen Menschen ihre glücklichsten Momente? Ganz einfach. Weil es besser ankommt. Und zwar bei anderen Menschen. Sicherlich hast auch Du schon diverse Gesprächsrunden erlebt, in denen Familie und Freunde sich darüber beklagen, was schon wieder alles schief läuft im Leben. Wer krank oder verstorben ist, wo welche Krise gerade am schlimmsten ist oder was gerade schon wieder wo genau schief läuft und die Welt bedroht. Die Gesellschaft in Deutschland wird mit den Erfahrungen groß, dass Erfolg zu Neid und Missgunst führt und Schicksalsschläge und Niederlagen zu Mitleid und Aufmerksamkeit. Krankheiten und Unglück zu erleben, wird mit Zuspruch und Beileidsbekundungen belohnt. Erfolg hingegen in den meisten Fällen mit Unterstellungen und Ablehnung. Warum genau das so ist, darüber sprechen wir später noch einmal genauer.

SCHLUSS MIT DEM GLÜCKS-GRAB-SCHAUFELN!

Doch jetzt, wo Du weißt, dass Du Dir mit genau diesem Denken Dein eigenes Glücks-Grab schaufelst, kannst Du Dich von den alten Mustern verabschieden und Dich öffnen für Veränderung.

Lass es wieder zu, dass Du Dich an die schönen Momente Deines Lebens erinnerst und sollten Dir tatsächlich keine konkreten Situationen einfallen, dann denk Dir einfach welche aus oder **lüg Dich an** und erfinde welche! Der Effekt ist der gleiche. Du kannst auch an einen Tag in Deiner Zukunft denken, an dem alles abläuft wie im Film. Denk an Deine Traumbeziehung, an Dein Traumauto, meinetwegen auch an Deine Traumschuhe oder an irgendetwas anderes, was Dein Herz dazu bringt, schneller zu schlagen als bisher. Du wirst Dich automatisch besser, anders und fröhlicher fühlen, glaube mir.

In unserem **exklusiven Trainingsbereich** zum Buch haben wir hierzu eine passende Meditation vorbereitet, die Dich genau dieses Gefühl erleben lässt. Hier geht es zum **KOSTENLOSEN DOWNLOAD:**

WWW.DAMIAN-RICHTER.COM/GO-TRAINING

FRAGEN ZUM GLÜCKLICH SEIN

Die **EIN-SCHRITT-METHODE ZUM GLÜCKLICH-SEIN** lautet also:

> **ENTSCHEIDE** DICH FÜR DAS *Glück* IN DEINEM LEBEN!

Und zwar indem Du Dir ganz bewusst eine bessere Frage stellst, die Dein Denken so stark beeinflusst, dass am Ende ein Gefühl von Freude und Glückseligkeit in Dir entsteht. Mit dem Begriff der **„besseren Fragen"** meine ich Fragen wie:

> Was macht mich glücklich?
> Wann empfinde ich Glück?
> Wann war ich das letzte Mal so richtig glücklich?
> Was war der schönste Moment in meinem Leben?
> Wann habe ich zuletzt vor Glück geweint?
> Worüber habe ich zuletzt herzhaft gelacht?
> Was macht mir am meisten Spaß?
> Wen oder was liebe ich und warum?
> Was lässt mein Herz höher und schneller schlagen?

All diese Fragen erzeugen Bilder und Eindrücke in Deinen Gedanken, die sich sofort in Gefühle und Emotionen umwandeln werden - und damit direkten Einfluss auf Dich und Dein Handeln im Leben nehmen werden!

Du bist immer noch skeptisch und redest Dir ein, dass es bei Dir garantiert nicht funktionieren würde, weil Du vielleicht schon einmal ähnliches ausprobiert hast oder nicht an diese Strategie glaubst? Dann habe ich einen Zaubersatz für Dich, der Dein komplettes Leben auf den Kopf stellen wird - ganz genauso, wie er es bei mir auch geschafft hat. Und dieser Satz als Antwort auf die Aussage *„Bei mir klappt es einfach nicht!"* lautet: ***„Und was wäre, wenn doch?!"***

ALSO #MACHSEINFACH

KAPITEL 2.3

ENDLICH **ON FIRE**: DIE WELT AUS DEN AUGEN DEINES *alten* ICH'S

Nun haben wir also darüber gesprochen, wie Du mit Hilfe der Ein-Schritt-Methode Glück in Deinem Leben erschaffen und erzeugen kannst. Ohne irgendeine Zutat und ohne irgendeine Bedingung im Außen. Man möchte meinen, dass Du nun bereits gesegnet und gebenedeit im Himmel auf Erden angekommen bist - wahr oder wahr!?

Ich meine, überlege doch einmal! Wie viele Menschen da draußen wissen um ihre Schöpferkraft in Bezug auf ihr eigenes, hausgemachtes Glück?! Die Wenigsten! Und viele von denen, die es mal erfahren haben, vergessen es wieder und versinken im Trott des Alltags und im Strudel der Ablenkungen und Verführungen unserer Konsumgesellschaft. Für viele ist es erstaunlicherweise nämlich durchaus einfacher, sich mit Serien bei Netflix vorzugaukeln, glücklich zu sein, anstatt darüber nachzudenken, welche Fragen sie sich stellen müssen, um das Gefühl des Glücklichseins in jedem Moment im Hier und Jetzt aus sich heraus entstehen zu lassen.

Warum aber ist es eigentlich so erstrebenswert und wichtig, glücklich zu sein?! Eine tolle Frage! Und wie Du Dir sicher denken kannst, ist auch die Antwort auf diese Frage nicht weniger großartig.

BESSER ALS JEDE SUPERKRAFT: GLÜCK ALS ERFOLGS-TURBO

Glückliche Menschen handeln schneller und mutiger. Glück in seiner reinen Form ist nämlich nichts anderes, als eine Energie, die Dich in die Bewegung und ins Tun bringt. Und wer was macht und anpackt und auf das Leben zugeht, wird wachsen und sich stetig und immer weiter von Tag zu Tag seinen Zielen, Träumen und Visionen nähern - und genau das ist ja das Ziel dieses Buches.

„DER WICHTIGSTE TRICK, UM GLÜCKLICH ZU WERDEN, IST ZU *realisieren*, DASS DEIN PERSÖNLICHES GLÜCK EINE WAHL IST, DIE DU TRIFFST UND EINE FÄHIGKEIT, DIE DU ENTWICKELST.

DU TRIFFST DIE *Entscheidung*, GLÜCKLICH ZU SEIN UND DANN ARBEITEST DU DARAN."

Naval Ravikant

Dass Du für Dich eines Tages aufwachst und sagen kannst: *„Ja! Heute bin ich zur richtigen Zeit am richtigen Ort die richtige Person!"*

Erinnerst Du Dich noch an die Zeit in Deinem Leben, in der Du gerade **frisch verliebt** warst? Die Schmetterlinge im Bauch sorgten für ein Gefühl von Leichtigkeit und Frohsinn und auf einmal war alles wie im Film: Du hast Dich mehr getraut als sonst, Du warst mutiger, zielstrebiger, fröhlicher und motivierter als jemals zuvor. Denn Du warst voller Energie und hattest ein großes Warum (dazu später mehr).

> **GLÜCK** SETZT ENERGIE FREI.
> UND ENERGIE **IST ANTRIEB.**

Auf dem Weg zu Deinen Zielen und Träumen werden sich viele Herausforderungen zeigen. Einer Herausforderung im Leben begegnet man am besten, indem man sich einen unerschöpflichen Vorrat an Reaktionsmöglichkeiten zulegt. Und aus genau diesem Grund werde ich Dir nun einen Weg verraten, mit dem Du, abgesehen von Deinem Glück, einen weiteren Handlungshebel aktivieren kannst, der Dich durch Dein Leben tragen wird.

Dieser Weg setzt sich zusammen aus der von mir erfundenen **ADAI-METHODE**. ADAI steht dabei als Abkürzung für **„Augen des alten Ichs"**.

DIE ADAI-METHODE ALS WERKZEUG FÜR KRAFTVOLLE ENTSCHEIDUNGEN

Stell Dir einmal vor, Du stehst vor einer Entscheidung, über die Du etwas länger nachdenkst, da sie für Dich eine gewisse Bedeutung hat. Es kann sich hierbei um eine kleine Entscheidung (zum Beispiel ob Du heute Abend auf die Party gehen solltest oder nicht) oder auch um richtungsweisende Entscheidungen handeln, die einen etwas größeren Einfluss nehmen auf den weiteren Verlauf Deines Lebens (zum Beispiel ob Du kündigen oder Deine Arbeit weiterhin beibehalten solltest).

Wenn Du Dich in Gedanken in so eine Vorstellung hinein versetzt, wirst Du schnell wieder dieses beklemmende Gefühl der Untätigkeit und des Zweifelns spüren, das alle Menschen haben, wenn sie sich am Scheidepunkt kurz vor einer Entscheidung befinden. Ungewissheit und Unsicherheit spiegeln sich in Beklommenheit und Unzufriedenheit wieder.

In genau diesem Augenblick startest Du nun eine **gedankliche Zeitreise** und reist in eine **ferne Zukunft**, in der Du eines Tages als gealterter Mensch in Deinem Bett liegst und kurz davor bist, von dieser Welt zu gehen. Du bist wortwörtlich an Deinem Lebensabend angekommen und schaust nun mit all Deinen Erfahrungen und Erlebnissen der letzten Jahre zurück auf den Moment, indem sich Dein „aktuelles echtes Ich" gerade befindet. Frage Dich anschließend, wie Du rückblickend gerne in dieser Situation gehandelt hättest, wenn Du als „altes Ich" noch mal die Chance hättest, diesen Moment neu zu erleben und beeinflussen zu können. Wie hättest Du gehandelt? Welche Entscheidung hätte Dein altes Ich im Rückblick getroffen? Und dann nimm einfach wahr, was sich Dir für Gedanken zeigen.

VON DER MACHT DEINES „ALTEN ICHS"

In den allermeisten Fällen trifft das alte Ich eine Entscheidung, die Dein aktuelles Ich, welches sich in genau der Situation befindet, auf die das alte Ich gerade schaut, ein wenig aus der Komfortzone wirft. Das bedeutet, die Entscheidung Deines alten Ichs ist eine andere als die, zu der Du gerade tendieren würdest.

Deine Aufgabe ist es nun, dem Impuls Deines alten Ichs zu folgen. Denn dann triffst Du Deine Entscheidung nicht aufgrund der Überlegungen Deines aktuellen Ichs, sondern auf der Grundlage der Erfahrung und Weisheit Deines alten Ichs. Wenn es Dir so geht wie den meisten, dann wird **Dein altes Ich** zu Dir sagen: „**GO!**".

ZUSAMMENFASSUNG DER ADAI-METHODE

➡ **1.** Du versetzt Dich in Dein altes Ich
➡ **2.** Stell Dir als Dein altes Ich die Frage, wie Du rückblickend gerne in dieser Situation gehandelt hättest
➡ **3.** Höre auf Dein altes Ich und mach´s einfach!

Die Folge wird sein, dass Du Erfahrungen machst, die Dich in Deinem Denken und Tun so sehr bereichern, dass Du deutlich schneller wächst als wenn Du Dich anders entschieden hättest. Dein Glücksempfinden und Deine emotionale Fitness wachsen massiv, Du wirst Dich schneller auf mentaler und persönlicher Ebene weiterentwickeln, Dein Selbstvertrauen steigt und Du wirst ruhiger und ausgeglichener. Und das alles nur, weil Du für einen kurzen Moment die Augen Deines alten Ichs benutzt hast und Deinem aktuellen Ich einen entscheidenden Impuls und Anschub gegeben hast...

DEIN LEBEN IST ENDLICH!

Wie kann das sein? Warum ist diese Methode so unglaublich wirksam? Ganz einfach: Menschen, die sich an ihrem Lebensende befinden, fürchten sich am meisten davor, etwas zu bereuen und das Gefühl zu haben, etwas versäumt oder verpasst zu haben. Indem Du Dich mit Deinem alten Ich verbindest, machst Du Dir bewusst, dass das Leben endlich ist und die Momente der Entscheidung in unserem Leben das eigene Schicksal formen.

Deine Zeit auf dieser Welt ist begrenzt und das „Jetzt" ist das Wertvollste, das Du besitzt. Die **ADAI-METHODE** ist auch aus dem Grund so wirksam, weil Dir keine externe Person irgendwo reinredet oder vorgibt, was richtig oder falsch ist, sondern ein Teil von Dir selbst - Dein altes Ich - Dir den entscheidenden Impuls für Veränderung mitgibt. Damit ist dieser Impuls für Veränderung rein und authentisch - und somit immer stimmig, ganz egal was die Folgen, resultierend aus diesem Impuls, für Dich und Dein Leben mit sich bringen werden.

"Momente der Entscheidungen formen unser Schicksal!"

Alles, was ich Dir in diesem Buch schreibe und als Methoden oder Strategien mit an die Hand gebe, habe ich selbst ausprobiert und angewendet. Von daher weiß ich um die unglaubliche Kraft, die diese Methoden mit sich bringen werden, wenn Du sie umsetzt. Frage Dich also jetzt konkret, in **welchem Lebensbereich** Du eine Entscheidung treffen musst oder Dich schon seit Wochen und Monaten um eine Entscheidung drückst. Da gibt es eine, da bin ich mir ganz sicher. Wende nun die ADAI-Methode an und stell Dir Dein eigenes Ich vor, wie es vom Leben gezeichnet friedlich in einem Bett liegt oder an einem schönen Ort sitzt und sich an Deine aktuelle Lebenssituation zurück erinnert. Frage es nun in Gedanken, wie sich Dein altes Ich rückblickend gerne in dieser Situation entschieden hätte - und dann **folge diesem Impuls** augenblicklich!

ENTDECKE DEINEN GO!-MOMENT

Du wirst merken, dass Du - je häufiger Du diese Methodik anwendest - immer mehr und mehr in Deine Kraft kommst, zu Dir selbst findest und „on fire" - also in einem Zustand des Erschaffens und Machens bist. Und genau dieser Zustand ist der Beginn einer großartigen Veränderung und der Startschuss in ein neues Leben. Es ist Dein **GO!-MOMENT!**

Teile wenn Du magst Deine Erkenntnis aus diesem Abschnitt unter meinem aktuellen Post auf Instagram (@damianlifecoach).

KAPITEL 2.4

MOTIVATION AUF *Knopfdruck*: SO FINDEST DU **DEIN WARUM**

Das Gefühl von Glück und die ADAI-Methode sind großartige Werkzeuge, um motiviert und ausgerichtet auf das Leben zuzugehen. Doch wenn Du mich kennst, dann weißt Du, wie sehr ich es liebe, eine breite Auswahl an wirkungsvollen Techniken zu haben, da dem Einzelnen verschiedene Herangehensweisen ganz anders liegen, als seinen Mitmenschen.

Diese Erfahrung habe ich auch in tausenden Coachings gemacht, die ich in den letzten 11 Jahren meines Lebens durchgeführt habe. Es geht niemals um mich als Coach oder Autor und um den Nutzen für mich, sondern immer darum, gemeinsam mit Dir den für Dich passenden Weg zu finden, mit dem Du für Dich Deine ersten Erfolgserlebnisse erzielen kannst.

BESSER ALS JEDER LOTTOGEWINN: DEIN WARUM

Das, was ich Dir nun als nächstes vorstellen werde ist ein Tool, das für jeden von uns gleichermaßen Gültigkeit besitzt. Und bis jetzt auch bei jedem einzelnen der tausenden Klienten funktioniert und gewirkt hat, die in meinen Coachings mit dabei waren. Es handelt sich um das viel zitierte und benannte „Warum" - welches für viele Menschen da draußen sowohl Schrecken und Segen zugleich ist. Denn wenn ich mich so umhöre, dann scheint es mir so, als ob viele von denjenigen, die sich mit Persönlichkeitsentwicklung und Wachstum beschäftigen, schon davon gehört haben.

Gleichzeitig stelle ich allerdings auch immer wieder fest, dass die Wenigsten ihr Warum tatsächlich gefunden haben und aktiv damit arbeiten. Und das ist wirklich traurig. Denn wenn Du weißt, was es mit dem „Warum" auf sich hat, die Kraft und die Stärke des Warums aber nicht für Dich und Dein Leben nutzt, dann ist das in etwa so, als wüsstest Du die Lotto-Zahlen der nächsten Woche aber wärst zu faul, um Dir einen Schein zu holen, ihn auszufüllen und abzugeben.

Grund genug also, dass wir nochmal über das **Warum** sprechen.

DEIN WARUM = RAKETENANTRIEB FÜR DEINEN ERFOLG

Für alle, die heute zum ersten Mal von einem „Warum" hören, werde ich natürlich einen entsprechenden Rahmen schaffen, damit auch ihr gut mitarbeiten könnt und wisst, worum es geht.

Dein **„WARUM"** ist - in einem Satz zusammengefasst - der **Raketenantrieb für Deinen Erfolg**. Der Treibstoff Deines Super-Sportwagens, der all die Zweifel und Ängste und Hindernisse einfach rechts liegen lässt und auf der Überholspur des Lebens mit Vollgas ins Ziel einfährt. Das ist Dein wahres „Warum". Wenn Du also nicht jeden Tag voller Energie und Fokus aufwachst und mit einem Lächeln im Gesicht einschläfst, hast Du Dein wahres Warum entweder noch nicht gefunden oder Du warst zu faul, es auch in Deinem Leben zu etablieren. Denn wie Du weißt, bringt Dir das reine Wissen der Lottozahlen rein gar nichts, sofern Du nicht auch aktiv wirst und entsprechende Handlungen in Deinem Leben in die Wege leitest.

WAS DAS „WARUM" ÜBERHAUPT IST UND WIE DU ES FINDEST

Wie Du bereits auf den letzen Seiten erfahren hast, will jeder Mensch ein Gefühl erleben - auch Du. Gefühle und Emotionen sind die wahren Schätze des Lebens - und damit auch die größten Faktoren für echten Antrieb. Ein Warum ist demnach etwas, mit dem Du eine sehr starke Emotion und Bindung hast. Etwas, mit dem Du sofort in Resonanz gehen kannst.

In den allermeisten Fällen ist das Warum ein **Name**. Der Name eines Menschen, der eine große Bedeutung für Dich hat und für den Du im Idealfall natürlich auch große Emotionen hegst. Dein Warum kann somit der Name Deiner Kinder, Eltern, Geschwister, Großeltern, Onkel, Tanten, Lebenspartner oder Freunde sein. Ganz oft hatte ich auch schon Klienten in meinen Coachings, die mir verraten haben, dass ihr persönliches Warum der Name ihres Hundes oder ihrer Katze sei - Haustiere sind anscheinend also auch hoch im Warum-Kurs. Ob die jeweiligen Personen oder Tiere dabei leben oder bereits verstorben sind, ist ganz egal - denn auch der verstorbene Großvater kann ungeahnte Kräfte freisetzen, wenn er für die jeweilige Person ein Warum darstellt.

EIN ECHTES WARUM SPRENGT DIE GRENZEN DER PHYSIK

Vielleicht fragst Du Dich, inwiefern denn nun der Name eines Menschen ein Warum bilden kann. An dieser Stelle verweise ich immer gerne auf reale Begebenheiten, die sich anhören als würden sie aus einem Superheldenfilm stammen. Denn tatsächlich ist es schon vorgekommen, dass Menschen Dinge schafften, die rein physikalisch oder logisch betrachtet, vollkommen unmöglich gewesen wären. Wenn eine Mutter, die nach einem Unfall bemerkt, dass ihr Neugeborenes unter einem Auto eingeklemmt ist, also einen Kleinwagen anhebt, um das Kind wieder zu befreien, dann ist das definitiv Stoff eines Hollywood-Drehbuchs - und in der Realität genauso passiert.

Das Warum - in diesem Fall natürlich der Säugling - war so groß, dass die Frau Grenzen überwunden hat und für ihr Kind ungeahnte Kräfte freisetzen konnte. Die Liebe und Zuneigung einer Mutter zu ihrem Neugeborenen ist selbstverständlich **grenzenlos** - und genauso groß darf auch die Verbindung von Dir zu Deinem Warum sein!

DAS WARUM ALS STOFF FÜR HOLLYWOOD-PRODUKTIONEN

Ein Warum kann aber auch die Vorstellung von einem bestimmten Moment oder einem ganz konkreten Ziel in Deinem Leben sein, das für Dich sehr erstrebenswert und wichtig zu erreichen ist. Silvester Stallone beispielsweise war so besessen von der Idee, seine Geschichte von „ROCKY" in den Kinos der Welt zu erzählen, dass er dafür nicht nur den Schmuck seiner (Ex-)Freundin in Zahlung gab, sondern auch seinen besten Freund - den Hund Butkus - für 50 Dollar verkaufte.

Nur so gelang es ihm, die nervenaufreibende Zeit der anfänglichen Absagen auch finanziell zu überbrücken. Anschließend gelang ihm mit „Rocky" einer der größten Filmerfolge der 80er Jahre. Der Film machte Stallone über Nacht zum Star, wurde 1977 in zehn Kategorien für den Oscar nominiert und gewann den Preis für den besten Film, die beste Regie und den besten Schnitt. Stallone selbst erhielt Nominierungen als bester Hauptdarsteller und für das beste Originaldrehbuch. (Und nur am Rande: Er hat sich seinen Hund von seiner Gage für ein vielfaches wieder zurückgekauft.)

WAS IST DEIN WARUM?

Du bist also eingeladen, darüber nachzudenken, was Dein Antrieb und Dein Warum sein könnte. Welches Bild erfüllt Dich mit voller Freude? Welche Gedanken sind für Dich der Grund, dieses Leben so zu führen, wie Du es führen willst? Was ist Dein Antrieb und Dein Grund, morgens aufzustehen? Welche Namen sind für Dich Dein „Warum" - und sofern es keine Namen gibt, welche Namen könnte es vielleicht in Zukunft geben? Wenn Du Single bist, sei nicht traurig sondern stell Dir vor wie es sein wird, wenn ein Mann oder eine Frau an Deiner Seite steht und mit Dir gemeinsam das Leben meistern will. Frage Dich vielleicht auch, was für eine Mutter oder was für ein Vater Du eines Tages sein willst und wie Du Deine Familie aufbauen möchtest, sofern Du aktuell keine Kinder oder keine familiären Bezugspunkte hast. Wenn Du Mitarbeiter hast, frag Dich also, wer Du für Deine Angestellten sein willst.

Erst vor kurzem hatte ich ein sehr berührendes Gespräch mit einem jungen Mann Anfang 20, der mir von seiner Vergangenheit als Drogen-Dealer berichtete und von heute auf morgen entschied, keinerlei Drogen mehr zu nehmen oder zu vertreiben und nun schon fast zwei Jahre lang clean ist. Er definierte sein Warum dadurch, dass er eines Tages einmal ein guter Vater sein will, der seine Kinder verantwortungsbewusst erzieht und aufwachsen lässt - ohne Drogen und ohne andere Substanzen, die ihnen das Leben zur Hölle machen könnten. Mit Gänsehaut hörte ich ihm zu - das ist mal ein Warum!

WERDE AKTIV UND ETABLIERE ENERGIE-ANKER!

Wie Du merkst, ist die Gestaltung Deines Warum also vielseitig und sehr variabel. Mach nicht den Fehler und lass auf diesen Abschnitt in unserem Buch Passivität folgen, sondern setz Dich hin und notiere Dir Deine Version von Deinem Warum. Besorge Dir außerdem sogenannte „Energie-Anker", die Dich beständig und immer wieder an Dein Warum erinnern, damit Du es nicht vergisst. Ein Energie-Anker kann ein motivierendes Hintergrundbild auf Deinem Handy oder Deinem Computer sein. Es kann ein Foto oder eine Postkarte sein, die Du Dir in Deiner Wohnung aufstellst, ein Stein, den Du in Deiner Hosentasche mit Dir trägst oder auch ein Lied, dass Du immer wieder hörst, um Dich mit der Energie aufzutanken, die für Dich in diesem Song steckt und mit der Du Dein Warum natürlich ganz eng verknüpfst.

Wenn Du Dich dazu entscheidest, Dir Dein Warum näher zu Gemüte zu führen, wird sich Dein komplettes Leben von jetzt auf gleich für immer verändern. Glaube mir, ich weiß, wovon ich spreche.

KAPITEL 2.5

GEBOREN, UM ZU **GEWINNEN** (UND *warum* DIE GRÖSSE DOCH **WICHTIG** IST)

Manche Sätze haben für mich eine ganz besondere Wirkung, da sie - wenn man sie wirklich verstanden und verarbeitet hat - einfach alles verändern können. Ein einziger Satz, der alles verändern kann ist schon etwas besonderes, findest

Du nicht auch?! Der folgende Satz ist genauso ein Satz, daher solltest Du ihn Dir gut merken und am besten auch irgendwo gut aufschreiben, sodass Du ihn lesen und verinnerlichen kannst:

Je grösser das "Warum", desto leichter das "Wie"

Den Begriff des „Warums" kennst Du ja bereits. Du weißt, dass Dein Warum Dein Antrieb für Erfolg ist und er Dich selbst dann handeln lässt, wenn Dir gerade nicht danach zumute ist. Doch das „Wie" ist neu. Es bezeichnet natürlich den Weg der Umsetzung, also die genauen Schritte, die Du zu gehen hast, um am Ende des Tages ganz genau nachvollziehen zu können, dass Du Deinem Ziel nun wieder ein Stückchen näher gekommen bist. Der Merksatz besagt also, dass uns die Umsetzung und das Tun deutlich leichter fällt, wenn wir ein großes und bestärkendes Warum besitzen.

DARUM IST DIE GRÖSSE DOCH ENTSCHEIDEND

Lass mich Dir ein Beispiel dazu geben. Stell Dir vor, eines nachts klingelt Dein Wecker - es ist 3 Uhr in der Früh. Es ist ein Sonntag und normalerweise könntest Du entspannt ausschlafen und das Frühstück im Bett genießen. Nun erscheint eine kleine Fee neben Dir, die Dir sagt, dass Du einen Cent von ihr erhältst, wenn Du nun aus dem Bett aufspringst, 10 Liegstützen machst und anschließend einmal im Schlafanzug und ohne Schuhe um Dein Haus läufst. Würdest Du ihr Angebot annehmen?!

In den allermeisten Fällen ist die Antwort klar: *„Für einen einzigen Cent?! Niemals!"* Doch nun ändern wir die Rahmenbedingungen. Stell Dir vor es ist 3 Uhr in der Früh, Dein Wecker klingelt überraschender Weise und die kleine Fee erscheint wieder. Doch diesmal flüstert sie Dir leise ins Ohr, dass Du von ihr eine Million Euro erhältst, wenn Du nun aufstehst, 10 Liegstütze machst und einmal auf nackten Füßen um das Haus herumläufst. So schnell, wie Du aus dem Bett aufgesprungen wärst, hätte die Fee gar nicht gucken können, da bin ich mir sicher! So ist es doch, oder!?

Geboren, um zu gewinnen (und warum die Größe doch wichtig ist)

Anhand dieses Beispiels wird uns klar: Die Größe ist doch wichtig! Denn über die Größe des Geldbetrages haben wir gerade die Dringlichkeit und damit auch das jeweilige Warum definiert. Je größer das „Warum" (1 Millionen Euro), desto leichter das „Wie" (Sport am frühen Morgen). Doch mit der Größe ist natürlich niemals nur das Geld gemeint. Denn Geld wird in vielen Momenten total unwichtig - und hier komme ich wieder auf die besagten „Namen", die für die meisten Menschen das Warum ausmachen.

EIN NAME KANN BERGE VERSETZEN

Stell Dir nun vor, dass Du vor einer großen Burg mit einem riesigen Burgturm stehst. Die Burg hat einen Graben, in dessen dunklem Wasser es nur so wimmelt vor Krokodilen und anderen **gefährlichen Wassertieren**. Die Mauern sind hoch und von Dornen überzogen und ganz oben im Burgturm liegt etwas, dass es für Dich zu erobern gilt.

Im ersten Fall liegen dort oben im Burgturm 10 Euro auf einem Tisch. Würdest Du für 10 Euro sämtliche Gefahren auf Dich nehmen, um Dir die 10 Euro zu erkämpfen? Wahrscheinlich nicht. Die meisten Menschen würden auch für 100, 1.000 oder 10.000 Euro nicht auf den Turm klettern und die Krokodile überwinden wollen - selbst für eine Million Euro würden immer noch viele keinen Finger krümmen, wenn eine Chance besteht, dass sie dabei ihr Leben riskieren könnten.

Was hingegen alle Menschen sofort tun würden, ist ihr Leben für eine **andere Person** auf das Spiel zu setzen. Das bedeutet, dass die 10 Euro auf dem Tisch nun ersetzt werden durch den Menschen, den Du **am meisten liebst** in Deinem Leben. Würdest Du dann immer noch untätig vor der Burg herumstehen ohne einen Finger zu krümmen, während eine Person, die Du liebst, im jetzt brennenden Turm in Lebensgefahr ausharrt? Mit hoher Wahrscheinlichkeit nicht. Das spannende ist, dass in diesem Fall die interessantesten Ideen aus den Menschen heraussprudeln und sie mir berichten, dass sie die Feuerwehr anrufen würden, eine Leiter bestellen, über den Graben ein Seil spannen würden, um die Krokodile zu überwinden, einen Hubschrauber anmieten, um mühelos zum Burgturm zu gelangen und und und...

Durch einen Namen und ein entsprechend großes Warum wird der Weg zum Ziel sogar dort sichtbar, wo vorher nur lauter Probleme und Hindernisse im Weg standen.

SCHEINT DIE HERAUSFORDERUNG ZU GROSS, IST DEIN WARUM ZU KLEIN!

Du kannst Dir das so vorstellen, dass der Blick auf Dein Warum immer frei sein muss, ganz egal wie groß auch das Hindernis ist, was sich zwischen Dir und Deinem Warum aufbauen will. Wenn Dein Warum größer ist als die Herausforderung, die sich Dir auf Deinem Weg zeigt, wirst Du weiter aktiv sein und sämtliche Widrigkeiten auf Dich nehmen - und am Ende als gefeierter Sieger vom Platz gehen.

Wenn Du Zugang zu Deinem Warum hast, wirst Du außerdem verstanden haben, mit welcher Intention Du das Spiel des Lebens spielst. Die meisten Menschen sind angetreten, um im Spiel des Lebens zu überleben. Das ist auch der Grund, warum die meisten Menschen nicht erfolgreich, unzufrieden und unglücklich sind. Das, was **wahre Macher** und Überflieger von der grauen Durchschnittsmasse unterscheidet, ist der unabdingbare Wille, das Spiel des Lebens nicht nur mitzuspielen und nur zu überleben, sondern zu gewinnen. Denn wenn Du ein Warum hast, für das Du antrittst, dann hast Du Dein Ziel immer fest im Blick und vor Augen.

SPIEL DAS SPIEL DES LEBENS, UM ZU GEWINNEN!

Was bedeutet es, das Spiel des Lebens zu gewinnen?! Und muss es dann nicht auch Verlierer geben?! Die Antwort ist einfach: Klar gibt es auch Verlierer! Allerdings verlieren die Verlierer im Spiel des Lebens nicht, weil andere gewinnen, sondern weil sie sich dazu entschieden haben, die Rolle des Verlierers zu spielen.

Ein **Beispiel:** Stell Dir vor, Du bist Single. Es ist ein schöner Sommertag, die Sonne scheint. Auf einmal erscheint auf der anderen Straßenseite ein Menschenwesen, das Du so noch nie gesehen hast. Ein Lächeln wie von einem Engel, eine Energie, die so magisch ist, dass Du sie gerne einfangen würdest und ein Blick, in dem Du Dich sofort verlierst. Es ist um Dich geschehen, diese eine Person muss etwas ganz besonderes sein, da bist Du Dir sicher. Dein Herz schlägt schneller, Deine Handflächen werden leicht schwitzig und Du denkst darüber nach, wie Du auf diesen Moment des Lebens am besten reagieren kannst.

Diejenigen, die das Spiel des Lebens spielen, um zu überleben, sagen sich: *„Ach, dabei sein ist alles - jetzt gerade fühle ich mich einfach nicht so gut und außerdem sitzen meine Haare gar nicht richtig. Ich werde meine Chance nutzen, wenn ich sie/ihn das nächste Mal sehe - man sieht sich ja immer zweimal im Leben..."* - und in der Folge passiert natürlich gar nichts.

Diejenigen hingegen, die das Spiel des Lebens spielen, um es zu gewinnen, wissen **warum** sie das tun, was sie tun - und zwar für ihr Warum. Vielleicht ist ihr Warum das Bild einer erfüllten Partnerschaft, dass sie - alleine nur, wenn sie daran denken - mit den schönsten Glücksgefühlen durchströmen lässt, die sie jemals gefühlt haben. Diese Menschen nutzen die **ADAI-METHODE**, um sofort aktiv zu werden und auf die Frau/den Mann zuzugehen und sprechen ihn/sie einfach an, liebevoll und offen und aus dem Herzen und geben damit dem Leben die Chance für einen magischen Moment.

EGAL WAS AUCH PASSIERT, SO GEWINNST DU IMMER

Sagt die angesprochene Person zu und stimmt einem Kaffee zu, hast Du gewonnen, schließlich hast Du Dich getraut und Dein Glück damit selbst herbeigeführt. Sagt die angesprochene Person ab oder geht einfach weiter, so hast Du Gewissheit und weißt, dass sie oder er sich gerade nicht von Dir angesprochen gefühlt hat - und damit anscheinend nicht die richtige Person für das Bild der idealen Partnerschaft ist.

Du hast Klarheit und bist offen für eine neue Situation, hast Dich getraut und Dir selbst bewiesen, dass Du ein Macher bist - und damit hast Du diese Runde im Spiel des Lebens trotz vermeintlichem Rückschlag gewonnen.

Warum bist Du hier? Was ist der Grund, weshalb Du im Spiel des Lebens mitspielst? Was ist Deine Intention, was ist das übergeordnete Ziel? Willst Du dabei sein, um zu gewinnen und mit Deinem **„WARUM"**, der **„ADAI-METHODE"** und der **„EIN-SCHRITT-METHODE FÜR DEIN GLÜCK"** außergewöhnliche Momente zu erleben?

Oder willst Du lediglich Schadenbegrenzung betreiben und nur „dabei" sein, aber niemals wirklich erfahren, was es heißt, voll und ganz zu leben? Du allein triffst Deine Entscheidung - und zwar jeden Tag in Deinem Leben immer wieder neu.

KAPITEL 2.6

DER **ERFOLGSMACHER**: DAS IST MEIN *Erfolgsgeheimnis*

Nun, da Du bereits eine erste Idee oder vielleicht auch schon ein klares Bild von Deinem Warum hast, ist der Weg frei für grenzenlosen Erfolg. Dein Warum schenkt Dir Antrieb, Energie und Motivation. All das sind wichtige Voraussetzungen für großartige Erfolgsgeschichten.

Doch aus unzähligen Gesprächen und Coachings weiß ich, dass für manche Menschen das Bild von einem glücklichen und erfüllten Leben voller Harmonie, Fülle und Erfolg immer noch ein wenig utopisch wirkt, denn „Erfolg" ist für viele ein großes Wort.

DIE SACHE MIT DEM ERFOLG

Vielleicht geht es auch Dir so, dass Du bei dem Begriff „Erfolg" zunächst an Sportwagen, riesige Geldsummen, großartige Karrieren, Stiftungen, die die Welt verändern oder Traumhäuser an den schönsten Stränden der Welt denkst - und gleichzeitig das Gefühl in Dir aufkommt, dass Du davon noch Lichtjahre entfernt zu sein scheinst.

Doch weißt Du was?

Manchmal gehen Veränderungen im Leben schneller als gedacht. Denn Menschen überschätzen zwar massiv, was sie in einem Jahr erreichen können, doch unterschätzen noch viel mehr, was sie in fünf, zehn oder fünfzehn Jahren zu leisten im Stande sind, wenn sie durchziehen und einfach ihr Ding machen.

MEINE ERFOLGS-PRINZIPIEN FÜR GROSSARTIGE ERGEBNISSE

Du willst etwas Großes erreichen, sehnst Dich nach großem Erfolg, doch verspürst einen leichten Hauch von Zweifeln? Das ist ganz normal. So ging es mir früher ebenfalls. Doch dann habe ich relativ schnell die **vier folgenden Prinzipien** für mich erkannt und alles veränderte sich:

1. Wenn ich etwas nicht weiß, kann ich es **lernen**, indem ich mir alles von denen abschaue, die schon dort sind, wo ich noch hin will
2. Wenn ich etwas nicht habe, kann ich es mir **besorgen**, indem ich mir bessere Fragen stelle und einfach auf das Leben zugehe
3. Wenn es auch nur einer vor mir bereits geschafft hat, dann kann ich es auch **schaffen**
4. Wenn es noch keiner vor mir geschafft hat, dann werde ich eben **der erste** sein, der es schafft

Und weißt Du was? Diese vier Prinzipien gelten auch für Dich! Denn Erfolg im Leben hat nichts mit Kontakten, Verwandtschaft oder Intelligenz zu tun. Das einzige, was Erfolg verursacht, ist das Denken und Handeln auf eine ganz bestimmte Art und Weise.

VON DER STRASSE FÜR DIE STRASSE

Die Art und Weise zu Denken und zu Handeln, die Du hier im Buch lernst, ist genau die, die Erfolg mit sich bringen wird - denn alle Inhalte habe ich selbst gelebt und ausprobiert. Aus diesem Grund ist „GO!" auch eine der seltenen Anleitungen, die wirklich funktioniert, wenn Du sie umsetzt. Denn dieses Wissen kommt aus dem echten Leben und eignet sich daher auch perfekt für das echte Leben - es ist bereits erprobt und bewiesen! Dass ich gerade diese Zeilen schreibe und nach meinem ersten Suizid-Versuch nicht noch ein weiteres Mal versuchte, mir das Leben zu nehmen, weil ich bereits erste Ideen und Impulse hatte, wie ich meine damalige Herausforderung meistern konnte, beweist, dass ich recht habe. Mein Erfolgsgeheimnis basiert dabei auf der **einfachen Annahme des Erfolgsmachers.**

DAS ERFOLGSMACHER-MINDSET FÜR EIN AUSSERGEWÖHNLICHES LEBEN

Wenn Du Erfolg im Leben hast, wirst Du auf Menschen treffen die Dir sagen werden, dass Du Glück gehabt hast, dass bei Dir ja alles immer so „leicht" aussieht und dass Du „zufällig" zur richtigen Zeit am richtigen Ort die richtige Person warst.

 All diese Aussagen sind absoluter Blödsinn und ich verrate Dir auch, warum.

Ich weiß, dass jeder Vollidiot zur richtigen Zeit am richtigen Ort sein kann. Doch um die richtige Person zu sein, die sich dann auch traut aktiv zu werden und die richtigen Entscheidungen zu treffen, bedarf es Wachstum und Persönlichkeitsentwicklung.

Ich weiß, dass all das, was für die meisten Menschen leicht aussieht, immer sehr schwer zu erlernen ist. Hinter einem großartigen Tanz, der federleicht zu sein scheint, stecken oftmals stundenlange Trainings und zermürbende Stunden im Fitnessstudio.

Und ich weiß, dass Erfolg niemals Zufall ist. Generell gibt es für mich sowieso keine Zufälle. Doch unabhängig davon weiß ich mittlerweile, dass Erfolg genauso funktioniert wie ein Kuchen. Man kann ihn machen, wenn man über ein geeignetes Rezept verfügt, alle Zutaten parat hat und die entsprechende Reihenfolge der Abläufe im Rezept beachtet.

DIE VIER ZUTATEN FÜR ECHTEN ERFOLG

In den fast 30 Jahren, in denen ich mittlerweile als Unternehmer aktiv bin, habe ich viele Niederlagen und Tiefpunkte, aber auch große Siege und Höhepunkte miterlebt und weiß daher ganz genau, welche Zutaten für echte Erfolge im Leben wichtig sind und welche nicht. Die vier folgenden Zutaten gehören dabei zu den absoluten Entscheidungsfaktoren, sie sind sozusagen die vier „Züngleins an der Waage":

Über das Warum haben wir bereits gesprochen. Deinen Zielen widmen wir uns in Kapitel drei und auch der Unerschütterlichkeit und Flexibilität werden wir uns noch ausreichend zuwenden.

Im Laufe des Buches werden wir gemeinsam **alle nötigen Prozesse** durcharbeiten, die Dir dabei helfen werden, den von Dir gewünschten Erfolg **Schritt für Schritt** herbeizuführen. Dabei ist es ganz egal, ob Du von dem Traumhaus am Strand in einem fernen Land träumst, einen bestimmten Sportwagen fahren willst oder ob Du vorhast, eine Yoga-Schule zu eröffnen. Das Erfolgs-Rezept ist auf jeden Bereich in Deinem Leben anwendbar.

AUCH EIN KLEINER ERFOLG IST EIN ERFOLG

Eine erste immens wichtige Strategie für mehr Erfolg in Deinem Leben ist es dabei, den Erfolg auch in den kleinen Dingen des Lebens zu finden. Der Grund, warum sich so viele Menschen als erfolglos bezeichnen würden liegt nämlich auch darin, dass viele **viel zu hart zu sich selbst** sind.

Für viele Menschen ist nur das Erreichen von großen Lebenszielen ein echter Erfolg und so laufen sie ihr Leben lang dem Einfamilienhaus, der Beförderung oder einer bestimmten Summe Geld auf dem Konto hinterher.

Dabei liegt das Glück nicht nur auf der Straße, sondern jederzeit direkt vor uns. Wenn Du gleich dieses zweite Kapitel beendet hast, dann kannst Du Dir selbst einmal genüsslich auf die Schulter klopfen und zu Dir selbst sagen: *„Hey, das habe ich großartig gemacht!"* - und ja, das klingt schräg und total falsch, doch Fakt ist, dass die wenigsten Menschen jemals bis zum Ende des zweiten Kapitels gelangen! Du bist also schon deutlich weiter als viele andere und damit außerordentlich **erfolgreich!**

DIE CHECKLISTE FÜR KLEINE ERFOLGE

Etabliere den Blick für die kleinen Erfolge in Deinem Leben und Du wirst Dich automatisch besser, erfolgreicher und selbstbewusster fühlen. Natürlich weiß ich selbst, wie schwer es vielen von Euch fallen wird, die Perspektive für kleine Erfolge einzunehmen. Daher habe ich eine Liste mit Beispielen für „kleine" Erfolge vorbereitet. **Hake ab**, sofern einer dieser Punkte heute schon auf Dich zutrifft:

- [ ] Du bist heute morgen aufgewacht und aus dem Bett aufgestanden
- [ ] Du hast Dir Deine Zähne geputzt und Dich angezogen
- [ ] Du hast Dir selbst oder anderen etwas gekocht, das essbar war
- [ ] Du bist pünktlich zur Arbeit/einem Meeting gekommen
- [ ] Du hast einige Deiner täglichen To-Dos erledigt
- [ ] Du hast Dir selbst und/oder jemand anderem ein Lächeln geschenkt
- [ ] Du hast Dir einen Moment für Dich genommen
- [ ] Du hast Glück oder Dankbarkeit empfunden
- [ ] Du hast Dich der Welt gezeigt und Dich nicht versteckt
- [ ] Du hast offen und ehrlich Deine Meinung gesagt
- [ ] Du hast die Schönheit der Natur wahrgenommen
- [ ] Du hast Dir selbst eine Freude bereitet
- [ ] Du hast Dein Ziel konsequent weiter verfolgt und aktiv etwas dafür getan, es auch zu erreichen
- [ ] Du hast Dich bewegt und Dich körperlich betätigt
- [ ] Du hast frische Luft eingeatmet und das Leben gefühlt
- [ ] Du hast die Einzigartigkeit in Dir und jedem Menschen erkannt
- [ ] Du hast Dein Erfolgsjournal/Deine Dankbarkeitsliste ausgefüllt
- [ ] Du hast Dir diese Liste zur Hand genommen und konntest einen oder mehrere Punkte abhaken

DEINE TÄGLICHEN ROUTINEN ERSCHAFFEN DEIN LEBEN

Ich empfehle Dir, diese Liste an jedem Abend einmal anzuschauen und zu überprüfen, ob Du einen oder mehrere Punkte abhaken konntest - denn somit schärfst Du Dein Bewusstsein dafür, wie erfolgreich Du auch heute wieder warst! Mach´s, auch wenn es sich komisch anfühlt - denn die Auswirkungen dieser Tagesroutine sind großartig.

Du wirst Dich energievoller, fokussierter und erfolgreicher fühlen. Und mit diesen neuen Gefühlen springst Du von einem neuen Erfolg zum nächsten, weil Dich Deine neu gewonnene Energie vorantreibt und wachsen lässt. Getreu dem Motto „Wie im Kleinen, so im Großen" wirst Du Stück für Stück mehr und mehr Erfolge erkennen, wahrnehmen und dadurch auch mehr Erfolg in Deinem Leben anziehen, wie ein Erfolgsmagnet.

Und es wird nicht lange dauern bis auch Du für Dich erkennst, dass Erfolg „gemacht" werden kann, sofern Du Dich aktiv dazu entscheidest, selbstbestimmt die Kontrolle und Verantwortung für den Erfolg in Deinem Leben zu übernehmen.

Also: **GO!**

„*Ich bin* IN MEINEM LEBEN WIEDER UND WIEDER **GESCHEITERT** UND DAS IST DER GRUND, *warum* ICH SO **ERFOLGREICH BIN**."

Michael Jordan

KAPITEL 3

ENDLICH *Klarheit* – WER DU BIST UND WAS DU WILLST

ENDLICH *Klarheit* - WER DU BIST UND WAS DU WILLST

---

*„Deine Einstellung dazu, wer Du bist und was Du hast,
ist eine sehr kleine Sache, die einen sehr großen Unterschied ausmacht."*
THEODORE ROOSEVELT

Klarheit schafft Macht. Dieser Spruch ist wohl so ziemlich jedem Menschen bekannt. Doch nur die Wenigsten von uns haben auch tatsächlich das Gefühl, Klarheit im Leben zu haben. Im Alltag, in der persönlichen Ausrichtung und in den eigenen Handlungen vermissen wir nicht zu selten Struktur und Ordnung. Besonders dann, wenn wir uns wieder einmal die wichtigen Fragen des Lebens stellen, die da lauten:

> Wer bin ich?
> Was will ich?
> Warum tue ich das, was ich tue?
> Wie finde ich Sinn?
> Was mache ich aus meinem Leben?

... denn auf diese Fragen hat fast niemand eine eindeutige Antwort. Ohne klare Antworten wächst die **eigene Unsicherheit.** Unsicherheit nährt Zweifel und Zweifel sorgen dafür, dass wir nicht mutig unseren eigenen Weg gehen, sondern uns an Altbekanntem festhalten, das uns vermeintliche Sicherheit verspricht und vorgaukelt.

Im Trott des Bekannten und Vertrauten können wir nur all die Erfahrungen machen, die wir ohnehin schon gemacht haben - denn erst wenn wir in unserem Denken und Handeln Dinge konkret anders machen als bisher, sind wir auch in der Lage, neue Ergebnisse zu ernten. Wir versinken im Chaos der Unklarheit und verlieren (gefühlt) die Kontrolle über unser Leben. Kommt Dir dieser Umstand bekannt vor? Kennst auch Du das Gefühl, vom Leben gelebt zu werden, anstatt selbst am Steuer zu sitzen und zu bestimmen, wohin es geht?

KAPITEL 3.1

DIE **WEISHEIT** DES *Zauberers*: NACH DEM CHAOS KOMMT DIE **KLARHEIT**

Mir ging es lange Zeit auch so. Ich hatte den Eindruck, vom Leben hin und her geschubst zu werden. Die Fragen in meinem Kopf wurden immer lauter und die Antworten ließen immer länger auf sich warten. Immer dann, wenn ich das Gefühl hatte zu wissen, wer ich bin und was ich wollte, geschah irgendetwas und ich verlor meinen Fokus, sodass ich nach kurzer Zeit wieder an genau der gleichen Stelle stand, von der aus ich gestartet war. Ich musste also wieder bei Null anfangen. Ein sehr **frustrierendes Gefühl**, sich selbst immer wieder zu verlieren, hin und her zu springen und niemals so richtig bei sich selbst anzukommen. Bis ich irgendwann von der Weisheit des Zauberers erfuhr.

Ich war noch ziemlich jung, als ich eines Tages in einem Buch von einem Zauberer las, der mich faszinierte. Der Zauberer wurde im besagten Buch als ein archetypisches Wesen dargestellt, welches inmitten des Auges eines riesigen Sturmes steht und dabei vollkommen gelassen bleibt. Um ihn herum wirbelt der Wind alles durcheinander und zerstört sogar teilweise das Umfeld und die Gebäude, doch dort, wo der Zauberer steht, herrscht **absolute Ruhe und Stille.** Er weiß mit jeder Zelle seines Körpers, dass das Leben für ihn spielt und vertraut daher dem Prozess und dem Fluss des Lebens zu 100 %. Der Zauberer ist weise, denn er spürt Klarheit und Ruhe sogar in den Momenten des absoluten Chaos.

Hat sich der Sturm gelegt und ist seine Umgebung wieder zur Ruhe gekommen, betrachtet der Zauberer das, was passiert ist. Er zieht Schlüsse und Erkenntnisse aus dem Bild der Verwüstung, welches sich ihm offenbart und macht sich auf, manches wieder aufzubauen, was er für erhaltungswürdig erachtet. Gleichzeitig lässt er all das unberührt, was für ihn nicht weiter von Bedeutung zu sein scheint. Der Zauberer lässt aus dem entstandenen Chaos eine **neue Ordnung** entstehen, indem er mit dem Wiederaufbau beginnt und sich nicht im Vorhinein von dem wortwörtlichen Wirbel um ihn herum hat ablenken lassen.

WIE DU JEDEN STURM ÜBERLEBST

Dieses Bild und diese Schilderung der Fähigkeiten eines Zauberers imponierte mir sehr. So sehr, dass ich mir die Frage stellte, wie auch ich die Weisheit des Zauberers für mich nutzen konnte. Denn im Auge eines Sturmes zu stehen und dabei gänzlich unbeeindruckt zu sein, schien mir wie ein Sinnbild für die größte mentale Stärke überhaupt. Als ich damals das Buch weglegte fiel mir ein für mich sehr bedeutendes Sprichwort ein. Es lautete:

> Der Teufel flüsterte dem Krieger zu:
> „*Diesen Sturm wirst Du* **nicht überleben***!*"
>
> Da antwortete der Krieger:
> „ICH **BIN** DER STURM!"

Zwar war der Zauberer in den Ausführungen des Buches nicht der personifizierte Sturm, doch schien auch er furchtlos und wild entschlossen zu sein, allen Widrigkeiten des Lebens zu trotzen und mutig den eigenen Weg weiter zu beschreiten.

WIE WIR WISSEN, WISSEN WIR NICHTS

Was kannst Du nun aber für Dich aus all diesen Schilderungen ableiten und als Botschaft für Dein Leben mitnehmen? Fakt ist, dass das Leben **Chaos ist**. Und zwar jeden Tag. Leben bedeutet Bewegung. Und Bewegung bedeutet Chaos.

Dinge werden passieren, die Dich nicht schlafen lassen. Menschen werden gehen, Niederlagen werden sich ereignen, Überraschungen werden sich zeigen, Erwartungshaltungen werden enttäuscht. Das Ganze gehört eben einfach dazu, das macht das Leben aus. Alles andere wäre langweilig. Zu glauben, dass Du als „kleiner" Mensch auch nur eine einzige Sekunde die Kontrolle über irgendetwas im Außen haben kannst, ist die reinste Utopie. Denn im Vergleich zu der Großartigkeit der Natur und der Energie des Lebens, bist Du als kleines Menschlein ein luftiger Pups im Wind der Zeit. Du hast in Bezug auf das, was um Dich herum passiert, gar nichts unter Kontrolle. Ganz egal ob in politischen Angelegenheiten, gesellschaftlichen Themen, beim Benzinpreis, der Dauer des Staus oder drohenden Naturphänomenen:

Du kannst Dir absolut sicher sein, dass Du Dir niemals einer Sache wirklich sicher sein kannst!

SO FOLGST DU DEM PFAD DES ZAUBERERS

Die Kunst besteht darin, dem Pfad des Zauberers zu folgen. Im Lärm des Alltags innere Ruhe und Stille zu finden. Das Chaos als Teil des Lebens anzuerkennen und schätzen zu lernen. Und damit meine ich nicht das Chaos in Deinem Auto, Deiner Wohnung oder auf Deinem Schreibtisch - denn hier ist ein bisschen Ordnung schließlich immer eine gute Idee.

Ich ziele auf das „gefühlte Chaos" ab, resultierend aus so mancher Ungewissheit im Leben. Zum Beispiel aus der Ungewissheit über die unbeantworteten Fragen des Lebens. Auf die Ungewissheit, was der nächste Tag wohl mit sich bringen wird.

MEIN TIPP: Freue Dich doch einfach auf den neuen Tag und erwarte ihn mit großer Vorfreude in der Hoffnung, dass er für Dich nur das Beste mit sich bringen wird. Am Ende kommt es sowieso immer anders, als Du dachtest - und das ist auch gut so, denn sonst wäre Dein Leben wie ein Roman, dessen letztes Kapitel Du gleich als erstes gelesen hast. Vorhersehbar und trist.

WIE DU HERAUSFINDEST, WER UND WAS DU WIRKLICH BIST

Zu Beginn des Kapitels habe ich geschrieben, dass es wichtig sei zu wissen, wer Du bist und wo Du hin willst, damit Du im Leben den Moment des Ankommens auch tatsächlich spüren und wahrnehmen kannst. Und nun versuche ich Dir klarzumachen, dass das Chaos und die Ungewissheit über die Fragen des Lebens eben einfach **dazugehören**?! Gibt es da nicht einen klaren Widerspruch in sich?

Wieder eine exzellente Frage. Doch die Antwort lautet „**Nein!**" - es gibt keinen Widerspruch. Denn zu wissen, wer Du bist, bedeutet, dass Du Dir darüber im Klaren bist, dass Du ein Wesen bist, welches niemals in Gänze erahnen kann, was es denn tatsächlich ausmacht oder darstellt.

UNSER INNERES BESTREBEN WANDELT SICH MIT DER ZEIT

Auch auf die Frage, was Du willst, wirst Du niemals eine Antwort erhalten, die über Dein gesamtes Leben lang Gültigkeit besitzt. Temporär und phasenweise glaubst Du, die Antwort auf diese Frage zu wissen, doch mit der Zeit veränderst Du Dich und Dein Wesen und damit auch die Art Deiner Antworten auf die Fragen des Lebens. Wolltest Du früher als Kind unbedingt lange aufbleiben und Fernsehen gucken? Und bist Du heute überglücklich, wenn Du mal um neun Uhr im Bett liegst und einfach so richtig durchschlafen kannst, ohne den Wecker für den nächsten Morgen stellen zu müssen?

Natürlich weiß ich auch, dass sich viele Menschen verloren fühlen und keinen wirklichen Zugang mehr zu sich selbst haben, wodurch sie sich nur noch unglücklicher und abgeschnitten fühlen vom Fluss des Lebens. Aus diesem Grund werde ich Dir im nächsten Abschnitt zeigen, wie Du **Schritt für Schritt** zurück zu Dir, Deinem wahren Ursprung und auch Deinem **wahren Selbst** finden kannst. Und das selbst in Zeiten der allergrößten Ungewissheit Deines Lebens.

KAPITEL 3.2

100% **DU SELBST** - SCHRITT FÜR SCHRITT ZURÜCK ZU *Dir*

Bevor wir weitermachen, muss ich Dir eine wichtige Warnung mit auf den Weg geben: Falls Du denkst, dass ich Dir hier nun vorgeben werde, wer Du bist und was Du willst und Du nach einigen Zeilen ohne Nachzudenken alle Antworten auf Deine Lebensfragen hast, hast Du Dich getäuscht. Dann kannst Du gleich aufhören weiterzulesen, denn dann fehlt Dir offensichtlich der Hunger danach, Dich selbst entdecken zu wollen und damit all das ungeahnte Potential freizulegen, das tief in Dir schlummert.

Nur Du selbst kannst Dir die Antworten geben!

Mein Ziel ist es, Dir dabei behilflich zu sein, **selbst** zu erkennen, was in Dir steckt. Dich dabei zu unterstützen, die richtigen Gedanken zu fassen, um Dir all die Antworten selbst geben zu können, nach denen Du Dich sehnst. Denn das, was die meisten Menschen niemals verstehen (wollen) ist, dass **nur sie selbst** sich die wichtigsten Fragen des Lebens beantworten können!

Tausende rufen tagtäglich bei betrügerischen Wahrsagern oder Astrologen an, um sich im Fernsehen, Radiosendern oder in diversen Hotlines die Zukunft vorhersagen zu lassen, anstatt ihr Schicksal selbst zu gestalten. Sie geben die Verantwortung für ihr Lebensglück ab - und allein diese Vorstellung bereitet mir immer wieder eine Gänsehaut... Denn damit begeben sich all diese Menschen in eine eigens auferlegte Hilflosigkeit. Woher soll denn jemand wissen wer Du bist und was Du willst, wenn er nicht in DEINER Haut steckt!? Woher soll Dir jemand sagen können, worin Du gut bist und was Du liebst und gerne machst, wenn er oder sie nicht Du selbst bist!?

DENK DOCH MAL NACH!

Antworten auf die Lebensfragen zu finden bedeutet, dass Du nachdenken musst. Das Tragische an der Sache ist, dass die wenigsten Menschen heutzutage noch nachdenken wollen oder können. Viele haben es verlernt, wirklich nachzudenken, weil sie denken, es sei zu mühsam oder weil sie zu faul sind und es gar nicht erst versuchen.

Und ja, nachdenken ist nicht immer leicht. Manchmal haben wir eine Denkblockade oder merken, dass manches wirklich etwas komplexer ist, als anfangs gedacht. Wenn Du Schritt für Schritt zu Dir finden willst, denke nach und definiere was Dich ausmacht, wie Du Dich verhältst und wie Du Dich gibst, wenn Du zu 100% Du selbst bist.

Nur so kannst Du für Dich klar erkennbar überprüfen, wann genau Du das Ziel, Du selbst zu sein, in Deinem Leben auch tatsächlich erreicht hast. Oder, um es anders auszudrücken: Wenn Du das Ziel „Du selbst zu sein" nicht kennst, wirst Du niemals wissen, wann der Moment des „Zieleinlaufs" gekommen ist - und es somit auch niemals erreichen.

WER DU BIST (UND DAS SIND VIELE!)

Auf die Frage, wer Du bist, gibt es viele Antworten, die je nach Ermessen richtig sein können. Viele antworten auf diese Frage mit ihrem eigenen Namen, mit der Rolle in ihrer jeweiligen Familie (Mutter, Vater, Kind oder Onkel, Opa oder Oma), oder aber mit ihrer Berufsbezeichnung (Hausfrau, Lehrer, Tischler, Krankenschwester, Unternehmer, Arbeitnehmer, Metzger, Gärtner, Polizist oder Richter).

Für mich persönlich ist die Frage nach dem eigenen Selbst aber weniger mit dem *„Wer"* als vielmehr mit dem *„Wie"* verbunden. Denn *„Wie bin ich?"* definiert viel mehr die Art und Weise, mit der wir die Rolle unseres Lebens ausfüllen können.

Ich selbst beantworte daher die Frage nach dem „Wer" meist wie folgt: *„Ich bin Damian, Erfolgstrainer, Unternehmer, Investor, Immobilist, Lifecoach und stolzer Familienvater".*

Die Frage nach dem „Wie" definiere ich aktuell so: *„Indem ich so vielen Menschen wie möglich helfe, ein außergewöhnliches Leben zu führen, wirke ich wie ein Überbringer des Glücks im Leben anderer Menschen. So kann ich diese Welt ein kleines Stückchen lebenswerter gestalten, als sie ohne mich gewesen wäre. Auf diese Weise hinterlasse ich einen Beitrag, von dem noch viele Menschen nach mir profitieren können."*

> **MERKE DIR:**
>
> WAS UND WIE AUCH IMMER DU *glaubst* ZU SEIN - DU BIST AUF JEDEN FALL VIEL, VIEL, VIEL, VIEL **GRÖSSER**, ALS DU DENKST!

WER ZU VIEL NACHDENKT, DER VERPASST DAS LEBEN

Mit andauernder Lebenserfahrung habe ich realisiert, dass Fragen wie *„Wer bin ich?"* oder *„Wie bin ich?"* für das Glück im Leben gar **NICHT** spielentscheidend sind.

Hast Du jemals ein Kind gesehen, was sich mit 5, 6 oder 7 Jahren gefragt hat, wer oder was es eigentlich ist? Oder einen Hund oder eine Katze, einen Vogel oder einen Fisch, die sich diese Frage gestellt haben? Ich denke mal nicht. Trotz der Unwissenheit (oder gerade deswegen) sprühen all diese Lebewesen nur so vor Energie, Spaß und Lebensfreude - ist das nicht unglaublich?

Für viele von uns Erwachsenen mag diese Tatsache komisch klingen, denn wir haben verlernt, mit dem Herzen zu leben. Unser Kopf will immer alles verstehen und erklären können. Wir fragen uns, wer wir sind, weil wir eine Antwort auf diese Fragen suchen. Doch die Schönheit des Lebens liegt in der Magie und in der Faszination des Unerklärbaren.

FANG AN ZU SEIN, ANSTATT DANACH ZU SUCHEN, WER UND WIE DU BIST

Wenn wir wüssten, woher wir kommen und wohin wir nach unserem irdischen Leben gehen, würden wir ganz sicher ein anderes Leben führen, als wir es aktuell tun - da bin ich mir sicher. Unwissenheit ist zum Teil also auch ein großer Segen, zumindest wenn wir über so spirituelle Dinge sprechen wie ein Leben vor der Geburt oder nach dem Tod.

Vergiss also einfach einmal für einen kurzen Moment den Drang danach herausfinden zu wollen, wer Du bist. Fang an, einfach zu sein. Die Suche zu beenden und das Finden zu beginnen, ist der Schlüssel zu Deinem wahren Glück.

Die Antwort einer jeden Frage liegt in Dir

In hunderten von Coachings mit Jugendlichen, die gerade ihre Schulzeit beendet haben höre ich immer wieder, dass sie aufbrechen wollen, um sich selbst zu finden. Neuseeland, Irland, Kanada - es ist wirklich faszinierend zu erfahren, wo diese jungen Leute glauben, sich selbst verloren zu haben, ohne vorher jemals dort gewesen zu sein (schließlich findet man Dinge ja nur dort wieder, wo man sie liegen gelassen hat, wahr oder wahr?!). Das Traurige ist, dass die gleichen Weltenbummler ein Jahr später wieder da sind und auf die Frage, wer sie denn nun sind, zwar viele tolle Momente aufzählen können, die sie erlebt haben, aber genauso wenig wissen, wer sie sind, wie vor 12 Monaten.

Wie könnte es auch anders kommen? Wie Du bereits gelernt hast, kannst Du nichts finden, von dem Du keine Vorstellung hast. Wenn Du nicht weißt, wer Du bist, wie willst Du Dich dann jemals finden? Es ist so, als würdest Du Dich selbst an einer Supermarktkasse ausrufen lassen, in der Hoffnung, dass Dein wahres Ich aus der Müsli-Abteilung hervortritt und sagt: „Hallo, hier bin ich - was kann ich für Dich tun!?". Dieser Gedanke ist genauso absurd wie die Vorstellung, sich selbst zu finden, indem ich die Welt bereise und meinen Horizont erweitere.

WENDE DICH DEINER INNENWELT ZU

Zugegeben - indem Du Dir die Welt anschaust, wächst Du ungemein. Du bekommst ein Verständnis und ein Gefühl für Kulturen und die Vielfalt und Schönheit der Welt. Diese Erfahrungen sind riesige Schätze und auch ich reise für mein Leben gern. Doch der Prozess der Selbstfindung findet niemals im Außen, sondern immer in Dir selbst statt. Und dabei ist es ganz egal, ob Du in Bottrop oder auf Bali sitzt! Wichtig ist, dass Du Dich Deiner **Innenwelt** zuwendest und anfängst, in Dich hinein zu spüren.

Am ehesten findest Du übrigens Antworten auf die Fragen Wer Du bist und was Du willst, indem Du Dich in einem **ersten Schritt** fragst, was Dir wirklich wichtig ist. Im zweiten Schritt geht es darum, den Mut aufzubauen, Dein Leben nach den Antworten auf diese Fragen auszurichten. Es also nach Deinen Vorlieben umzugestalten. Und im dritten und letzten Schritt dreht sich alles um die nötige Konstante, Dich jeden Tag von Neuem an die ersten beiden Schritte zu erinnern, um nicht von dem Weg Deines Herzens abzukommen und Dich in den vermeintlichen Verlockungen des Lebens zu verlieren.

DER WEG ZURÜCK ALS SCHRITT NACH VORNE

Der Weg zurück zu Dir kennt nur eine Richtung. Und diese Richtung führt direkt **zu Dir**. Der Grund, warum wir uns selbst verloren haben, ist, weil wir uns nur noch mit dem Leben der anderen auseinander setzen. Filme, Serien, Instagram, TikTok, YouTube und Co. verleiten uns immer wieder dazu, den anderen zu folgen, andere zu feiern und zu bewundern und uns selbst immer mehr zu vergleichen und zu kritisieren.

Ohne Handy und Zugang zu Netflix oder den unzähligen Social Media Accounts müsstest Du Dich wieder nur mit Dir selbst auseinandersetzen, auf Deine eigenen Bedürfnisse hören und Dich mit den Fragen und Gefühlen herumtreiben, die in Dir schlummern. Je mehr Du Dich mit Deiner Innenwelt auseinander setzt, um so lauter werden diese nach Ausdruck rufen. Die Folge wäre, dass Du mehr und mehr ein echtes Gefühl für Dich selbst entwickelst, Dich besser kennenlernst und weißt, was Dir wichtig ist und was nicht. Du kannst fühlen, was Du brauchst, um glücklich zu sein und was Du Dir selbst Gutes tun kannst. Folgst Du **Deinem eigenen Weg**, bist Du glücklicher und entspannter, wertschätzt Deinen Körper, ernährst Dich gesund und achtest darauf, ausreichend Schlaf und Bewegung zu erhalten. Du bist ausgeglichen und angekommen. Anstatt über andere zu urteilen, zu lästern oder Dir das neue Musikvideo von Taylor Swift anzuschauen, bleibst Du ganz bei Dir und räumst erst einmal Deinen eigenen Garten auf.

Nach einiger Zeit werden sich die Veränderungen in Deiner Innenwelt in Deiner Außenwelt spiegeln. Menschen aus Deinem Umfeld werden Dir sagen, dass Du fröhlicher und gelassener bist. Sie fühlen sich wohl in Deiner Nähe und stellen fasziniert fest, dass Du das tust, was Du liebst. Genau in diesem Zustand bist Du 100% Du selbst - wenn Du tust, was Du liebst, weil Du es für Dich tust. Weil Du niemandem etwas beweisen willst, keine Story machen musst, in der Du allen anderen zeigst, was für ein geiles Leben Du doch hast oder in keine Kamera lächeln brauchst. Du machst es ganz **allein nur für Dich.**

WIE DU HERAUSFINDEST, WAS DIR WIRKLICH SPASS MACHT

Stell Dir vor, Du müsstest eine Sache nur für Dich alleine tun und hättest keine Gelegenheit, sie mit anderen Menschen zu teilen. Niemand würde von dem erfahren, was Du machst, weil es kein Facebook, kein Instagram oder andere Möglichkeiten des Austauschs mehr gibt. Du bist abgeschottet von allem und trotzdem ganz bei Dir.

Was unternimmst Du? Was würdest Du anstellen?

Konzentriere Dich in Ruhe auf die ersten Ideen und Bilder, die sich Dir zeigen. Sie sind es, die Deinem wahren Ursprung entstammen und die Reinheit und Wahrheit in sich tragen. Viele verwerfen ihre ersten Gedanken zunächst, weil sie für sie selbst absurd und unrealistisch klingen.

DEFINIERE DEINE REALITÄT NEU

Doch was ist schon realistisch? Eine Sache als absurd oder unrealistisch zu bewerten, zeugt nur von geringer Vorstellungskraft und damit von einer eingeschränkten Sichtweise auf die Möglichkeiten des Lebens. Und so wahr ich hier schreibe, kann ich Dir versichern, dass diejenigen, die sich trauen, **groß** zu denken, auch wahrhaftig großartiges leisten und vollbringen können. All jene, die die großen Gedanken wieder verwerfen, können dies natürlich nicht. Ganz nach der allseits bekannten Maxime:

*Kannst Du es denken,
kannst Du es auch erreichen.*

BRING DEINE LEIDENSCHAFT WIEDER ZUM BLÜHEN

In vielen Fällen hilft es auch sich selbst zu fragen, wie wir als Kinder gewesen sind, bevor uns die Gesellschaft, die Schule oder die Umgebung beschnitten und im tristen Grau der Allgemeinheit eingefärbt und zurecht gestutzt hat.

NUTZE DAZU DIE FOLGENDEN FRAGEN:

→ Was hast Du damals geliebt, worüber hast Du Dich amüsiert?

→ Was waren Deine Leidenschaften, wofür hast Du besonders geschwärmt?

→ Wobei hast Du die Zeit vergessen oder vor welchem Schaufenster hast Du Dir die Nase plattgedrückt?

→ Was waren Deine Kindheitsträume und worüber hast Du mit Deinen Freundinnen und Freunden am meisten gesprochen, wenn Deine Eltern gerade nicht in der Nähe waren?

→ Welche Fähigkeiten hast Du im Laufe des Erwachsenwerdens entwickelt?

→ Was hast Du als Kind bewundert?

→ Was hat Dich wirklich mit Glück erfüllt?

➡ Was war für Dich ein wahrer Erfolg?

➡ Was wolltest Du früher machen, was Du noch nie gemacht hast?

➡ Was konntest Du schon als Kleinkind gut?

➡ Was hast Du spielend leicht beherrscht, ohne groß darüber nachzudenken?

Erinnere Dich und erkenne, dass auch in Dir die Pflanze der Leidenschaft blüht. Vielleicht nicht so wild und frei und wunderbar wie früher - doch sie ist noch da, denn sonst würdest Du nicht dieses Buch in Deinen Händen halten.

KAPITEL 3.3

FOLGE DEINER **INTUITION!**
WIE DU AUF DEINE *innere Stimme* HÖRST UND DEM *Leben* ENDLICH WIEDER **VERTRAUEN** SCHENKEN KANNST

Wenn Du weißt, was Dir Freude und Spaß bereitet, wonach Dein Herz sich sehnt oder was Deine geheimen Kindheitsträume waren und sind, stehst Du bereits vor der nächsten großen Herausforderung. Denn viele Menschen haben Angst davor, ihren eigenen Weg zu gehen.

Sie befürchten, noch nicht bereit zu sein und bleiben stehen. Doch indem sie wochenlang warten, aus Angst einen falschen Moment zu erwischen, verpassen sie garantiert den richtigen. Sie vergeuden kostbare Augenblicke des Lebens sowie wertvolle Chancen und einzigartige Möglichkeiten des Wachstums, die sich ihnen so niemals wieder zeigen werden. Wenn Du wüsstest, wie hoch der Preis ist, den Du für Deine Untätigkeit und Aufschieberei bereits in Deinem Leben bezahlt hast, würde Dir schlecht werden.

Zum Glück schauen wir in „GO!" nicht zurück oder auf das, was wir verloren haben. Wir richten unseren Blick auf das, was da noch kommt. Auf die glorreiche Zeit und die magischen Momente, die noch vor uns liegen und das Leben, das von uns erobert werden will! Am besten können wir das, indem wir dem Ruf unserer Intuition folgen und vertrauen. Du willst wissen wie das geht? Dann solltest Du jetzt unbedingt aufmerksam weiterlesen.

DER MAGISCHE KOMPASS IN DIR

Jeder Mensch trägt einen magischen inneren Kompass in sich. Die meisten von uns haben diesen Kompass schon seit Jahren nicht mehr benutzt und daher fast vergessen. Sie haben ihn begraben unter einem riesigen Berg an Zahlen, Daten und Fakten. Doch dieser Kompass ist ein wichtiges Instrument für unser Leben, unser Glück und unsere Erfüllung, denn er weist uns den Weg des Herzens, welcher immer der richtige ist, ganz egal was auch passieren mag.

Diesen Kompass bezeichne ich als Intuition. Unsere Intuition ist eine Kraft, die uns in eine ganz bestimmte Richtung zieht, von der wir tief in uns spüren, dass sie die richtige ist - ohne uns genau erklären zu können, warum. Sie wirbelt alles durcheinander, weil sie sich nicht auf Beweise stützt, sondern weil sie frei und wild und ungezähmt ist und uns in ungewohnte Situationen zu stürzen vermag.

Das Gute ist: Jeder Mensch hat die Fähigkeit, intuitiv zu handeln und damit die Kraft der Intuition zu nutzen. Oft gibt es Seminarteilnehmer, die zu mir kommen, um mir mitzuteilen, dass sie die einzige Ausnahme im gesamten Universum sind und keinerlei Zugang zu ihrer Intuition haben. Diese Aussagen sind falsch. Klar ist, dass jeder Mensch verschieden starke Ausprägungen von manchen Dingen hat und der eine einen anderen Zugang zu seiner Intuition hat als der andere - jedoch besitzt jeder Mensch die Gabe der Intuition, er muss sie nur trainieren und ein Gefühl dafür bekommen.

Auch Du besitzt diese Gabe - und damit Du mir auch glaubst, werde ich es Dir beweisen.

SPÜRE DEINE INTUITION - DAS SELBSTEXPERIMENT

Stell Dir vor, auf einem Tisch stehen zwei Teller. Auf dem einen liegt eine saftige, rote, frische Erdbeere und auf dem anderen liegt eine reife, gelbe Banane. Nun schließt Du Deine Augen. Eine zweite, externe Person nimmt nun die Banane und legt Dir ein Stück davon behutsam in Deinen offenen Mund. Du beißt auf die Banane, kaust und merkst die Konsistenz des Obstes in Deinem Mund. Nun sagt Dir die Person, dass sie Dir gerade die Erdbeere in den Mund gelegt hat, dabei hast Du gerade ganz deutlich den Geschmack einer Banane verspürt.

Sofort entsteht ein Gefühl von Unstimmigkeit in Dir, eine Spannung, die sich entladen will und ein Empörungsgefühl, das beinahe unerträglich ist. *„Das kann doch gar nicht sein, das ist absolut falsch, das war gerade ganz ganz sicher die Banane!"*, sagst Du Dir in Gedanken und stellst fest, dass Du etwas ganz anderes fühlst, als Dir offenkundig gesagt wurde. Dein Gefühl ist stärker und überlagert die vermeintlich logische Information von Außen so intensiv, dass Du regelrecht einen inneren Konflikt in Dir austragen musst.

BANANE ODER ERDBEERE?

Kannst Du diese Situation nachempfinden? Genauso verhält es sich auch mit Deiner Intuition. Handelst Du gegen Deine ursprüngliche Intuition, wird es sich für Dich anfühlen, als hättest Du eine Banane im Mund, aber von außen sagt Dir jemand, es sei eine Erdbeere. Etwas passt nicht zusammen, Du bist nicht kongruent. Bringst Du das Ungleichgewicht wieder in Einklang, bist Du geerdet, angekommen und vollkommen authentisch und klar.

Merkst Du, dass auch Du rein intuitiv handeln kannst? Ein wichtiger Merksatz, der mir dazu einfällt lautet:

"BIST DU IM **KOPF**, HÄNGST DU AM *Tropf!*"

Anders ausformuliert: denkst Du zu viel nach, machst Du Dir Dein Leben kaputt - dann hängst Du am Tropf (also die Infusion im Krankenhaus). Nachdenken findet im Kopf statt. Doch die Intuition ist ein Gefühl, welches aus Deiner Körpermitte, also der Region um den **Solarplexus** und Deinem **Herzen** heraus entsteht. Alte Kulturen und wissenschaftliche Studien zeigen immer wieder auf, dass die Kraft und Energie des Solarplexus und des Herzens um ein vielfaches intensiver sind, als die, des Kopfes. Damit besitzt Deine Intuition und Deine Gefühle eine viel größere Kraft und Energie, als tausende erdachte Gedanken jemals aufbringen könnten. Unglaublich, oder!? Der eigenen Intuition Folge zu leisten, ist also enorm wichtig. Damit wir weniger nachdenken und mehr machen, müssen wir zunächst verstehen, **warum** wir überhaupt so viel nachdenken.

WIE DU DEM FLUSS DES LEBENS VERTRAUST

„Normales" Nachdenken wägt immer ab, was in bestimmten Situationen die bessere Option sei, wie wir etwas weiter verbessern könnten und vor allem, wie wir uns selbst **schützen** können - diese Gedanken kommen auch Dir mit Sicherheit bekannt vor. Immerzu denken wir nach und oftmals haben wir auch Angst. Angst vor Ablehnung, Niederlagen oder dem Scheitern an sich. Der Intuition zu vertrauen ist aus dem einfachen Grund dahingehend risikobehaftet, da wir uns bewusst in unbekannte Situationen begeben, wohl wissend darüber, dass wir keine Ahnung haben, was als nächstes passiert. Der Selbstschutz scheint in Gefahr, da wir nicht genau vorhersagen können, wie die Dinge ablaufen werden.

Um dem Fluss des Lebens zu vertrauen und entschlossen auf unsere Träume zugehen zu können, benötigen wir eine **ganz bestimmte Form** von **Mindset und Bewusstsein**. Erst wenn wir uns darauf einlassen, dem Fluss des Lebens zu vertrauen, wird es uns möglich sein, uns fallen zu lassen. Ist dies geschafft, können wir uns Stück für Stück mehr öffnen, sodass wir in der Lage sind, immer mehr zu uns selbst zu finden und unser Inneres auf vollkommene Art und Weise ausleben und ausdrücken zu können.

 Wie aber nimmt man dem Leben die Unbekanntheit und den damit verbundenen vermeintlichen Schrecken?

Ganz einfach - indem Du es mit jeder Facette pur erlebst. Vertrauen bildet sich immer dann aus, wenn Du die Möglichkeit hast, eine Sache oder einen

Menschen vollumfassend kennenzulernen. Erst, wenn Du einen Menschen besser kennst oder kennengelernt hast, kannst Du ihm auch voll vertrauen - und anders herum. Indem Du das Leben lebst und es mehr und mehr entdeckst, kannst Du ihm echtes Vertrauen entgegenbringen.

> **MEIN APPELL AN DICH: LEBE!**
>
> **Geh raus**, begib Dich unter Leute und stell fest, dass das Leben weitaus weniger schlimm, schrecklich und gemein ist, als Du bisher vielleicht von ihm dachtest.
>
> **Realisiere**, dass Dich Deine schlimmsten Niederlagen nicht umgebracht haben und verstehe, dass Du nur dank ihnen zu dem Menschen geworden bist, der Du heute bist.
>
> **Verstehe**, dass das Leben immer für Dich spielt und Dich bei all Deinen Vorhaben tatkräftig unterstützt, ganz egal was auch geschieht.
>
> **Akzeptiere**, dass manches im Leben zu Ende gehen kann - allerdings nur, um etwas viel, viel besseres folgen zu lassen und Dich noch glücklicher zu machen als jemals zuvor. Ganz nach dem Motto: Gute gehen, bessere kommen!
>
> **Vertraue** darauf, dass es das Leben immer nur gut mit Dir meint. Ein altes Sprichwort besagt: *„Gott schickt seine stärksten Kämpfer in die härtesten Kämpfe!"* - sei stolz darauf, ein starker Kämpfer zu sein, wenn das Leben Dich herausfordert!

DER SCHATZ VON VERMEINTLICHEN RÜCKSCHLÄGEN

Rückblickend betrachtet wird uns immer eines klar. Das, was wir alle am wenigsten wollten, war oftmals genau das, was wir am meisten gebraucht haben. Schmerzen und Trauer haben einen Zweck. Du kannst niemals die vollkommene Schönheit des Lebens erkennen und wertschätzen, wenn Du nicht auch das

Gegenteil davon erfahren hast. Du kannst nicht damit beginnen, Dein Glück in vollen Zügen zu genießen, wenn Du niemals tiefe Trauer empfunden hast. Manchmal sind die Dinge, die Du nicht ändern kannst, nämlich genau die Dinge, die Dich und Deine Welt noch ein bisschen besser machen können. Wenn auch ungewollt oder unbeabsichtigt.

Vertraue dem Fluss des Lebens, indem Du Dich der gesamten Bandbreite des Lebens offenbarst. Öffne Deine Arme und gib dem Leben damit zu verstehen:

> „Ja, ich bin bereit! Ich lasse mich fallen in dem Wissen, dass jede Erfahrung, jeder Schmerz und jedes Glück mein Wesen prägt und mich Stück für Stück immer weiter wachsen lässt, damit ich noch besser werde in dem, was ich tue und liebe und den mir möglichen Beitrag auf dieser Welt leisten kann."

So wird es Dir gelingen, Deiner inneren Stimme und Deiner Intuition einen größeren Raum geben zu können.

DIE INNERE STIMME ALS SPRACHROHR DEINER INTUITION

Unsere innere Stimme ist es, die stets nach dem **Höheren** strebt: Nach mehr Erfüllung, nach mehr Wachstum und mehr Beitrag in dieser Welt. Die innere Stimme ist es auch, die uns zuflüstert, dass da doch noch mehr gehen muss, dass das doch noch nicht alles gewesen sein kann und dass es sich lohnt, immer weiter zu gehen, ganz egal was auch passieren mag. Wenn auch Du Deine innere Stimme finden willst und ihr noch mehr Aufmerksamkeit schenken möchtest, um mit ihr zu arbeiten, empfehle ich Dir, Dich in **Meditation** und **Achtsamkeitsübungen** zu trainieren. Nur in der Stille wird Deine innere Stimme immer lauter und deutlicher werden können. Die innere Stimme ist für mich identisch mit den Gefühlen und Signalen Deiner Intuition. Oftmals drückt die innere Stimme in Worten und Gedanken aus, was die Intuition ihr vorgibt - und erleichtert es uns somit, der Intuition Folge zu leisten.

Doch wie so oft im Leben fällt es uns manchmal sehr schwer, dieses Prinzip einfach konsequent umzusetzen. Im Arbeitsleben hast Du nicht sonderlich viel Spielraum, von heute auf morgen alles anders zu machen oder Dich gänzlich neu zu positionieren. Genau aus diesem Grund wartet im nächsten Abschnitt ein wichtiges Werkzeug auf Dich, mit dem Du in der Lage sein wirst, Deine aktuelle Situation **schneller zu verändern** und dem Drang der Intuition in Leichtigkeit und Vorfreude nachgehen zu können.

KAPITEL 3.4

EIN **GEDANKEN**-*Experiment*, DAS DEIN LEBEN **VERÄNDERT**

Du hast ein großes Problem.

Und ja, normalerweise meide ich das Wort „Problem" in meinem Wortschatz, denn in meinem Leben gibt es keine Probleme, sondern nur Herausforderungen. Achtet man auf die feinen Unterschiede in der Sprache, bemerkt man schnell, dass es das „Problem" ist, welches uns dominiert und uns im Griff hat, während eine „Herausforderung" etwas ist, zu der wir uns mit unserem freien Willen entscheiden können und auf die wir aktiv zugehen können. Ein Problem kontrolliert Dich, eine Herausforderung hast Du in der eigenen Hand.

Genau das erkläre ich auf all meinen Seminaren, in all meinen Webinaren, jedem Hörbuch und jeder CD. Unsere Worte und unsere Sprache bilden genauso unsere Realität wie unsere Gedanken (Worte sind ja letztendlich nur vertonte Gedanken) - und das spannende ist, Gedanken sind wirkende Kräfte. Aber zurück zu Dir. Du hast tatsächlich ein Problem.

Und zwar ein sehr großes. Denn **Du glaubst, Du hättest Zeit.**

„*Ich mach alles anders!*" - Nur wann?

Die meisten Menschen rennen durch ihr Leben, blind für die unendliche Kostbarkeit des aktuellen Moments. Sie jagen vermeintlichen Zielen (meistens sind es die Ziele anderer) hinterher, denken, dass ihr „Job" sie erfüllt, freuen sich über abgehakte To-Do-Listen und stellen doch immer wieder in einigen „wachen" Momenten fest, dass sie in ihrem Leben eigentlich gar keine Sinnhaftigkeit in ihrem Tun finden können.

Niedergeschlagen und depressiv springen die ersten in eine deftige Midlife-Crisis oder in ein Burnout-Syndrom. Auf einmal bist Du 30, 40 oder 50 Jahre alt und fragst Dich, wo die Zeit geblieben ist. Wo Deine Träume sich versteckt haben. Wo nur der Moment ist, in dem Du Dir gesagt hast, dass Du, wenn Du einmal groß bist, alles anders machen willst als (vielleicht) Deine Eltern, Deine Verwandten und die vielen anderen vermeintlich gescheiterten Existenzen, die einen unglücklichen Lebensabend verbracht haben. Und ehe Du Dich versiehst, bist Du selbst zu einer solch traurigen Figur mutiert und ziehst lustlos Deine Kreise, gefangen im Laufrad des Lebens.

DAS FALSCHE SPIEL MIT DER ZEIT

Du hast ganz richtig gelesen. Wir haben keine Zeit. Alleine die Aussage „Wir haben Zeit" ist an Falschheit schon gar nicht zu übertreffen. Denn wie kannst Du etwas „haben", dass Du nicht kaufen kannst? Wie willst Du etwas besitzen, dass in jeder Sekunde verschwindet, wie Sand in Deinen Händen, der Dir durch die Finger rinnt und zu Boden fällt?

> *Deine Zeit* WIRD NIEMALS MEHR, SONDERN **JEDEN TAG WENIGER.**

Dabei kannst Du ebenfalls niemals wissen, wie viel Zeit Dir noch übrig bleibt sondern nur, wie viel Zeit schon vergangen ist. Du siehst also nur den Teil der Sanduhr, der bereits **abgelaufen** ist. Das Häufchen Sand der letzten Jahre, Monate, Wochen und Tage, das bereits durch die Uhr gelaufen ist. Wie viel da oben noch drin steckt? Keine Ahnung. Das weiß nur der liebe Gott, oder irgendetwas anderes, an das Du glaubst. Sich die Frage zu stellen oder versuchen auszurechnen, wie hoch der Anteil der Zeit ist, der uns noch bleibt,

ist sinnlos, sowohl für einen 80-jährigen Opi, als auch für das 12-jährige Kind. Denn das Leben selbst macht, was es will. Menschen sterben. Menschen verlieren ihr Leben. Und manchmal haben wir das Gefühl, all das einfach nicht verstehen zu können.

VOM SCHICKSALHAFTEN VERGESSEN DER VORBESTIMMTEN ENDLICHKEIT

Der durchgeknallteste Adrenalin-Junkie, gesponsert von einem österreichischen Brausegetränkhersteller stürzt sich seinen Lebtag lang Klippen, Abgründe und Schluchten hinunter, trinkt Alkohol und konsumiert andere berauschende Drogen tagein, tagaus und lebt ein langes Leben. Der übervorsichtige Banker-Junggeselle hingegen, der sich mindestens 30 Sekunden lang die Hände wäscht, bevor er bei einem großen amerikanischen Fast-Food-Restaurant mit gelbem „M" seine kleine Portion Pommes (damit er nicht zuviel zunimmt, wegen der Gesundheit) isst, stirbt an einem sonnigen Tag einfach so an einem Herzinfarkt.

Ende. Aus. Vorbei.

Es kann jeden Moment zu Ende sein. Auch für Dich - auch für mich. Doch dessen sind wir uns (fast) niemals bewusst und schmeißen mit der Zeit um uns wie insolvente Ex-Superreiche, die zwar selbst keinen Cent mehr besitzen, aber trotzdem immer noch weiter Geld aus dem Fenster schmeißen, weil sie im Rausch und der Konsum-Sucht nicht mehr wissen, was sie tun. Du denkst, ich übertreibe? Du denkst, ich überziehe meine Ausführungen bewusst, um etwas Dramatik in die Sache zu bringen? Da liegst Du falsch. Ich bin sogar noch recht vorsichtig in meinen Formulierungen und ich werde Dir auch beweisen warum.

DEIN WERTVOLLSTER BESITZ

Frag Dich doch einfach einmal, wann Du Dir das letzte Mal Zeit nur für Dich selbst genommen hast. Ganz alleine **nur für Dich**. Wann standest Du das letzte Mal ganz allein im Mittelpunkt?

Auch hier gibt es natürlich wieder einen sprachlichen Missstand, denn wie kannst Du Dir Deine Zeit „nehmen", wenn sie doch sowieso schon Dir gehört?

Wenn es Dir so geht wie den meisten, dann verschenken wir unsere Lebenszeit eben immer an **andere Menschen.** Wir machen alles für sie und wenig bis gar nichts für uns selbst. Und wenn wir uns dann doch einmal einen kleinen Teil für uns herausnehmen, haben wir ein schlechtes Gewissen. Es geht sogar schon so weit, dass die Menschen in Deinem Umfeld beginnen, die Zeit von Dir einzufordern, weil sie sich so sehr daran gewöhnt haben, dass Du einmal mehr "Ja" sagst. Sie gehen bereits davon aus, sie umsonst zu bekommen. Ist das nicht vollkommen absurd und verrückt?

Verliebe Dich in das Heute, bedanke Dich für das Gestern und sei demütig für das Morgen.

Deine Zeit ist Dein Gold. Mehr noch, sie ist die eine Briefmarke, die es nie wieder ein zweites Mal geben wird. Deine Lebenszeit ist eine vergoldete, mit Diamanten besetzte Briefmarke, die so wertvoll ist, dass kein Geld der Welt sie bezahlen könnte. Du musst kein schlechtes Gewissen haben, wenn Du Deine Zeit für Dich nutzt oder für Dinge einsetzt, die Dein Herz erfüllen. Und denk dabei daran, dass Dein Leben immer JETZT stattfindet und niemals morgen. Denn wer weiß, ob es ein „Morgen" überhaupt noch gibt.

24 STUNDEN FÜR DIE EWIGKEIT

Damit Du ein noch besseres Gefühl für den Wert des Augenblicks und die Kostbarkeit Deiner Zeit bekommst, machen wir wieder ein **Gedankenexperiment.**

 Stell Dir vor, Du hättest nur noch 24 Stunden zu leben.

Schau auf die Uhr, wie spät ist es? Morgen um diese Zeit, also jetzt, bereits eine Sekunde nachdem Du den Satzanfang dieses Satzes gelesen hast, sind für Dich die Lichter bereits ausgegangen (natürlich nur in unserem Gedankenexperiment). Versuche es Dir einmal ganz konkret vorzustellen. Jetzt, in diesem Moment, laufen gerade die letzten Stunden und Minuten Deines Lebens. Nicht einmal mehr ein ganzer Tag bleibt Dir jetzt noch.

> Was wirst Du mit dieser Dir zur Verfügung stehenden Zeit jetzt anfangen? Denk darüber nach! Sofern Du magst, besorge Dir einen Zettel und schreib alles auf…

WENN JEDE SEKUNDE EINE DER LETZTEN IST - WAS WÜRDEST DU TUN?

Ich habe dieses Gedanken-Experiment selbst schon **unzählige Male** durchgeführt und noch viel öfter mit Teilnehmern auf diversen Seminaren, Vorträgen oder Veranstaltungen durchgespielt. Immer wieder bin ich erstaunt und überrascht von der Vielfalt der Antwortmöglichkeiten.

Manche Teilnehmer berichten davon, dass sie all ihr Geld ausgeben wollen, nochmal einkaufen gehen möchten, an einen ganz bestimmten Ort fahren oder eine Sache noch einmal sehen wollen. Andere wiederum tragen die Absicht in ihrem Herzen, ein letztes Mal all jene Menschen zu besuchen, die ihnen wichtig sind. Ihnen die drei magischen Worte "*Ich liebe Dich*" zu sagen, unausgesprochene Gefühle zu gestehen, jemandem die Meinung zu geigen oder durch eine Umarmung ein letztes Mal eine tiefe Verbindung zu spüren, die ausdrückt: *"Danke für Dich in meinem Leben"*.

Sich zu verabschieden, gemeinsam zurückzuschauen und an die vergangenen Momente zu erinnern. Wiederum andere stellen ernüchternd fest, dass sie sich frustriert mit einem großen Eisbecher aufs Sofa setzen würden, mürrisch betrübt darüber, dass sie nun keine Zeit mehr haben, um all ihre großartigen Vorhaben, die sie ihr Leben lang aufgeschoben haben, doch noch in die Tat umzusetzen. So ein Mist.

> ERST *das*, VON DEM WIR **WENIG** ODER **GAR NICHTS** HABEN, WISSEN WIR **ZU SCHÄTZEN**

Ganz egal was Du machen würdest - in diesem Gedanken-Experiment gibt es weder Richtig noch Falsch. Das, was Du fühlst und das, was Dir durch Deinen Kopf geht, ist immer treffend. Denn es formt Dein Denken, Deinen Fokus und Dein Bewusstsein. Wie früher, wenn Du nur noch einen einzigen Schoko-Riegel in Deiner Packung hattest, die Du zu Ostern oder zu Weihnachten geschenkt bekommen hast, fängst Du nämlich an, einer Sache, die vorher in Hülle und Fülle vorhanden war, im Angesicht des Mangels, auf einmal eine vollkommen neue Bedeutung zu schenken. Diese neue, deutlich höher angesetzte Bedeutung der eigenen Lebenszeit ist wie ein **Heilmittel**. Und auch wenn es komisch ist, stelle ich immer wieder fest:

Es macht gesund, sich daran zu erinnern, dass jedes Leben endlich ist!

Ganz besonders Menschen, die bereits einmal eine Nahtod-Erfahrung hatten oder kurz davor standen, ihr Leben zu verlieren, berichten immer wieder davon, dass sie zwei Geburtstage haben. Einen regulären und einen, der ihnen etwas „Extra-Zeit" geschenkt hat. Alles, was nach diesem einen Moment noch passiert, ist Nachspielzeit. Wie in einem Fußballspiel. Alles, was gerade ist, kommt noch oben drauf. Als Bonus sozusagen. Und einen Bonus oder einen Zusatz weiß man natürlich immer deutlich mehr zu schätzen als den regulären „Alltagskram", wahr oder wahr?!

EIN GEDANKENSPIEL FÜR MEHR GLÜCK UND ERFÜLLUNG IN DEINEM LEBEN

Wenn Du Deiner Intuition folgen willst und einen noch viel stärkeren Zugang zu Deiner inneren Stimme erhalten willst, kannst Du auch in Deinem Alltag Dein jeweils aktuelles Vorhaben in den Kontext des 24 Stunden-Experimentes setzen und Dich fragen, wie Du handeln würdest, wenn Du nur noch eine begrenzte Anzahl an Stunden zu Leben hättest.

Diese Frage eröffnet Dir den Raum der „Egalität". Schließlich werden Dinge wie Steuererklärungen, der Sitz und Halt Deiner neuen Frisur oder leicht dreckige Scheiben im Wohnzimmer ziemlich schnell ziemlich unwichtig, wenn jede Sekunde kostbar ist. Somit blendest Du alles aus, was Dir nicht wirklich wichtig ist und übrig bleiben nur noch **Herzensangelegenheiten**, die rein sind. Dieses Gedanken-Experiment ist wirklich ein extrem wirkungsvolles Tool, um Deine täglichen Prioritäten auf **Glücklich Sein** auszurichten. Probiere es die nächsten Tage immer mal wieder aus und stelle Dir selbst die Frage:

> WÜRDE ICH DAS *auch tun*, WENN ICH NUR **NOCH 24 STUNDEN** *zu leben* HÄTTE?

EIN WIRKUNGSVOLLES WERKZEUG AUF DEINEM WEG ZU DIR SELBST!

Von den Bühnen, auf denen ich normalerweise auf großartigen Events wie dem Level up your Life oder der Destiny Masterclass stehe, sehe ich immer sehr schnell, wenn es Fragen im Raum gibt. Manchmal kommt es vor, dass sich viele Teilnehmer die gleiche Frage stellen, sich aber niemand traut, sie auch laut vorzutragen, weswegen ein allgemeines Murmeln und Raunen im Saal entsteht. Der Moment der Erklärung des 24-Stunden-Experiments, das auch Du nun kennengelernt hast, ist ebenfalls so ein Moment.

Verschwende niemals Deinen wertvollen Moment!

Es wird getuschelt und gemurmelt und geraunt, weil sich alle die gleiche Frage stellen: „Wie kann ich denn jetzt aber dieses Experiment auf mein Leben übertragen?! Ich kann ja nicht jeden Tag so tun, als wäre morgen alles vorbei! Dann würde mein Leben ja den Bach runtergehen, weil ich meinen Job kündige, meine Pflichten vernachlässige und sollte ich dann doch noch etwas länger auf dieser Erde verweilen, stehe ich bald schon vor existenziellen Fragen, die mein Leben tatsächlich ernsthaft bedrohen."

Ein schöner Ansatz, wie ich immer wieder zugeben muss. Dieser Einwand ist ein Einwand, der von Menschen aufgeworfen wird, die sehr analytisch und logisch denken. Sie glauben, sie müssten die Botschaft des Experimentes 1:1 auf ihr Leben übertragen, was natürlich niemals geht. Doch der Inhalt der Botschaft - und zwar, dass jede Sekunde kostbar ist und Du sie niemals verschwenden darfst - ist leicht übertragbar. Und zwar auf jedes Leben zu absolut jeder Zeit.

WÄHLE WEISE, WIE, MIT WEM UND WOMIT DU DEINE LEBENSZEIT VERBRINGST

Um die **Kernbotschaft** unseres Experimentes auf Dein Leben zu übertragen, kannst Du Dich fragen, inwiefern Dir zum Beispiel Deine aktuelle Tätigkeit **Spaß macht** und ob sie Dich erfüllt. Trifft dies zu, hast Du keinen Grund zu kündigen, weil Du glücklich bist - was willst Du also mehr?

Frage Dich weiter, ob Du **tolle Freunde** und eine **großartige Familie** hast. Wenn ja, warum also fortgehen, auswandern oder wegziehen, wenn Du doch hier genau das Umfeld hast, das Du liebst?

Zum Schluss kannst Du Dich fragen, inwiefern Du ein wirklich **lebenswertes** und **erfülltes** Leben führst. Denn tust Du dies, wirst Du selbst die Aufgaben mit Leichtigkeit erledigen können, die Dir vermeintlich keinen Spaß bereiten, wie zum Beispiel Steuererklärungen, Dokumenten-Kram oder andere Dinge, die nun einmal zu den Spielregeln des Lebens dazugehören.

> Ist allerdings einer dieser Punkte nicht optimal ausgefüllt oder für Dich nicht zufriedenstellend belegt, darfst Du Dir eine wichtige Frage stellen. Und zwar, **wie lange** Du es Dir noch leisten kannst, untätig zu sein und Deine wertvolle Lebenszeit weiterhin mit Schwachsinn zu verschwenden, der Dir keinen Funken Freude bereitet.
>
> **Hinterfrage** also das, was Du bislang vielleicht als „unveränderbar" hingenommen hast und denke neu!

WAS WÄRE, WENN AUF EINMAL ALLES ANDERS WÄRE?

Was wäre, wenn Dir Deine Arbeit sogar Spaß machen würde? Wenn Du nicht den Freitag herbeisehnst und Dich vor dem Montag fürchtest, sondern es anders herum wäre? Was wäre, wenn Du nicht mehr in Work-Life-Balance denkst, sondern nur noch Lebensfreude-Balance für Dich entscheidend ist, weil Dich Deine Arbeit so sehr erfüllt, dass Du nicht mehr zwischen „Leben" und „Arbeit" unterscheiden musst?! Was wäre, wenn Du rein gar nichts tun, vorzeigen oder abliefern müsstest, um zu spüren, dass Dich die Menschen in Deinem Umfeld über alles bedingungslos lieben für genau das, was Du bist und auch genau das, was Du nicht bist? Was wäre dann mit dem Glück in Deinem Leben? Würde sich dadurch nicht einfach alles verändern?

Wenn es Dir so geht wie den meisten Menschen, wirst Du jetzt gerade einen kleinen oder großen Aha-Moment erlebt haben, in dem es für Dich "Klick" gemacht hat.

Dass Du dieses Buch liest, zeigt mir, dass Du aktuell noch nicht der glücklichste Mensch auf Erden bist, sonst wärst Du nämlich viel zu beschäftigt damit, glücklich zu sein, als dieses Buch zu lesen. Daher darfst Du daran arbeiten, Dein Leben noch mehr nach den Bedürfnissen auszurichten, nach denen Du Dich schon so lange sehnst. Es wird Zeit, dass Du Ziele findest, formulierst und sie auch erreichst, um dem Leben nicht mehr Zeit, sondern der Zeit noch viel mehr Leben zu geben. Und genau das machen wir im folgenden Abschnitt.

KAPITEL 3.5

„ENDLICH HABE ICH EIN ZIEL!" - WIE DU HERAUSFINDEST, WAS DU *wirklich* WILLST

Ziele sind wichtig! Das müssen wir zu Beginn erst einmal ganz direkt und ganz unverblümt festhalten. Immer wieder höre ich nämlich, dass Ziele gar nicht so wichtig seien und sich viele Menschen keinerlei Ziele setzen, weil es im Leben sowieso immer anders kommen würde. Und klar, dem stimme ich natürlich zu.

Das Leben hält immer wieder so manche Überraschung für uns bereit. Doch denk einmal kurz nach. Wenn Du Dir keine Ziele im Leben setzt, dann triffst Du morgens die Kloschüssel nicht, wenn Du Dein Morgengeschäft verrichtest. Und spätestens dann wirst Du für einen kurzen Augenblick merken, dass Ziele doch eine gewisse Wichtigkeit haben.

Ein Mensch mit einem Ziel ist ein Mensch, der Erfolg haben wird

Ziele verleihen Deinem Handeln Klarheit und Struktur. Sie bündeln Deine Kraft wie eine Lupe das Licht der Sonne und brennen mit dem konzentrierten Strahl an Energie ein Loch in die Welt und damit auch gleichzeitig in Dein eigenes, kleines Universum. Ein Ziel hilft Dir dabei, Dich auszurichten, Dich zu sammeln und konsequent an Dir zu arbeiten. Ein Ziel ist sozusagen wie ein guter Freund, der aufpasst, dass Du nicht vom Weg abkommst.

OHNE ZIELE GIBT ES KEIN ANKOMMEN IM LEBEN

Und wie Du weißt, sehnen sich alle Menschen nach genau diesem einen Gefühl: Endlich anzukommen! Sie wollen zur richtigen Zeit am richtigen Ort die richtige Person sein. Doof also, wenn genau das nicht erreicht werden kann, nur weil ein paar lausige Ziele fehlen, wahr oder wahr!?

Steigst Du beispielsweise in das universelle Taxi des Lebens ein, ohne dem Fahrer zu sagen, wo genau Du hinwillst, wird er Dich mit großen Augen anschauen und nichts passiert. Was soll der Taxi-Fahrer auch anderes tun? Du hast ihm ja keine klare Anweisung gegeben. Erst wenn Du ihm ganz genau sagen kannst in welche Straße und zu welcher Hausnummer und in welchem Ort mit welcher Postleitzahl Dein Ziel liegt, wirst Du exakt dorthin gebracht werden können. Genaue und konkrete Ziele sind wichtig und nicht zu unterschätzen. Es ist also unabdingbar für Dich, dass Du Deine Ziele sehr gut kennst.

DAS PHÄNOMEN DER CHRONISCHEN UNWISSENHEIT

„Ich weiß einfach nicht, was ich will!" Dieser Satz ist für mich ein sogenannter BS-Satz. Und nein, „BS" steht hierbei nicht für Braunschweig, auch wenn meine Heimatstadt Gifhorn ganz in der Nähe von Braunschweig liegt. Es steht vielmehr für das englische Wort für Schwachsinn und Sinnlosigkeit: BULLSHIT.

Die Aussage, nicht zu wissen, was Du willst, ist absoluter Blödsinn. Denn wenn Du sagt, dass Du nicht weißt, was Du willst, dann bedeutet das für mich nur eines:

Du warst bislang einfach nicht hungrig genug, Dich auf die Reise zu machen, um herauszufinden, wo es Dich hin ruft.

Du hattest nicht den Biss, nicht das unabdingbare Verlangen, um in Dich hineinzuhören und Deiner inneren Stimme und Deiner Intuition zu vertrauen. Du warst zu faul, um nachzudenken und um nachzufühlen und hast lieber die Wohnung geputzt, den Rasen gemäht, Netflix geguckt oder beim Tatort mitgefiebert, anstatt Dir Gedanken über Dein Leben zu machen!

„ICH WEISS NICHT, WAS ICH WILL!" = SETZEN, SECHS!

Damit Du die Absurdität des Satzes auch wirklich verstehst, habe ich Dir ein wunderschönes **Beispiel** mitgebracht. Stell Dir vor Du gehst wieder zur Schule, befindest Dich im Biologie-Unterricht und erfährst gerade mit Deiner Klasse alles über die Mechanismen der Fotosynthese. Ein tolles Thema, das wirklich spannend ist und einmal mehr die Wunder der Welt offenlegt, die für uns Menschen immer wieder absolut verblüffend sind. Wie ich finde. Jetzt schreibst Du eine Arbeit in Biologie und wirst in der ersten Aufgabe nach den Mechanismen der Fotosynthese abgefragt, doch Du merkst, dass Du keinen blassen Schimmer hast und schreibst genau das auf die leeren Linien des Prüfungsbogens. „DAS WEISS ICH NICHT!" steht dort in großen Buchstaben - und als Du die Arbeit wiederbekommst, findest Du am Ende des Bogens eine unterirdische Benotung. Zurecht. Denn was hättest Du besser tun sollen, um die Frage auch tatsächlich beantworten zu können!? Richtig - Du hättest lernen müssen!

Genauso, wie Du lernen kannst, was die Fotosynthese ist, was sie für die Welt bedeutet und wie sie wirkt, kannst Du ebenfalls lernen, was Du wirklich willst.

Doch die Voraussetzung ist, dass Du Dir auch **genügend Zeit und Raum** nimmst, um der Frage auf den Grund gehen zu können. Mein Großvater sagte immer zu mir: *„Am schnellsten lernst Du neue Dinge, indem Du sie selbst ausprobierst!"* Und ja, mein Großvater war ein sehr weiser Mann - denn mit seiner Aussage liefert er Dir schon die Antwort auf die Frage, was Du im Leben willst.

PROBIEREN GEHT ÜBER STUDIEREN - ALSO MACH´S AUCH!

Eine für Dich befriedigende Antwort erhältst Du nur dann, wenn Du anfängst, das Leben zu leben und Dinge auszuprobieren. Es gibt so viele Chancen und Möglichkeiten da draußen, dass Dir nie und nimmer eine externe Person sagen könnte, was das Richtige für Dich ist. Viele Menschen leben an dieser Stelle den Traum anderer.

Wenn der Sohn des Juristen den Papa glücklich machen will und beginnt, Jura zu studieren, obwohl in seinen Adern das Blut eines Musikgiganten fließt, so lebt dieser Sohn den Traum eines **anderen** - den Traum seines Vaters. Das Drama auf diesem Lebensweg ist vorprogrammiert. Denn meiner Meinung nach haben Eltern nicht das Recht, in das Leben ihrer erwachsenen Kinder hinein zu quatschen, ihnen zu sagen, was sie machen und tun sollen, nur um damit ihr eigenes Bedürfnis nach Sicherheit, Bedeutung, Anerkennung und Zugehörigkeit zu befriedigen. Auf diese Art und Weise versuchen die meisten Eltern, ihre eigenen unerfüllten Träume und Wünsche von früher zu befriedigen, die sie selbst niemals verwirklichen konnten. All das legitimiert nach dem Motto: *„Dir soll es einmal besser gehen, als mir!"* und unter dem Deckmantel von elterlicher Fürsorge und Pflichtbewusstsein.

EIN RAT FÜR ALLE ELTERN

Mein Wunsch für Dich als Mama oder Papa ist es, dass Du den Mut aufbringen kannst, Deine Kinder in die **Freiheit** zu entlassen. In die Freiheit, sich voll entfalten zu können. In die Freiheit, auch einmal hinfallen zu dürfen verbunden mit der tiefen Gewissheit, dass Deine helfende Hand da ist, wenn sie Dich brauchen. Um so oft scheitern zu dürfen, bis Deine Kinder tief in sich spüren: *„Jetzt bin ich angekommen."*. Deine Kinder haben das Recht, ihre eigenen Erfahrungen machen zu dürfen. Das geht aber nur dann, wenn sie selbst herausfinden können, wer, was oder wie sie wirklich sind.

Für Dich gilt genau das gleiche. Nur Du selbst kannst herausfinden, was Du wirklich willst - doch der Haken an der Sache ist, dass auch Du ja gar keine Ahnung von dem hast, was in der Welt eigentlich so alles auf Dich wartet. Also musst Du Dich austesten! Genauso wie bei einer Weinprobe, bei der Du an vielen einzelnen Weinen einen Mini-Schluck nippst, musst Du auch an den Chancen des Lebens „nippen". Schließlich solltest Du einen Wein ausprobieren, weil Du, nur indem Du ihn betrachtest, niemals sagen kannst, ob er Dir schmecken wird oder nicht, richtig?!

ENTDECKE DIE FACETTEN DES LEBENS NEU!

Am ehesten findest Du also heraus, was Du wirklich willst, indem Du die Vielfalt des Lebens durch **Ausprobieren** kennenlernst und immer besser verstehen lernst. Das gilt im übrigen auch für die etwas älteren Leser dieses Buches, denn um das Leben entdecken zu können, spielt Alter keine Rolle. Manche Teilnehmer meiner Seminare werden ungeduldig und wollen eine schnelle Lösung. Sie wünschen sich einen klaren Ansatzpunkt, auf den sie sofort eingehen können und an dem sie in Ruhe arbeiten können, um sich stetig zu verbessern.

Auch für diese Menschen habe ich ein wunderbares Werkzeug parat. Ich bezeichne es als das Rad des Lebens. Vielleicht hast auch Du schon einmal davon gehört. Sollte das so sein, bist Du dazu eingeladen, den folgenden Absatz trotzdem ganz genau zu lesen.

DAS RAD DES LEBENS ALS STARTHILFE FÜR DIE OPTIMALE ZIELSETZUNG

Das Rad des Lebens besteht aus zehn Teilbereichen, die die Komplexität aller Lebensbereiche in einer kleinen Übersicht zusammengefasst darstellen. Diese zehn **Teilbereiche des Lebens sind:**

Finanzen und Wohlstand
Körper und Gesundheit
Umfeld und Sozialleben
Liebe und Partnerschaft
Sexualität
Emotionale Fitness
Spiritualität
Beitrag und Feiern
Organisation und Zeit
Karriere und Beruf

Das Rad des Lebens ermöglicht es Dir, eine Bewertung und Einteilung dieser zehn Teilbereiche vorzunehmen, um herauszufinden welcher Teilbereich Deines Lebens aktuell am meisten Fokus, Energie und Aufmerksamkeit benötigt. Dazu weist Du jedem einzelnen Punkt eine Wertung von 0 bis 10 zu, wobei 0 absolute Unzufriedenheit und 10 die höchste Erfüllung des Universums darstellt.

 Fülle Dein Rad des Lebens aus (auf der nächsten Seite findest Du weiterführende Erklärungen und Beispiele)

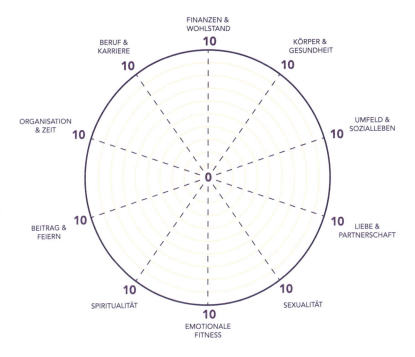

„Endlich habe ich ein Ziel!" - Wie Du herausfindest, was Du wirklich willst

Bist Du also mit Deiner Gesundheit und Deinem physischen Körper in seiner Ausprägung zu 100% zufrieden und glücklich und fühlst Dich jeden Tag stärker und vitaler, dann bewertest Du ihn mit einer glatten 10. Leidet allerdings Dein Bankkonto und schreibt regelmäßig rote Zahlen, so musst Du nun ebenfalls ganz ehrlich und direkt eine Bewertung vornehmen - in diesem Fall läuft es vielleicht auf eine 2 oder 3 hinaus, da Dich Dein aktueller finanzieller Zustand ziemlich nervt und immer wieder aufreibt und nicht schlafen lässt.

Nimm die Bewertung für jeden einzelnen Punkt der zehn Lebensbereiche vor und zeichne anschließend immer dort ein Kreuz ein, wo sich der jeweilige Wert des Lebensbereiches auf der Skala von 0-10 Deiner Einschätzung nach aktuell befindet. Hast Du das geschafft, verbinde die Kreuze mit einer Linie, sodass ein kreisähnliches Gebilde entsteht.

Wenn es Dir so ergeht wie den meisten Menschen, die keine Ahnung von ihren Zielen im Leben haben, wirst Du nun erschreckend feststellen, dass sich Dir dort alles zeigt, aber kein kreisähnliches Gebilde. Nur unter allergrößter Vorstellungskraft kann man bei den vielen Ecken und Kanten vielleicht einen Kreis erkennen, doch das ist dann schon sehr optimistisch betrachtet.

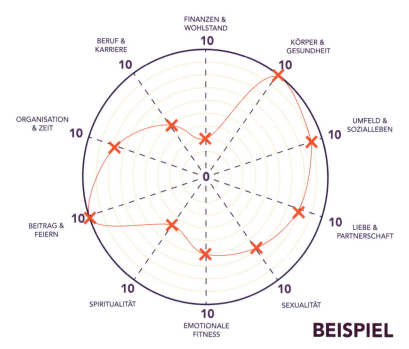

In unserem exklusiven Trainingsbereich zum Buch haben wir Dir hierzu ein Dokument vorbereitet, mit dem Du die Übung für Dich durchführen kannst. Hier geht es zum **kostenlosen Download:**

 **WWW.DAMIAN-RICHTER.COM/GO-TRAINING**

WIE DU DEN CRASH DEINES LEBENS VERMEIDEST

Nun stell Dir vor, dass dieses „Rad Deines Lebens" vorne rechts an einem Supersportwagen befestigt wird und Du mit Tempo 240 km/h über die Autobahn rast. Was wird wohl passieren, wenn Dein Reifen die Form dieses Rades hat?!

Fährst Du nur langsam, wird es holpern. Vielleicht so, wie aktuell in Deinem Leben. Gibst Du allerdings richtig Gas, wird es einen riesigen Knall geben, der einfach alles zerstört, was auch nur ansatzweise in Verbindung mit dem Supersportwagen stand. Du erleidest körperlichen, finanziellen und emotionalen Schmerz, hast immer wieder Rückschläge und fragst Dich, warum es bei allen anderen läuft, nur bei Dir selbst nicht. Kommt Dir das bekannt vor?! Es wird Zeit, das zu ändern. Ein von Dir eingezeichnetes Gebilde, das relativ wenig mit einem Kreis zu tun hat, zeichnet sich dadurch aus, dass in manchen Lebensbereichen sehr vieles sehr gut läuft, in anderen Lebensbereichen dafür aber auch sehr vieles ziemlich unterdurchschnittlich von statten geht.

DIE MISCHUNG MACHT'S - WIE DU BALANCE UND HARMONIE HERSTELLST

Hier ist es wie überall im Leben: Die Balance und ein ausgeglichenes Maß sind alles entscheidend. Zu viel von einer bestimmten Sache ist immer bedenklich, denn Extreme arten aus.

Fokussierst Du Dich in Deinem Leben nur auf das Thema Finanzen, verkümmern Deine Beziehungen und Deine Gesundheit leidet. Du wirst krank, einsam und unglücklich, egal wie viel Geld Du auf dem Konto hast. Fokussierst Du Dich allerdings nur auf die Liebe oder Deine Freunde in Deinem Leben, wirst Du eines Tages feststellen, dass Du finanzielle Sorgen hast, die Dir die Le-

bensfreude rauben, da Du in permanenter Existenzangst lebst. Deine Freunde bemerken Deinen Energie-Abfall und fangen an, Dich zu unterstützen. Doch nach einer gewissen Zeit, in der Du weiterhin untätig bleibst und Dich nicht Deinen Finanzen widmest, realisieren Deine Freunde, dass sie Dir damit keinen Gefallen tun und überlassen Dich Deinem Schicksal.

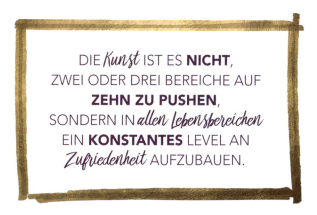

DIE *Kunst* IST ES **NICHT**, ZWEI ODER DREI BEREICHE AUF **ZEHN ZU PUSHEN**, SONDERN IN *allen Lebensbereichen* EIN **KONSTANTES** LEVEL AN *Zufriedenheit* AUFZUBAUEN.

Deine Aufgabe in Bezug auf eine mögliche Zielsetzung könnte es sein, dass Du Dir **einen oder zwei Teilbereiche** aus den acht Lebensbereichen aussuchst, die von ihrer Bewertung her am **schlechtesten** abgeschnitten haben. Frage Dich dann, warum genau sie so schlecht abgeschnitten haben und welche aktiven **Maßnahmen** Du konkret ergreifen musst, um diese negativen Ausschläge in Balance zu bringen. Ja, auch hier ist wieder Denksport gefragt.

Ich bin mir sicher, dass Du mit den Tools und Techniken, die Du mittlerweile kennengelernt hast, ausreichend gewappnet bist, um diese Herausforderung anzunehmen und zu meistern. Allein mit einem starken Warum wirst Du in der Lage sein, kraftvoll und voller Fokus erste Schritte auf Dein neues Ziel zuzugehen.

HOL DIR DEN RAT VON DENEN, DIE SCHON DA SIND, WO DU HIN WILLST!

Ein **wichtiger Tipp:** Wenn Du keinen Schimmer hast, wie Du einen bestimmten Lebensbereich verbessern oder verändern kannst, frag all die Menschen, die in Bezug auf den besagten Lebensbereich **bereits dort sind,** wo Du erst noch

hin willst. Das heißt, all jene, die bereits das erreicht haben, nach dem Du erst noch strebst. Erkundige Dich dann in der Folge, ob es Bücher, Hörbücher oder andere Quellen (YouTube-Videos, Blogs, Podcasts etc.) gibt, die Dir Wissen vermitteln können, welches Du für Deine Umsetzung anzapfen und entsprechend auf Dein Leben anwenden kannst.

Somit sparst Du Dir viele Fehlversuche und kannst direkt mit funktionierenden Strategien beginnen, Dein Ziel für den jeweiligen Lebensbereich in die Tat umzusetzen.

NEUER LEBENSABSCHNITT, NEUE LEBENSZIELE

Unabhängig vom Rad des Lebens gibt es übrigens eine **spannende These**, die ich immer wieder in Coachings und Gesprächen als bestätigt wahrnehme. Jedem Lebensabschnitt ist eine bestimmte Form der Zielsetzung untergeordnet.

Je nachdem, wie alt Du also bist, unterscheiden sich Deine generellen Lebensziele grundsätzlich von denen anderer Generationen. Junge Erwachsene zum Beispiel legen ihre Ziele auf Wachstum aus. Sie wollen berufliche, persönliche und private Erfolge erzielen. Bei älteren Menschen geht es eher um den Erhalt von bereits erreichten Erfolgen und die Weitergabe von Wissen an die nachfolgende Generation.

AUF GEHT´S: AB IN DIE UMSETZUNG!

Und, wie sieht es bei Dir aus? Hast Du bislang **nur** im Buch gelesen? Oder hast Du aktiv mitgearbeitet und nachgedacht? Was sind Deine Ziele, die Du Dir durch die Inhalte der letzten Seiten erarbeitet hast?

Wenn Du für Dich bereits erstrebenswerte Ziele gefunden hast, wirst Du Dich nun sicher fragen, wie Du sie am schnellsten erreichen und in die Tat umsetzen kannst, richtig? Dann geht es Dir genauso wie mir - denn ich bin auch immer auf der Suche nach dem kürzesten Weg und der smartesten Herangehensweise, die mich massiv dabei unterstützt, meine Ziele so schnell und so effizient wie möglich zu erreichen. Ohne Schnörkel und ohne Umwege. Eine Anleitung für genau diese Herangehensweise findest Du im nächsten Abschnitt.

KAPITEL 3.6

WAS DAS **UNIVERSUM** UND **AMAZON** *gemeinsam* HABEN

Immer mehr Menschen entdecken die Vorzüge von Amazon und anderen Online-Warenhändlern. Was als Unternehmen für den einfachen Buchversand begann, hat sich mittlerweile zu einem Weltkonzern entwickelt, der die gesamte Wirtschaft aufmischt und zu Innovationen, Umdenken und Veränderung zwingt. Amazon ist längst kein kleiner Fisch mehr im großen Teich der Global Player und Jeff Bezos, der Gründer von Amazon, einer der reichsten und einflussreichsten Menschen der Welt.

Im Vergleich zu der Größe und Schöpferkraft des Universums ist und bleibt Amazon, sowie jedes andere Unternehmen der Welt, trotzdem ein nicht weiter bemerkenswertes Sandkorn am Strand des Lebens und fällt somit nicht weiter auf. Trotzdem haben das Universum und Amazon zwei große Gemeinsamkeiten, die - wenn Du sie verstanden und verinnerlicht hast - Dein gesamtes Leben auf den Kopf stellen werden. Vorausgesetzt Du wendest sie natürlich auch in Deinem Alltag an und setzt sie für Dich um. Untätigkeit oder reines Lesen (also der pure Konsum) bringt Dich selbstverständlich nirgendwo hin, ganz egal wie wertvoll oder einzigartig das Wissen ist, welches Du in Dich hinein lädst.

DIE DREI GRUNDREGELN DES (AMAZON-)UNIVERSUMS

Jeder, der Amazon schon einmal benutzt hat und online etwas bestellt hat, kennt die Abläufe ganz genau. Sie lassen sich in insgesamt drei Grundregeln zusammenfassen:

 1. Wenn Du genau weißt, was Du willst, wirst Du (relativ) schnell fündig.

2. Wenn Du eine Bestellung aufgegeben hast, bekommst Du (in den meisten Fällen) auch genau das, was Du bestellt hast

 3. Um Deine Bestellung final zu erhalten, ist es unabdingbar, dass Du einen entsprechenden Energieausgleich leistest (bei Amazon natürlich in Form von Geld)

Diese drei Grundregeln können wir fast 1:1 auf das Universum übertragen.

Denn auch im Universum gibt es eine Vielzahl von Möglichkeiten, Zielen und Verführungen, die Deinen Geist und Fokus ablenken können. Legst Du Dich auf eine bestimmte Sache fest, die Du erreichen oder in Dein Leben ziehen willst, kommst Du relativ schnell an Dein Ziel. Verpasst Du es, Dich festzulegen und Dich zu entscheiden, springst Du willkürlich von der einen Gelegenheit zur nächsten und verlierst Dich in einem niemals endenden Kreis von weiteren Ablenkungen - ganz ähnlich wie bei einer ziellosen Suche über die „Ähnliche Produkte"-/ oder „Andere Kunden kauften auch..."-Optionen bei Amazon.

SCHRITT FÜR SCHRITT ERKLÄRT: DER PROZESS ZUR ERREICHUNG ALL DEINER ZIELE

Wie kannst Du nun die Kraft des Universums für Dich nutzen, um Deine Ziele in den verschiedenen Lebensbereichen zu erreichen? Wie funktioniert diese „Bestellung" beim Universum und wie kannst Du damit die Dellen in Deinem Rad des Lebens ausgleichen?

Definiere in einem **ersten Schritt** des Ziel-Erreichungs-Prozesses **klar und deutlich**, was Du willst, beziehungsweise wonach Du suchst (Dein Ziel).

Im **zweiten Schritt** sendest Du eine ganz klare Bestellung ab und signalisierst, dass Du großes Interesse hast, diese Bestellung zu erhalten. Bei Amazon legst Du Dir ein Produkt in den Warenkorb, im echten Leben hältst Du Dein Ziel im Idealfall schriftlich fest. Ganz nach dem Motto *„Wer schreibt, der bleibt".* Durch das Schreiben findet eine erste Manifestation Deines Zieles statt, denn Du machst Dein Ziel erstmalig sicht- und greifbar, indem Du es aus Deinen Gedanken herausziehst und es auf einem Zettel oder einem Papier festhältst und aufschreibst. Auf diese Weise gibst Du praktisch Deine „Bestellung" an das Universum ab (ja, das klingt verrückt, ich weiß!) - und glaube mir, ich weiß wovon ich spreche: Das Universum wird liefern. Ganz genauso wie Amazon.

Allerdings fehlt noch eine letzte Zutat - und zwar unser dritter Schritt: Der Energieausgleich. Ohne, dass Du bei Amazon mit PayPal oder einer Sofortüberweisung die jeweilige Bestellung direkt bezahlst, bekommst Du gar nichts. Du musst also die Bereitschaft aufbringen, mit einem Energieausgleich, in Form von Geld, einen Gegenwert für das zu liefern, was Du im Gegenzug von Amazon erhältst. Angebot und Nachfrage - das altbekannte Spiel. Im echten Leben gibt es ebenfalls einen Energieausgleich für eine Bestellung an das Universum. Jedoch hat dieser Energieausgleich in den seltensten Fällen etwas mit Geld zu tun.

Denn wer kennt schon die IBAN des Universums!?

DIE WAHREN WÄHRUNGEN DES LEBENS

Im Leben signalisierst Du dem Universum durch Deinen Mut, Deinen Einsatz, Deine Disziplin und Deinen Fleiß, dass Du offen und bereit bist, die jeweilige Bestellung auch zu erhalten und vor allem, sie auch verdient zu haben. Denn ähnlich wie im Supermarkt, gibt es auch im Leben ein Gesetz, welches besagt:

"Je mehr Du gibst, desto mehr wirst Du auch erhalten."

Für einen Euro bekommst Du im Supermarkt vielleicht eine Packung Kaugummis, für 500 Euro kannst Du Dir einen ganzen Einkaufswagen mit den leckersten Sachen befüllen.

Wenn Du im Leben große Herausforderungen annimmst und sie meisterst und bereit bist, Dich Deinen Ängsten zu stellen, wirst Du dafür einen weitaus größeren Gegenwert erhalten, als wenn Du Dich nur halbherzig auf eine neue Aufgabe einlässt und bereits nach den ersten kleinen, sich zeigenden Herausforderungen resigniert aufgibst und abbrichst. Kannst Du das nachvollziehen?!

WIE DU IM „ECHTEN LEBEN" BESTELLUNGEN AUFGIBST

Wie Du eine Bestellung bei Amazon abgibst, weißt Du ja bereits. Produkt auswählen, in den Einkaufswagen legen, an der digitalen Kasse bezahlen oder überweisen und fertig. Deine Ware wird Dir zugeschickt.

Im Leben und in der Kommunikation mit dem Universum gestaltet sich das ganze etwas anders - allerdings keineswegs komplizierter! Dein Produkt ist **Dein Ziel**, welches Du Dir klar vor Augen führst. Du weißt genau, was Du willst und hast auch ein **großes Warum**, welches Dich antreibt, Dein Ziel zu erreichen. Der universelle Einkaufswagen ist, wie eben bereits kurz angedeutet, der Prozess des Schreibens und der ersten Manifestation des Ziels - denn hier wandelst Du einen vorläufigen Gedanken in ein erstes, greifbares Ergebnis um. Wichtig dabei ist, dass Du Dein Ziel nicht nur stichpunktartig notierst, sondern es auf eine ganz besondere Art und Weise ausformulierst. Schnapp Dir einen Zettel und notiere Dir den folgenden Satz:

„Ich bin so glücklich und dankbar dafür, dass..."

_____

_____

_____

Ergänze nun jeweils Deine Zielformulierung und vervollständige damit den vorgegebenen Satzanfang. Aus einem ganz einfachen Grund ist genau dieser Satzanfang ein echtes Wunderwerkzeug: Wir bedanken uns bereits im Voraus für ein Ziel, welches noch gar nicht eingetreten ist.

Und wann genau bedankst Du Dich für eine Sache? Wenn Du sie bereits erhalten hast oder wenn noch gar nicht sicher ist, ob Du sie auch tatsächlich bekommst? Ganz genau: Natürlich nur dann, wenn Du Dir zu 100% sicher bist, dass Du sie auch erhältst. Wir geben dem Universum, dem Leben und Deinem Unterbewusstsein durch diese eine besondere Formulierung zu verstehen, dass wir uns vollkommen **sicher** darin sind, das angegebene Ziel auch tatsächlich zu erreichen. Ganz genauso, wie Du Dir ebenfalls sicher bist, dass Du die Ware von Amazon auch tatsächlich pünktlich zugeschickt bekommst, wenn Du den Bestellvorgang ordnungsgemäß abgeschlossen hast.

AUFGEBEN IST KEINE OPTION - JETZT BIST DU GEFORDERT!

Sofern Du Dein Ziel nun also auch **schriftlich festgehalten** und Dich bereits für das Erreichen des Ziels **bedankt** hast, gilt es, einen Energieausgleich zu leisten und aktiv auf das Leben zuzugehen. Nun bist Du gefragt und gefordert, denn es ist Dein Einsatz, der maßgeblich darüber entscheidet, ob und wie schnell aus Deinem ursprünglichen Ziel auch **tatsächliche Wirklichkeit** wird.

Gehe dabei rigoros und unerschütterlich entschlossen vor. Aufgeben ist keine Option! Kämpfe für Deine Ziele und beschütze sie um jeden Preis. Selbst, wenn es Jahre dauert, bis Du Deine Träume und Visionen wahr werden lassen kannst, ist es maßgeblich entscheidend, dass Du niemals die Hoffnung verlierst. Verlangsame Dein Tempo, wenn Du merkst, dass Du kurz Kraft tanken musst und dreh wieder auf, wenn Du spürst, dass es weitergehen kann. Aber erhebe Dich von dem Sofa und dem Bett, in dem es ja immer so gemütlich war und vertraue darauf, dass alles gut wird. Denn bereits jetzt, in diesem Moment, ist bereits alles gut. Du merkst es nur vielleicht noch nicht. Die Kunst besteht darin selbst dann weiterzumachen, wenn gerade alles gegen Dich zu laufen scheint. Mach einfach weiter, denn Du bist größer, als Du denkst!

> DENN MANCHMAL MUSS ES ERST *schlimmer* WERDEN,
> **BEVOR ES BESSER** WERDEN KANN!

AUCH ICH WAR EINST EINE BESTELLUNG DES UNIVERSUMS

Meine Partnerin Sandy kann Dir bestätigen, dass diese Art und Weise des Zielerreichens großartig funktioniert. Denn rate mal, wen sie sich im Herbst 2017 in ihr Leben „bestellt" hat?! Ganz genau - mich!

Sandy war auf der Suche nach ihrem Seelenpartner. Sie wusste ganz genau wie sie mit ihm ihre absolute Traumbeziehung führen wollte und hielt ihr Ziel schriftlich fest. Sie war sich ebenfalls nicht zu schade dafür, alles menschenmögliche möglich zu machen, um eine stabile Basis für unsere außergewöhnliche Partnerschaft zu schaffen. Sandy zog nach Gifhorn, verließ ihre vertraute Heimatstadt in der Nähe von Frankfurt und schaffte für sich und meine neue Geschenktochter Zoey, allen Widrigkeiten zum Trotz, ein neues Umfeld für ein außergewöhnliches Leben - und zwar gemeinsam mit mir. Denn sie zog zu mir, in ein Haus auf einem wunderschönen Anwesen hier bei uns in Gifhorn.

Glaub mir, dieser Prozess funktioniert - und wie. Unterschätze niemals die Macht der Zielerreichung - und gib Acht auf das, was Du beim Universum bestellst, denn beachtest Du die drei Grundregeln von Amazon, wird es sich in Deinem Leben manifestieren, da kannst Du Dir sicher sein!!

KAPITEL 3.7

VOLLTREFFER! - SO *erreichst* DU DEINE ZIELE

Nun hast Du schon einiges über die Zielfindung und den theoretischen Teil sowie die Grundsätze des Zielerreichens erfahren. Doch alle, die mich kennen, wissen, wie sehr ich es liebe, praktisch und ergebnisorientiert zu arbeiten. Denn theoretisches Wissen einfach nur wiederzugeben, kann jeder. Aber für sichtbare und nachhaltige Veränderungen in dem Leben anderer Menschen zu sorgen, können nur die Wenigsten. Aus diesem Grund habe ich mich auch dazu entschieden, Dir zum Abschluss unseres dritten Kapitels noch mal so richtig Feuer unter dem Hintern zu machen, damit Du in die **Umsetzung** kommst und aktiv auf Deine Ziele zugehst. Nicht ohne Grund trägt dieser Abschnitt die Zwischenüberschrift „Volltreffer! - So erreichst Du Deine Ziele".

Dass Du ganz genau wissen musst, **was** Du eigentlich willst, haben wir bereits besprochen. Daher gehe ich auf diesen Punkt nicht näher ein. Jetzt will ich gemeinsam mit Dir Deinen Fokus und Dein Mindset so ausrichten, dass Du Schritt für Schritt den Glauben und den unerschütterlichen Willen entwickelst, Dein Ziel auch tatsächlich umzusetzen und Wirklichkeit werden zu lassen.

SO UMGEHST DU DAS MUSTER DES VERSAGENS

Im Laufe unseres Lebens machen die meisten Menschen eher die Erfahrung, dass sie zurückziehen, dass sie scheitern oder dass sie ein Commitment und eine Zusage, die sie einst gegeben haben, brechen und nicht einhalten. Damit etablieren sie das **Muster des Versagens** in ihrem Glaubenssystem. Ist dieses Muster erst einmal fest verankert und integriert, benötigen wir einiges an Energie, um es wieder aufzubrechen und aufzulösen. Das will ich allerdings direkt umgehen, indem ich Dir einen Masterplan mit an die Hand gebe.

Deine Aufgabe in Bezug auf Deine neuen von Dir gesteckten Ziele ist es, **massive Aktionen** zu entfalten. Keine kleinen, sondern massive. Und damit meine ich, dass Du ab heute die Dinge komplett anders machst, als Du sie bisher gemacht hast! Denn Deine bisherigen Herangehensweisen waren wenig zielführend. Hätten sie funktioniert, würdest Du dieses Buch nicht lesen, wahr oder wahr? Du musst Dich also darauf einstellen, ab heute neue Gewohnheiten zu etablieren, die Dich ganz konkret dabei unterstützen, weder den Fokus noch Dein Warum aus Deinen Augen zu verlieren.

Nur so schaffst Du es über einen längeren Zeitraum konstant an Deinen Zielen zu arbeiten. Und damit wären wir auch schon bei einem Schlüsselelement für das erfolgreiche Umsetzen von Zielen: **Konstanz**.

DAS KONZEPT DER KLEINSTEN MINIMALEN KONSTANTE ALS SCHLÜSSEL ZUM ERFOLG

Derjenige, der 100 Meter in der kürzesten Zeit absolviert, läuft nicht automatisch auch erfolgreich einen Marathon. Vielleicht geht einer solchen Person bereits nach den ersten 5 Kilometern die Puste aus. Derjenige, der beständig und jeden Tag eine gewisse Teilstrecke absolviert und diese Stück für Stück immer weiter steigert, wird deutlich bessere Chancen haben, erfolgreich einen Marathon zu meistern. Die Konstanz in Bezug auf ein Ziel ist entscheidend.

Verfolge daher **DAS KONZEPT DER KLEINSTEN MINIMALEN KONSTANTE.** Fokussiere Dich auf eine Sache, die Du, wenn auch nur in kleinem Rahmen aber dafür tagtäglich, immer weiter perfektionierst. Nehmen wir als Beispiel Liegestütze. Wenn Du heute keine Liegestütze kannst, versuch es einmal mit 25 Stück. Nach den ersten dreien wirst Du sehr wahrscheinlich merken, dass Deine Arme wegklappen und Du die Kraft verlierst. Machst Du nun **jeden Tag beständig und fokussiert** immer wieder eine Liegestütze und ergänzt pro Tag eine weitere Ausführung der Liegestützen, wirst Du feststellen, dass Du nach einem Monat locker und leicht 25 Liegestütze machen kannst - und zwar ohne Probleme. Einzig und allein deswegen, weil Du jeden Tag eine kleine minimale Konstante aufgewendet hast.

ARBEITE TÄGLICH FÜR DEIN ZIEL UND DU KOMMST AN

In Bezug auf Dein Ziel bedeutet das: Such Dir eine Möglichkeit, wie auch Du **jeden Tag konstant und konsequent** etwas aktiv für Dein Ziel erledigen kannst. Selbst, wenn es nur eine einzige Email, ein Anruf oder zwanzig Minuten Recherche an Deinem Computer sind, bringt Dich dieser kleine Schritt deutlich weiter nach vorne. Denn Du bist aktiv, Du hältst das Feuer weiter am brennen und trainierst Dich darin, Deinen Fokus aufrecht zu erhalten. Diese Fähigkeit hat zehntausenden Menschen vor Dir dabei geholfen, die größten Erfolge unserer Zeit zustande zu bringen.

> **ENERGIE** FOLGT DEM *Fokus*

Den **Fokus** aufrecht zu erhalten ist eine weitere wichtige Eigenschaft, die Du kultivieren darfst, wenn Du Deine Ziele tatsächlich erreichen willst. Fokussiere Dich in Deinem Leben spitz auf das, was Du willst - und Du bist schneller an Deinem Ziel, als Du „Fokussierung" buchstabieren kannst.

Doch wehe Du erliegst den vermeintlichen Versuchungen des Lebens und lässt Dich ablenken durch Deinen Feed bei Instagram, die Timeline bei Facebook oder die eintrudelnden Emails in Deinem Postfach. Dann bist Du geliefert - und alles, an dem Du gerade arbeitest ebenfalls.

ABLENKUNG AUSGESCHLOSSEN! BEREITE DEN BODEN FÜR MESSERSCHARFEN FOKUS

Genau jetzt, in diesem Moment liegt mein Handy neben mir und glaube mir, tagtäglich bekomme ich hunderte WhatsApp-Nachrichten und mindestens genauso viele Nachrichten bei Instagram und Facebook. Ich liebe es, direkt zu antworten und Menschen aktiv dabei zu helfen, ihre Probleme und Herausforderungen zu lösen, doch an Tagen wie heute bin ich rabiat in meiner Ausrichtung und stelle jede Ablenkung konsequent ab. Nichts und niemand kann mich davon abhalten, dieses Kapitel fertig zu stellen, koste es was es wolle. Denn ich habe ein Warum und weiß, wofür ich hier schreibe. Ich weiß, wofür ich mir die Nächte im Büro um die Ohren schlage und wie ich mich selbst austricksen kann, um nicht einzuschlafen.

Das alles schaffe ich nur, indem ich meinen Fokus **messerscharf auf mein Ziel ausrichte** und mir einen heiligen Rahmen schaffe, indem ich keine Ablenkung zulasse. Jeder Störfaktor wird augenblicklich eliminiert.

ZWING DICH ZUM ERFOLG UND SEI UNERSCHÜTTERLICH

Mein Tipp für Dich: Mach´s mir nach und eliminiere alles, was Dich davon abhält, Dir Dein Traumleben zu erschaffen. Lass nicht zu, dass Fernsehen, YouTube, Facebook, Instagram und Co. Deine Pläne von Deiner glorreichen Zukunft in Luft auflösen. Bleib am Ball, zieh durch und gib nie auf - es wird sich lohnen, glaube mir. Halte dabei den Blick immer fest auf das, was Du willst - und niemals auf solchen Sachen, die Dir Deine Kraft rauben.

Wenn ein Rennfahrer in der Formel 1 mit einem Tempo von 320 km/h von der Strecke abkommt und geradewegs auf eine Bande zurast, dann wird er in neun von zehn Fällen sterben, wenn er seinen Blick auf die Bande gerichtet hält. Denn das, worauf wir unseren Fokus legen, werden wir in unserem Leben anziehen. Neun von zehn Fahrern, die es schaffen, innerhalb von Millisekunden den Kopf zu drehen und ihren Blick auf die **freie Strecke** oder Rasenfläche zu richten, werden dem Wagen noch auf den letzten Metern eine andere Richtung geben und den Unfall ohne große Schäden überstehen und überleben können. **Denn das, worauf Du Deinen Fokus legst, wächst.** Ich kann es Dir nicht oft genug sagen.

Deswegen noch einmal für Dich:

> **DAS**, WORAUF DU DEINEN *Fokus* LEGST, **WÄCHST**.

Mit einem klaren Ziel vor Augen, einem unverrückbaren Fokus und einem felsenfesten Warum im Gepäck, bist Du startklar für Abenteuer auf einem vollkommen neuem Level in Deinem Leben.

GO! - Mach Dich auf und entdecke die Möglichkeiten. Du wirst begeistert sein, was das Leben für Dich bereit hält.

"Das Leben ist eine grosse Leinwand, bemale sie so bunt Du kannst."

Danny Kaye

MISSION Traumleben: DIE REISE BEGINNT

„Die Zukunft, die wir uns wünschen, werden wir nur bekommen, wenn wir eine Vision von ihr haben."

PER DALIN

Unsere Welt entwickelt sich von Tag zu Tag immer schneller und schneller. Großartige, technische Erfindungen und wunderbare Innovationen erleichtern unser Leben und ermöglichen es uns, ein vermeintlich qualitativ hochwertigeres Leben zu führen. Die Herausforderung bei all dem technischen Fortschritt ist allerdings der menschliche Rückschritt.

Denn in den letzten Jahren hat sich ein ganz eigenartiger Trend abgezeichnet. Und zwar der Trend, dass die meisten Menschen (nicht alle, aber die meisten!) immer mehr konsumieren und die wenigsten Menschen produzieren. Was ich damit meine? Ganz einfach: Die meisten Menschen verlieren mehr und mehr die Verbindung zu ihrer wahren Schöpferkraft, indem sie wie fleischgewordene Zombies vor ihrem Fernseher oder ihrem Tablet, iPhone oder Laptop sitzen und bei Netflix, AmazonPrime, AppleTV oder Disney+ und Co. Serien streamen und damit ihre wertvolle Lebenszeit vergeuden.

DIE GRÖSSTE VERSCHWENDUNG VON SCHÖPFERKRAFT SEIT ANBEGINN DER ZEIT

Und das gilt nicht nur für die „junge" Generation. Denn was die Kids von heute in Perfektion beherrschen, das können Erwachsene mittlerweile auch. Stundenlang werden Videos bei YouTube gesucht, Kochrezepte nachgelesen oder in dem Leben anderer Menschen bei Facebook und Instagram gestöbert. Dabei vergisst ein jeder immer wieder, dass es seine und ihre wertvolle Lebenszeit ist, die gerade ganz massiv verschwendet und vergeudet wird.

Eine echte Tragödie, wenn wir bedenken, was für die meisten Menschen in den Stunden, die sie in der Welt ihres Handys verbringen, alles machbar und umsetzbar gewesen wäre. „Ach, so viel Zeit ist das ja gar nicht!", magst Du nun vielleicht als Gegenargument einwerfen. Vielleicht kommt es Dir so vor. Doch eine Studie der Telefonica Deutschland Holding AG vom 27.03.2019 hat ergeben, dass das Smartphone zum Mittelpunkt des persönlichen Entertainments werden. Die Handynutzung in Deutschland kann auf eine tägliche Nutzung von 2,1 Stunden beziffert werden.

29 TAGE PRO JAHR, VERGEUDET HINTER DISPLAYS

2,1 Stunden! Das sind 14,7 Stunden pro Woche, fast 59 Stunden pro Monat und 705,6 Stunden im Jahr. Insgesamt verbringst Du also mehr als 29 Tage im Jahr durchgehend vor Deinem Handy. Tendenz massiv steigend. Und das ist nur der Durchschnitt! Stell Dir vor, dass Du einen ganzen Monat lang, ohne eine einzige Minute Schlaf, einfach untätig konsumiert hast. Diese Lebenszeit kommt nicht mehr wieder. Deine Lebenszeit, Dein wertvollster Besitzt - einfach vergeudet, einfach verschwendet.

Am 09. Januar 2007 wurde das erste iPhone von Steve Jobs erstmalig vorgestellt. Am 09. November 2007 kam es in Europa auf den Markt. Das iPhone stellte mit dem unverwechselbaren Design und der Integration von iPod und Alltagstauglichkeit einen Meilenstein in der Entwicklung der Smartphones dar. Mehr als zwölf Jahre sind seitdem vergangen. Im Umkehrschluss bedeutet das, dass die meisten Menschen seitdem im Durchschnitt ein ganzes Jahr lang nur vor ihrem Handy saßen.

Wenn ich länger als einen Moment darüber nachdenke, was in einem Jahr (ohne Schlaf!!) alles umsetzbar, möglich und machbar wäre, wird mir direkt schlecht. Denn die meisten Menschen verstehen es einfach nicht. Sie beklagen sich darüber, dass sie zu wenig Zeit haben und schreiben wenige Augenblicke später eine Nachricht bei WhatsApp oder posten eine Story über ihr Mittagessen bei Instagram. Ablenkung und maximale Defokussierung in der reinsten Form.

Wir haben nicht zu wenig Zeit, wir haben nur zu wenig Fokus!

KAPITEL 4.1

Du BIST DER **ARCHITEKT** *Deines Lebens*
- AUCH OHNE STUDIUM

Verstehst Du nun etwas besser, was ich damit meine, wenn ich sage, dass die meisten von uns schon lange **keine** Schöpfer und Gestalter mehr sind, sondern von Tag zu Tag immer mehr und mehr zu Konsumenten und Zuschauern mutieren? Und klar, das Fernsehen gab es vorher auch schon und auch dort haben Menschen viel Zeit vergeudet. Aber Smartphones sind ein vollkommen neues Level. Denn sie sind immer und überall dabei und Apps wie Instagram oder Facebook geben uns nicht sofort das Gefühl, untätig zu sein, weil wir uns ja direkt an einer Sache beteiligen oder etwas erzeugen und gestalten.

Doch bringt uns am Ende das „Like" oder die jeweilige Follower-Zahl in den meisten Fällen eben kein Glück, kein Geld und erst recht keine echte Liebe im wirklichen Leben ein. Diese Erkenntnis kann ziemlich schmerzen und weh tun, wenn Du Dich nicht richtig auf sie vorbereitest, beziehungsweise sie nicht gänzlich umgehst.

In dem folgenden Abschnitt von „GO!" werde ich Dir verraten, wie auch Du wieder als Schöpfer und Gestalter durch Dein Leben gehen kannst, um Dir all das zu kreieren, von dem Du schon immer geträumt hast, anstatt mit Chips und Cola in den Händen die nächste Folge „Game of Thrones" zu schauen...

WERDE ZUM ARCHITEKTEN DEINES LEBENS

Hast Du Dir schon einmal Gedanken darüber gemacht, wie ein Architekt ein Haus entwirft? Was benötigt der Architekt zu allererst, was glaubst Du? Was ist die Voraussetzung, die gegeben sein muss, damit der Architekt seine Arbeit aufnehmen kann?

Und ja, diese Fragestellungen kommen vielleicht etwas plötzlich, aber nimm Dir einen Augenblick Zeit und denk einmal ganz in Ruhe darüber nach.

Das, was der Architekt benötigt, um auch nur einen einzigen Strich in seiner Zeichnung malen zu können, ist ein Bild. Ein mentales Bild, also die rein gedankliche Vorstellung von seinem jeweiligen Zielgebäude. Indem er abbildet, was er vor seinem inneren Auge sieht, entsteht eine neue Realität. Selbst der Burj Khalifa, mit über 800 Metern zum jetzigen Zeitpunkt das höchste Gebäude der Welt, musste zuvor von einer oder mehreren Personen gedanklich kreiert werden, bevor er zu Papier gebracht und dann umgesetzt werde konnte. Denn jedem großen Schaffungsprozess liegt eine elementare Regel zugrunde:

DENKBAR = MACHBAR

KANNST DU ES DIR VORSTELLEN, DANN KANNST DU ES AUCH ERREICHEN

Alles, was Du in Deinem Kopf denken und damit halten kannst, das kannst Du auch erreichen. Erst kommt die Vorstellung, dann folgt die Umsetzung und schließlich das Ergebnis in Deiner Realität.

Alles, was Du selbst in Gedanken für unmöglich und undenkbar hältst, wirst Du hingegen niemals erreichen können, da für Dich dieser Gedanke die reinste Utopie darstellt. Sollte er wider Deiner Erwartungen doch Realität werden, ist es für Dich „zu schön, um wahr zu sein". Und weil Du Deinen inneren Leitlinien treu bleiben musst und willst, sabotierst Du unbewusst all das Großartige, was Du im Außen geschaffen hast - und wirst alles wieder zerstören.

ALLES HAT EINE BEDEUTUNG - WIE DU DIR DEIN LEBEN ERSCHAFFST

Genauso wie ein Architekt an seinem Schreibtisch ein Haus entwirft, indem er die Kraft seiner Gedanken nutzt, bist auch Du ein Architekt - und zwar der

Architekt Deines Lebens. Auch Du sitzt sozusagen an Deinem „mentalen" Schreibtisch und kreierst Dir Dein Leben. Denn wir kreieren und erschaffen unsere Realität von Innen nach Außen.

Mit jedem Gedanken, jeder Idee und jedem Impuls, den Du Dir durch den Kopf gehen lässt. **Gedanken sind wirkende Kräfte** und egal wie klein oder groß ein Gedanke Dir auch erscheinen mag, er nimmt immer Einfluss auf Dein Leben und wirkt auf alle Umstände Deiner Existenz. Viele Menschen haben jahrelang **unbewusst** „Architekt" gespielt und sich ein Leben erschaffen, mit dem sie eigentlich gar nicht so zufrieden sind, wie sie es gerne wären. Wenn auch Du zu dieser Gruppe von Menschen gehörst, dann kann ich Dir nur gratulieren! Vor Dir liegt eine der besten Herausforderungen Deines Lebens - schließlich bist Du eingeladen, Deinen Lebens-Architekten-Beruf ganz anders auszuüben, als Du das bisher getan hast.

Richte Deinen Fokus auf ganz andere Themengebiete, verändere Dein Mindset und arbeite beständig an der Qualität der Fragen, die Du Dir stellst und somit auch an den Gedanken, die Du tagtäglich denkst. Nur so wirst Du über kurz oder lang Deine Ziele erreichen.

DIE HOHE KUNST DES MODELLIERENS

Manchmal gibt es Seminarteilnehmer auf dem LEVEL UP YOUR LIFE, die in den Pausen zu mir kommen und mich um Hilfe bitten. Ganz oft dreht es sich dabei dann um fehlende Ziele und einen fehlenden Plan, wie diese Menschen ihr Leben neu ausrichten können. Ich liebe diese Fragen auch deshalb so sehr, weil ich in den Momenten der Fragestellung immer wieder merke, dass auch ich mir all diese Fragen zu einem bestimmten Zeitpunkt in meinem Leben gestellt habe.

Mir ging es einmal genauso wie Dir. Auch ich war auf der Suche und hatte keinen Plan, was ich machen sollte, was ich wollte oder wohin es als nächstes gehen soll. Damals begann ich damit, mich an den Menschen zu orientieren, die bereits das verkörperten, was ich noch erlangen wollte. Innere Ruhe, mentale Stärke, Gelassenheit, Authentizität oder Willenskraft waren einige dieser Punkte. Schnell begann ich, ihre Strategien und Werkzeuge zu modellieren, sie zu studieren und an mich und meine jeweilige Lebenssituation anzupassen. Denn mir war klar, dass das, was bei den großen Meistern schon funktioniert hatte, auch bei mir funktionieren würde, sofern ich mich sehr nah an ihrem Weg orientierte. Wie bei einem Kuchen backte ich also genau nach dem Rezept, was mir bekannt war, um am Ende auch genau das gleiche Ergebnis (also den gleichen Kuchen) zu erhalten, der mich so sehr fasziniert hatte - und siehe da: Es hat funktioniert!

Meine **Aufforderung** an Dich lautet also, sofern Du Dir noch kein konkretes Ziel gesetzt hast oder setzen konntest:

WÄHLE WEISE - WER IST DEIN MODELL?

Ein Modell ist ein Mensch, der Dich durch seine Art und Weise zu leben fasziniert. Vielleicht in Bezug auf eine bestimmte Fähigkeit, ein Talent oder ein bestimmtes Mindset. Ein Modell ist ein Mensch, der den Weg Deines Ziels bereits erfolgreich gegangen ist und Dir daher bestens erklären kann, wie genau er oder sie es geschafft hat, so erfolgreich und effizient zu handeln und zu denken.

Findest Du im Internet Hörbücher, CDs und Bücher von Deinem Modell, dann freue Dich und hol Dir alles, was Du kriegen kannst, damit Du voll und ganz in die Materie eintauchen kannst. Ich zum Beispiel liebe es, über Biografien in das Leben, die Erfolge und in das Denken großer Persönlichkeiten einzutauchen.

Wenn die Person, die Du treffen willst allerdings rein gar nichts veröffentlicht hat, dann lade sie auf einen Kaffee oder zu einem Abendessen ein, indem Du ganz altmodisch einen Brief schreibst und ihn der Person zukommen lässt. Keiner schreibt mehr Briefe heutzutage. Damit fällst Du also sofort auf und machst schon vor der ersten Begegnung einen exzellenten Eindruck!

WELCHEN WERT GIBST DU DEINEM TRAUMLEBEN?

Die meisten Menschen sehnen sich nach einem Leben, welches alles andere als ein Durchschnitts-Leben ist. Sie wollen mehr freie Zeit mit ihrer Familie verbringen, mehr Geld haben, mehr magische Momente erleben oder auch mehr reisen können, um die Welt zu entdecken.

Doch um etwas zu erleben, was die meisten Menschen niemals erleben können, musst Du auch bereit sein, Dinge zu tun, die sonst kein anderer Mensch bereit wäre, zu tun. Ich weiß - dieser Satz klingt fast so, als würde ich Dich zu einer kriminellen Handlung anstiften wollen (was ich natürlich niemals wollen würde!). Allerdings kann ich ihn nicht anders formulieren, ohne dass seine Botschaft verzerrt wird - denn im Kern stimmt er zu 100%. Deine Aufgabe ist es, dass Du bereit bist, dann weiterzugehen, wenn andere stehen bleiben. Wenn die anderen ihr Handtuch werfen, hebst Du es wieder auf, wischst Dir den Schweiß von der Stirn und sagst:

"Jetzt erst recht!".

Du musst größer denken, mutiger sein, mehr Energie haben als jeder andere und den unerschütterlichen Willen entwickeln, all das für Dein Ziel zu tun, was für Dein Ziel getan werden muss.

MACH´S ANDERS ALS ALLE ANDEREN - UND WERDE ERFOLGREICHER ALS ALLE ANDEREN!

Von einem meiner ersten Mentoren, die mich nach meiner Verschuldung von 8,35 Millionen Euro und dem gescheiterten Selbstmordversuch an die Hand nahmen und mit zahlreichen, schmerzvollen Tritten in meinen Allerwertesten wieder zurück in das Leben beförderten, lernte ich damals ein ganz besonderes Prinzip. Es sollte eine der Säulen meines späteren Erfolgs werden, denn ich ordnete mein Denken und mein Handeln diesem Prinzip stets unter. Lange überlegte ich, ob ich es an Dich weitergeben sollte oder nicht - und habe mich letztendlich dafür entschieden. Denn es ist viel zu wertvoll und lebensverändernd, als dass ich es Dir länger vorenthalten könnte. Dieses Prinzip lautete wie folgt:

> *Brich* DIE **REGELN**, ABER *halte* DICH AN DIE **GESETZE**.

Die Regeln zu brechen bedeutet, alte und eingestaubte Meinungen, Paradigmen, Bilder und vermeintlich unverrückbare Gegebenheiten (wie zum Beispiel Aussagen wie: *"Das war schon immer so!"*) kritisch zu hinterfragen, sie neu zu beleuchten und wenn es nötig war, sie für immer zu zerstören, um einen vollkommen neuen Standard zu etablieren.

Doch um genau das zu schaffen, benötigst Du die Fähigkeit, größer zu denken als alle anderen, auch auf die Gefahr hin, als Spinner wahrgenommen zu werden.

VOM VERSPOTTETEN VISIONÄR ZUM MULTIMILLIARDÄR

Bill Gates träumte davon, dass es in jedem Haushalt eines Tages einen Personal Computer geben sollte - und wurde dafür **ausgelacht.** Damals kostete ein Computer ein Vermögen und nur Nerds und Superfreaks kannten sich gut genug mit der Technik aus, um einen handelsüblichen Computer, wie er auf dem Markt zu erwerben war, überhaupt einrichten zu können und ihn anschließend auch sinnvoll zu nutzen. Für einen normalen Menschen mit normalem Einkommen schien allein der technische Aspekt vollkommen surreal.

Einige Jahre später befindet sich in fast jedem Haushalt auf dieser Welt ein Computer. Wiederum weitere Jahre später gleich mehrere, sowie Tablets, Smartphones und andere Geräte, die den Alltag eines jeden entsprechend vereinfachen können. Gates brach ein gesellschaftliches Gesetz, indem er einen vollkommen neuen Denkansatz vertrat - und egal wie stürmisch es war, an seiner Vision festhielt.

WELCHE REGEL WIRST DU BRECHEN? SPRENGE DEINE GRENZEN!

In Bezug auf Dich und Dein Leben muss das nun nicht bedeuten, dass Du der nächste Bill Gates sein sollst (was Du vielleicht ja auch gar nicht sein willst), sondern dass Du genau so wie er ebenfalls beginnst, bestehende Regeln zu hinterfragen und auseinander zu nehmen.

Vielleicht lautete eine Regel Deines Lebens, dass Du die Hausfrau bist und Dein Mann das Geld verdient. Brich die Regel und verfolge Deine Lebensträume! Werde aktiv und probiere Dich aus. Entdecke Deine Fähigkeiten und mach Dich auf den Weg in Deine wahre Größe!

Es könnte auch die Regel in Deinem Leben bestehen, dass Du als Sohn eines Landwirtes den Betrieb Deines Vaters eines Tages übernehmen und sein Erbe antreten sollst. Tief in Dir spürst Du allerdings, dass das gar nicht Deiner wahren Passion und Deinem wahren Wesen entspricht. Also brich die Regel und erkläre Deiner Familie, dass sie nicht mehr mit Dir rechnen können, weil Du Deinen eigenen Weg gehen willst!

GESETZESTREUE REGELBRECHER

Sich trotzdem an die Gesetze zu halten heißt, dass Du bei all Deinen Vorhaben **keinem** anderen Menschen Schaden zufügst, den Du ganz aktiv und bewusst herbeiführst. Das bedeutet, dass Du keiner Menschenseele Gewalt antust, um selbst eine bessere Ausgangslage zu haben oder Dir einen Vorteil zu verschaffen. Man kann sagen, dass Du Dich bei allen Aktionen ganz einfach an unser Grundgesetz halten musst.

Dass Du, wenn Du die ein oder andere Regel brichst, natürlich aneckst und auch die Gemüter einiger Menschen darunter leiden werden, das sollte Dir auf jeden Fall klar sein. Denn wenn Dein Vater ein stolzer Landwirt ist, der seinen Freunden seit Jahren erzählt, dass Du als sein Sohn den Betrieb weiterhin voranbringen wirst und euer Hof als einer der wenigen noch "Zukunft" hat, dann wird es ihm im ersten Moment sicherlich sehr schwer fallen, Dir zu Deiner Entscheidung zu gratulieren. Doch da musst Du dann durch. Das ist **nicht Dein Thema,** sondern das Deines Vaters.

DU BIST DER WICHTIGSTE MENSCH IN DEINEM LEBEN - ALSO HANDLE AUCH DANACH!

Der wichtigste Mensch in Deinem Leben bist immer Du. Und es ist alles andere als egoistisch, wenn Du Dir die Frage stellst, was Dich denn eigentlich glücklich macht und ob Du in Deinem Leben gerade überhaupt noch zufrieden bist mit dem, was Du hast, oder ob Du Dir eine Veränderung herbei sehnst. Und wenn Du feststellst, dass es für Dich an der Zeit ist, neue Wege zu gehen, um glücklich zu werden, dann musst Du genau das tun. Denn alles andere wäre für die Menschen in Deinem Umfeld unfair und ungerecht.

Denn überlege doch mal: Was wird wohl passieren, wenn Du Dein Leben lang immer nur zurücksteckst und niemals auf den Ruf Deiner inneren Stimme hörst, der nach Ausdruck schreit?

Ganz genau. Du verbitterst, wirst unglücklich, schiebst unbewusst die Schuld für Deine Unzufriedenheit zum Beispiel auf Deinen Vater, der Dich dazu genötigt hat, den Hof zu übernehmen. Du bist andauernd schlecht gelaunt und raunst Deine Freunde doof an, wenn sie mal einen witzigen Spruch machen und alle fragen sich, was denn eigentlich mit Dir los ist, obwohl sie doch gar nichts gemacht haben.

> **JEDER** IST SEINES *Glückes Schmied*.
> **ALSO RAN AN DAS EISEN!**

Indem Du Dich Deines eigenen Glückes beraubst, raubst Du auch den Menschen, die Dir lieb sind, ein Stück vom Glück. Denn wenn Du selbst unglücklich bist, wie willst Du dann anderen Menschen Glück weitergeben können? Nur wenn Du Dich um Dich selbst kümmerst, Dich Dir selbst zuwendest und dafür Sorge trägst, dass es voran geht in Deinem Leben, kannst Du auch ein Überbringer von Glück im Leben anderer Menschen sein.

Und davon gibt es viel zu wenig.

VOM TRAURIGEN SCHICKSAL GESCHEITERTER EXISTENZEN

Um noch einmal zurück auf das Bild des Lebensarchitektens zu kommen, habe ich noch ein wunderbares Bild für Dich vorbereitet. Die meisten Menschen folgen niemals ihrer Intuition, weil sie ängstlich sind, zu viel konsumieren und niemals gelernt haben, ihr Potential auf die Straße zu bringen. Und trotzdem wollen auch sie Lebensarchitekten sein, die das schönste Haus der Stadt besitzen, da sie sich davon Bewunderung und Liebe im Außen versprechen.

Sie bauen ihr durchschnittliches Lebenshaus auf und merken irgendwann, dass andere Häuser deutlich größer, höher und schöner sind und sie fangen an, die anderen Häuser **einzureißen, um selbst besser dazustehen.**

Und so beginnen sie damit, andere Menschen nieder zu machen, sie zu mobben und zu ärgern. Sie schreien rum und klagen an, nur um anderen Menschen ein schlechtes Gefühl zu geben. Diesen Menschen fehlt es an Selbstliebe, Selbstwert und Selbstvertrauen in jeder Hinsicht, denn wenn sie innerlich ausgeglichen und vollkommen angekommen wären, hätten sie eine solche destruktive Verhaltensweise gar nicht nötig. Weil sie süchtig sind nach dem Respekt und der Anerkennung anderer Menschen, können sie jedoch nicht anders.

Vielleicht kennst Du genau diesen Schlag Mensch. Solche, die sich auf Kosten anderer profilieren und damit besser dastehen wollen als ihre Mitmenschen, nur um bewundert, anerkannt und beklatscht zu werden.

DIE WAHRE KUNST EINES ERFÜLLTEN LEBENS

Doch es gibt noch einen zweiten, deutlich gesünderen Weg, den Du wählen kannst, um eines der schönsten Häuser der Stadt als „Lebensarchitekt-Next-Level" zu entwickeln. Denn anstatt andere Häuser (und Menschen) klein zu machen, fängst Du erst einmal nur bei Dir selbst an. Du fokussierst Dich nur auf Dein eigenes Wachstum und den **Ausbau Deines Hauses** und bildest Dich weiter. Somit wächst Dein Gebäude immer weiter und jeden Tag wächst es ein Stück weiter in die Höhe.

Irgendwann stellst Du vielleicht überrascht fest, dass Du die meisten anderen längst überragst und anstatt Dich darüber zu freuen, was für ein geiler Typ Du bist, streckst Du anderen Menschen die Hand aus. Du reichst ihnen die Hand, um sie mit nach oben zu ziehen, ihnen die Aussicht zu zeigen und anschließend zu erklären, wie auch sie es schaffen können, soweit nach oben zu gelangen. Das ist die wahre Kunst eines erfüllten Lebens.

ALLES WIRD MEHR, WENN DU ES TEILST

Und weißt Du, was das Beste ist? Indem Du anderen Menschen erklärst, wie Du es geschafft hast, Dein Haus so groß werden zu lassen, wächst das Haus der anderen UND Dein eigenes immer weiter in den Himmel – wie aus Zauberhand!

Denn immer dann, wenn wir anderen etwas erklären und näher bringen, bilden auch wir uns weiter. Vielleicht hast Du in der Schulzeit mal die Erfahrung gemacht und weißt, was es bedeutet, anderen Nachhilfe gegeben zu haben. Indem Du anderen, oftmals jüngeren Schülern vermeintlich leichten Stoff beigebracht hast, hast Du ihn auch immer wieder neu für Dich selbst trainiert und verinnerlicht und wurdest sicherer, besser und gefestigter. Du wurdest dafür bezahlt, dass Du Dich selbst noch weiter verbessern konntest.

Vielleicht hast Du jetzt eine leise Ahnung, wieso es für tausende Menschen überall auf der Welt so bereichernd ist, Coach zu sein.

KAPITEL 4.2

SCHRITT FÜR SCHRITT ZUM ZIEL
– WIE DU SELBST DIE **GRÖSSTEN TRÄUME** *wahr* WERDEN LASSEN KANNST

„Wie isst man einen Elefanten?" - Diese Frage muss meine kleine Tochter Cayla wohl irgendwo aufgeschnappt haben, denn eines Tages beim Mittagessen traf sie mich wie aus heiterem Himmel. Diese Momente, in denen Dich große Kinderaugen erwartungsvoll anschauen, mit dem tiefen Vertrauen darin, dass

Mama und Papa auf alles immer eine Antwort parat haben, Du dann aber leider alles andere als eine clevere Lösung hast, sind für mich immer wieder spannende Augenblicke des Vaterseins. Dabei muss ich ehrlich gestehen, dass ich die Herausforderung sehr liebe, mir innerhalb von wenigen Sekunden etwas passendes als Antwort einfallen lassen zu müssen.

Also tat ich zunächst das, was ich auch in meinen Seminaren und im Rahmen des Level up your Life´s tue, wenn ich mal nicht genau weiß, was ich unmittelbar auf eine Frage antworten soll - ich stelle eine Gegenfrage.

„Na was glaubst Du denn, wie man einen Elefanten isst?" Stille. Nachdenkliche Blicke. Nach einem kurzen Augenblick kratzt Cayla frustriert mit der Gabel über ihren Teller und gibt mir damit unmissverständlich zu verstehen, dass sie keine genaue Idee hat. „Aber Elefanten sind ja so groß...", murmelte sie noch und genau in diesem Moment machte es bei mir „Klick". Denn auf einmal erinnerte ich mich an zahlreiche Momente aus den Coachings, die ich mit Sportlern, Vorständen von Dax-Unternehmen, Schauspielern und Personen der Öffentlichkeit bereits hunderte Male durchgespielt hatte, weil sie ebenfalls eine „Elefanten-Problematik" aufwiesen.

Um kurz etwas präziser zu werden: Unter einer gewissen „**ELEFANTEN-PROBLEMATIK**" verstehe ich eine Situation, in der ein Ziel **so groß und unerreichbar scheint**, dass Du nicht genau weißt, wie und wo und womit Du als erstes anfangen sollst. Genauso wie bei der Frage: „*Wie isst man einen Elefanten?*".

WIE EIN STRASSENFEGER DIR BEI DER ERREICHUNG DEINER TRÄUME HILFT

In meinen Coachings höre ich immer wieder die Aussage, dass ein großes Ziel nach einer gewissen Zeit demotiviert, da es unerreichbar scheint. Und vielleicht geht es auch Dir so, dass Du von Deinem Haus am See, Deiner eigenen CD oder einem Supersportwagen und dem Gefühl, endlich ganz anzukommen im Leben zwar träumst, jedoch keinen Plan hast, wie Du das alles überhaupt erreichen sollst. Nach einigen Wochen sitzt Du dann depressiv in Deinem Sessel und fragst Dich, was eigentlich gerade mit Dir los ist. Kennst Du das?

Schluss damit!

Ich zeige Dir, wie Du selbst die ganz großen Ziele in Deinem Leben erreichst.

Beppo ist Straßenfeger und kehrt regelmäßig große, lange und unendlich viele Treppenstufen von unten nach oben. Denn Beppo ist ein ganz besonderer Straßenfeger und kehrt unter anderem die Treppenstufen vor dem Museum in Philadelphia, die Silvester Stallone im ersten Rocky-Film von 1976 hoch motiviert hoch läuft, um dann anschließend in der weltberühmten Szene seinen Arm in den Himmel zu strecken. Was meinst Du, wie fühlt sich Beppo, wenn er früh morgens mit seinem Besen und seiner Tonne am Fuße der Treppe steht und die endlosen Stufen hinauf blickt? Wahrscheinlich etwas weniger motiviert, als es Rocky war - wahr oder wahr?

STUFE FÜR STUFE UND SCHRITT FÜR SCHRITT

Doch Straßenfeger Beppo hat mit den Jahren eine wunderbare Strategie entwickelt. Denn anstatt die ganzen Treppen auf einmal zu betrachten, schaut er nur von Stufe zu Stufe. Zwar weiß er ganz genau, dass es sein Ziel ist, zu einem bestimmten Zeitpunkt, ganz oben angekommen zu sein. Doch blickt er auf dem Weg dorthin immer nur von Stufe zu Stufe. Und so kehrt er tagein tagaus die Stufen der Treppe vor der Bibliothek in Philadelphia und macht alles einfach **Schritt für Schritt.** Immer weiter. Konsequent und unerschütterlich.

Das Ergebnis dieser Verhaltensweise ist, dass Beppo nach jeder Stufe ein Erfolgserlebnis verspürt, weil er wieder eine weitere Stufe geschafft hat. Seine Motivation steigt immer weiter an und er wird von Stufe zu Stufe motivierter und energiegeladener, bis er endlich ganz oben steht und den Ausblick genießen kann.

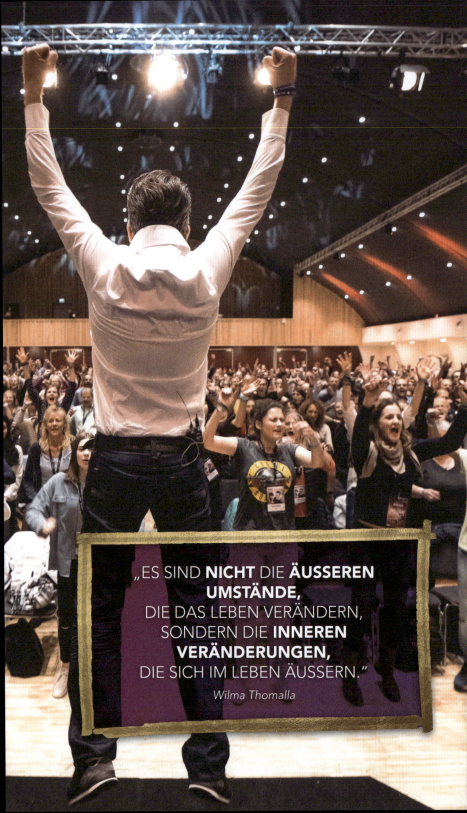

MIT DER SALAMI-TAKTIK ZUM VERDAUTEN ELEFANTEN

Beppos Strategie auf den Elefanten angewendet, bedeutet, ihn Stück für Stück zu verdrücken. Wie bei einer großen Salami, die Du im Ganzen beim Fleischer in der Auslage finden kannst. Die wirst Du auch nicht einfach auf einmal essen können. Aber wenn Du sie Schritt für Schritt, Scheibe für Scheibe aufteilst und zerkleinerst, wirst Du bemerken, dass Du schneller am Ziel bist, als Du es Dir anfangs vorgestellt hast. Vielleicht hast Du bereits von dieser Taktik gehört. Man bezeichnet sie auch als Salami-Taktik.

„Ich esse den Elefanten genau wie Beppo und eine Salami!", rief Cayla, lächelte über das ganze Gesicht, schob den Teller zur Seite und sprang auf, um wild vor Freude durch den Flur zu hüpfen.

Kurz dachte ich darüber nach, ihr noch mal die genauen Zusammenhänge zu erklären. Allerdings hielt ich inne bei dem irrwitzigen Gedanken daran, dass es morgen Nachmittag an vielen Mittagstischen in Gifhorn sicherlich jede Menge Spaß geben würde, wenn meine Tochter ihre neuesten Erkenntnisse am nächsten Tag im Kindergarten mit all ihren Freunden teilen würde - und behielt meine Verbesserungen lieber für mich.

... UND WAS IST DEIN NÄCHSTER SCHRITT AUF DEM WEG ZU DEINEN ZIELEN?

Im Gegensatz zu meiner vierjährigen Tochter solltest Du die Salami-Taktik und Beppos Straßenfeger-Methode besser gut verstanden haben und auf Dein Ziel anwenden können, denn sonst hat Dir dieser kleine Exkurs herzlich wenig gebracht.

Ein großes Ziel erreichst Du am ehesten dann, wenn Du es auf viele kleine einzelne **Etappenziele** herunter brichst und diese Stück für Stück in Angriff nimmst. Den Mount Everest besteigst Du ja auch nicht an einem Tag, sondern wagst Dich in Etappen und einzelnen Abschnitten vor.

Wenn Du also ein großes Ziel vor Augen hast, frage Dich konsequent und immer wieder, wie der nächste Schritt aussehen könnte. Was ist das nächste fehlende Puzzleteil und wie kannst Du es schnellstmöglich erreichen? Erinnere Dich an die weise Entscheidung, Menschen zu fragen, die den Weg bereits vor

Dir gegangen sind. Erkundige Dich bei ihnen nach ihren Tipps und Strategien und Tagesplänen und modelliere diese anschließend. So wirst auch Du Dich immer schneller und immer leichter Deinem „Endziel" annähern können und von Schritt zu Schritt immer mehr Energie aufbringen können. Es entsteht ein **Flow-Moment,** der Dich wahrlich fliegen lässt und Dich dabei unterstützt, Deine Ziele zu erreichen. Stell Dir dabei immer wieder die Leuchtturmfrage aus Kapitel 1.5: *„Bringt mich das, was ich gerade tue, meinem Ziel wirklich näher?".*

Alles, was Du dafür brauchst, sind **Willensstärke**, **Unerschütterlichkeit** und **eiserne Disziplin.** Und ja, auch wenn Du Dich nun vielleicht über meine Aussage wunderst, so weiß ich, dass diese Eigenschaften auch in Dir verborgen sind, selbst wenn Du bislang der größte Schlendrian aller Zeiten gewesen sein solltest. Du fragst Dich, warum ich mir da so sicher sein kann? Das will ich Dir gerne erklären.

AUCH DU WARST EINST EIN MINI-MACHER MIT GIGANTISCHEM ERFOLG

Wenn Du das hier liest, dann kannst Du lesen. Wenn Du das hier im Hörbuch hörst, dann kannst Du mir folgen und aufmerksam zuhören, was nicht weniger bedeutend ist. Du hast wahrscheinlich unsere Sprache gelernt und in den ersten Jahren Deines Lebens auch das Laufen und das Sprechen. Und alleine damit hast Du Unvorstellbares geleistet. Denn das, was Babys zu Beginn ihres Lebens an Energie aufwenden müssen, um Laufen zu lernen, ist so intensiv und so herausfordernd für diese kleinen Geschöpfe, dass Du zu keinem späteren Zeitpunkt in Deinem Leben jemals wieder so sehr gefordert werden wirst, wie damals. Und das ist schade. Denn jeder von uns hatte damals diesen Hunger und diesen Fokus in sich.

Babys schauen sich so lange alles ab und machen alles nach, bis es endlich funktioniert.

Oder hast Du schon von einem einzigen Baby auf dieser Welt gehört, das nach dem dritten, vierten oder fünften Mal Hinfallen gesagt hat: *„Okay Leute ich bin raus, das ist ja mal mega frustrierend hier, ich hab keinen Bock mehr!!"* ?!

Wahrscheinlich nicht. Es liegt in der Natur des Menschen, zu wachsen und die eigenen Grenzen zu sprengen, sich selbst herauszufordern und Neues zu entdecken, immer weiter zu machen und erst dann aufzugeben, wenn er am Ziel angekommen ist.

ALLES IST MÖGLICH, ES GIBT KEINE GRENZEN!

Edison erfand die Glühbirne, Einstein die Relativitätstheorie, Walt Disney erfand Mickey Mouse und Paul McCartney und Co. gründeten die Beatles. Sie alle hatten große Träume und sie alle haben ihre Träume niemals aus den Augen verloren und genau deshalb die Welt verändert.

Große Träume werden wahr, indem Du groß denkst. Das habe ich Dir bereits erklärt. Nur was Du Dir vorstellen kannst, kannst Du auch erreichen. Also überdenke Deine Ziele nochmal. Wahrscheinlich hast Du sie viel zu **klein** angesetzt und ausformuliert.

Meine Tante pflegte immer zu sagen: *„Wenn der liebe Gott wüsste, was Du Dir für Ziele im Leben setzt, würde er sich vor Lachen kaum einkriegen können!"* - und lange Zeit hatte sie Recht damit. Heute bin ich fest davon überzeugt, dass aus dem Lachen ein anerkennendes Nicken geworden ist. Doch geht es an dieser Stelle nicht um meine Ziele, sondern nur um Deine. Und egal wie groß sie sind, auch darum, dass Du den festen Glauben entwickelst, sie zu erreichen.

NUR DIE, DIE AN **WUNDER** *glauben*, *werden* WUNDER **ERLEBEN**.

Glaubst Du an Wunder? Glaubst Du an die Großartigkeit des Lebens? Es ist wirklich niedlich wie manche Menschen kopfschüttelnd die Nase rümpfen und abwinken, wenn ich auf der Bühne davon berichte, dass ich die Wunder des Lebens als meine Freunde bezeichne, denn ja, in meiner Welt gibt es sie wirklich. Doch manch einer von uns denkt tatsächlich noch immer, dass es Wunder nicht gibt.

Dabei scheinen diese Personen nicht zu bemerken, dass sie sich auf einem runden Ball befinden, der fast ausschließlich aus Wasser besteht, irgendwo im Universum rumschwebt, einen gigantischen Feuerball aus Gas umkreist und einen Mond um sich herum hat, der tagtäglich abermilliarden Tonnen von Wasser bewegt. Die meisten Menschen merken niemals, welches Wunder Frauen vollbringen können, indem sie der Welt neues Leben schenken. Welches Wunder in einer aufblühenden Knospe, in den immer wieder grünwerdenden Laubbäumen oder der Tierwelt steckt, die sowieso so viele Geheimnisse in sich trägt, dass wir Menschen sie niemals alle erforschen können.

Manchmal frage ich mich, wie man nur so ignorant sein kann und inmitten von all dieser Magie auch nur eine Sekunde lang denken können, dass es keine Wunder auf diesem Planeten gibt. Es ist mir immer wieder aufs Neue ein Rätsel. Oder wie siehst Du das?

➤ Was denkst Du in Bezug auf Wunder? Deine Meinung interessiert mich! Schreib mir dazu gerne einen Kommentar unter meinen letzten Post auf Instagram (@damianlifecoach).

KAPITEL 4.3

DIE ULTIMATIVE **ANLEITUNG** ZUM ANKOMMEN: **DREI SÄULEN** DER *Umsetzung*

Wunder hin oder her, das worauf es natürlich immer noch am meisten ankommt ist, dass Du nach dem Lesen von „GO!" auch aktiv wirst, raus gehst, Dich zeigst und Deinem Leben die Krone aufsetzt. Denn ansonsten habe ich hier meine Arbeit nicht richtig getan. Schließlich ist Dein Erfolg und Deine Erfüllung meine Mission. Deswegen bin ich angetreten und auch nur aus diesem Grund schreibe ich diese Zeilen.

Daher findest Du in fast jedem Kapitel sogenannte „**AKTIVIERUNGS-TOOLS**", die Dir dabei helfen, in die Handlung und Umsetzung zu kommen. Wir haben bereits über die ADAI-Methode, die Ein-Schritt-Methode zum Glück oder Dein Warum gesprochen - und nun werden wir dem Ganzen eine weitere Facette hinzufügen. Der Umsetzung oder dem Machen an sich gehen nämlich immer (und zwar wirklich immer!) die folgenden drei gleichen Schritte voraus.

DIE DREI SÄULEN DER UMSETZUNG

Ich bezeichne diese drei Schritte als die Säulen der Umsetzung, weil sie wie bei einem wunderschönen Tempel das Fundament bilden, auf dem Großes aufgebaut und erschaffen werden kann. Die drei Säulen lauten:

1. Säule: Die Entscheidung - **„Ich WILL!"**
2. Säule: Das Wissen/Die Fähigkeiten - **„Ich KANN!"**
3. Säule: Die Umsetzung - **„Ich TUE ES!"**

Und ja, vielleicht machen sie auf den ersten Blick nicht sonderlich viel Eindruck, aber warte erst einmal ab und **sei offen** für das, was ich Dir nun vorstellen werde. Denn die Voraussetzung für einen jeden erfolgreichen Veränderungsprozess ist, dass Du einen Entschluss gefasst hast. Und zwar nicht irgendwie mal eben schnell so zwischendurch, sondern klar, fokussiert und verbindlich.

EIN BISSCHEN HEIRATEN GEHT NICHT: SO TRIFFST DU ENTSCHEIDUNGEN

Ein echter Entschluss ist in Stein gemeißelt, unverrückbar und so festgelegt, dass es keine Alternative, keine zweite Option mehr geben kann, außer dass Du Dein Ziel auch erreichst. Indem Du einen Entschluss triffst, der Wirkung haben soll, brichst Du alle Brücken der Ausflüchte und Geschichten, die Du Dir erzählst, warum es jetzt leider doch nicht geht, hinter Dir ab. Einzig und allein der Weg nach Vorn, in die Veränderung und in das Wachstum, ist für Dich begehbar. Das Wort „Entschluss" ist eng verwandt mit dem Wort „Entscheidung" - und indem Du zu einer Sache „Ich WILL" sagst, triffst Du eine finale Entscheidung, die klar und deutlich ist. Du kannst schließlich nicht sagen, dass Du - wenn Du einen Heiratsantrag bekommst - nur ein „bisschen willst", wahr oder wahr?

Entweder sagst Du „Ja, ich WILL!" oder Du sagst gar nichts und hast damit eigentlich auch alles gesagt.

Eine Entscheidung symbolisiert das **Ende der Ungewissheit** und Zerrissenheit und steht damit für Klarheit, Geschlossenheit sowie Einigkeit. Das ist eine wahre Entscheidung. Und die triffst Du natürlich nur, indem Du laut sagst: „ICH WILL!" Und ja, ich kann es jetzt schon wieder aus der letzten Reihe heraus rufen hören, dass das nicht „Ich WILL", sondern „Ich MÖCHTE" heißt... Glaube mir, diese Zwischenrufe gibt es wirklich in fast JEDEM Seminar, das ich gebe, daher gehe ich auch jetzt kurz darauf ein.

MÖCHTEGERN ODER MACHER - IN WELCHEM TEAM WILLST DU SPIELEN?

Frage an Dich: In welcher Rolle erreichst Du schneller Dein Ziel. Als Möchtegern oder als Macher?

100% legen sich hier fest und würden sich für die Rolle des Machers entscheiden. Einen Möchtegern schätzt man schließlich eher als schwach, unentschlossen und windig ein, wahr oder wahr?

Macher hingegen gehen auf das Leben zu, sie machen es einfach und lassen sich nicht von wilden Zweifeln und Menschen abhalten, die ihnen reinreden wollen. Sie stehen für das, was bereits in ihrem Namen steckt: Dinge einfach zu machen.

Indem heutzutage immer noch super bewusste Mütter meinen, ihren Kindern beibringen zu müssen, dass sie „*Ich möchte*" anstatt „*Ich will*" sagen, ziehen sie eine Horde von Waschlappen heran, die später im Leben garantiert einen schweren Stand haben werden. Du denkst, ich übertreibe? Das sehe ich anders, denn oftmals sind es die kleinen unscheinbaren Nuancen, die einen gewaltigen Unterschied ausmachen. Nehmen wir einmal an, Du bist der Geschäftsführer oder die Geschäftsführerin eines erfolgreichen Unternehmens und vor Dir sitzen zwei Bewerber. Gleiche Noten, gleicher Lebenslauf, identische Kleidung und gleiche Grundsympathien - doch Du musst Dich entscheiden. Der eine Bewerber schaut Dich an und sagt: „*Ja, ich möchte gerne hier arbeiten.*" Der andere Bewerber richtet sich auf, schaut Dich ebenfalls an und sagt: „*Ja, ich WILL in ihrem Unternehmen arbeiten!*".

Welchen Bewerber würdest Du jetzt nehmen? Natürlich den Macher! Denjenigen, der es wirklich will. Warum ist das so? Weil **Energie gewinnt**. Und „will" hat mehr Energie als „möchte".

WER WIRKLICH WILL, FINDET IMMER EINEN WEG

Derjenige, der ein Ziel erreichen möchte ist nicht besonders traurig, wenn er es dann doch nicht erreicht und lenkt sich schnell ab mit Netflix und Co. Doch der, der etwas wirklich erreichen will, zerreißt sich für sein Ziel und sieht eine Welt zusammenbrechen, wenn der Plan der Zielerreichung zu scheitern droht. In der Folge entfaltet er massive Handlungen und Aktionen, um sein Ziel zu retten und einen Weg zu finden, wie es trotzdem gehen kann. Diejenigen, die wirklich wollen, finden immer einen Weg. **Das Erreichen ist für sie ein „MUSS" und kein „kann" mehr.**

ENERGIE GEWINNT! - DAS MOTTO MEINES LEBENS

Dass Energie im Allgemeinen immer gewinnt, weiß jeder, der mich schon einmal kennengelernt hat. Ich liebe Energie. Denn Energie ist die Würze des Lebens. Energievolle Menschen werden immer erfolgreicher, glücklicher und zufriedener sein, als Menschen, die rumhängen und Schluffis sind. Und das meine ich gar nicht böse, denn ich spreche lediglich aus Erfahrungen. In Bewerbungsgesprächen, Gehaltsverhandlungen oder auch in Situationen, wie einem Date, hat immer der die Oberhand, der charismatisch und energievoll ist, wahr oder wahr?

ENERGIE GEWINNT!

Ich behaupte dabei nicht, dass Energie immer nur laut sein muss. Denn manchmal gibt es auch leise und behutsame Energie. Ein Gepard zum Beispiel brüllt in den seltensten Fällen laut herum - und wenn er seine Energieressourcen zündet und los sprintet ist er immer noch ziemlich abgeklärt und bei sich. Energie an sich lässt sich allerdings leicht durch Lautstärke transportieren. Denn wenn Du im Auto sitzt und Dein Lieblingslied zufällig im Radio läuft, dann machst Du was genau?!

Richtig - Du drehst die Lautstärke auf. Denn Lautstärke ist Energie und oft (nicht immer, aber oft) hilft uns ein lautes Lied dabei, ebenfalls voller Energie und Fokus zu sein und unsere Stimmung entsprechend etwas aufzuhellen. Ein energievolles **„ICH WILL!"** ist also der perfekte Start, um in die Umsetzung zu kommen und Großes zu erreichen. Was genau willst Du jetzt also erreichen oder als erstes angehen, um die erste der drei Säulen der Umsetzung direkt einmal zu testen und auszuprobieren?

SO LÄSST DU DEINER ENTSCHEIDUNG TATEN FOLGEN

Die zweite Säule lautet: **„Ich KANN!"**. Sie definiert die Fähigkeit, den getroffenen Entschluss tatsächlich Wirklichkeit werden zu lassen. Dabei impliziert sie, dass das nötige Werkzeug und Wissen, dass Du brauchst, um Dein Ziel zu erreichen, auch wirklich vorhanden ist. Ich gebe Dir ein Beispiel: Stell Dir vor, Meister Eder will seinem Pumuckl (Du weißt schon, sein kleiner Freund mit dem roten Strubbelkopf) ein neues Bettchen bauen. Weil er gut mit Pumuckl befreundet ist und weil er ihn mag, sagt sich Meister Eder: *„Ja, ich WILL dieses Bettchen fertig bauen!"*

Als nächstes vergewissert er sich, dass er alle Grundvoraussetzungen erfüllt hat, um das Bett auch tatsächlich fertig zu stellen. Er ist Tischlermeister, der jederzeit über genügend Holz, Leim, Nägel und Farbe verfügt und Zeit hat er auch, denn es ist Wochenende. Also stellt Meister Eder voller Vorfreude fest: „Ich KANN!", ehe er zur dritten Säule der Umsetzung kommt.

Diese lautet: **„Ich TUE ES!"**.

LEG ENDLICH LOS - JETZT PACKEN WIR'S AN!

Hier geht es nun also um das angewandte Handwerk und die Umsetzung des Plans von Meister Eder. Wenn er nicht damit beginnt, sich das Holz zusammen zu suchen und die Maße zu nehmen, wird Meister Eder rein gar nichts zustande bringen. Dabei ist es vollkommen egal, wie sehr er etwas will oder wie gut er etwas kann. Im Leben geht es nämlich niemals nur um einen Entschluss oder das entsprechende Werkzeug. Schließlich kann jeder sagen, dass er etwas will und auch das nötige Wissen dazu haben. Doch nur die wenigsten kommen tatsächlich in die Umsetzung und werden aktiv. Ich gehe sogar soweit zu sagen, dass die dritte Säule die wichtigste Säule der Umsetzung ist. Denn ich liebe es, Dinge einfach zu machen. Selbst wenn Du nicht weißt, ob Du etwas kannst und auch nicht sicher bist, ob Du etwas wirklich willst - aber es dennoch machst - wirst Du immer gewinnen. Und zwar Erfahrung, Lebensweisheit und Überwindungskraft. Und davon kann man niemals genug haben.

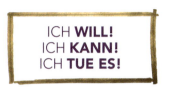

ICH WILL!
ICH KANN!
ICH TUE ES!

ALS MACHER*IN GEWINNST DU IMMER

Indem Du also einfach etwas tust, kannst Du rückwirkend die beiden anderen Säulen „nachholen". Denn Du lernst bei neuen Sachen immer etwas dazu, bekommst also das ultimative Werkzeug im Nachhinein direkt in Deine Hände gelegt und realisierst beim Tun auch, ob Dir etwas Spaß macht und ob etwas einen Sinn für Dich ergibt, oder nicht. So bist Du im weiteren Verlauf der Situation in der Lage, ganz genau sagen zu können, ob Du etwas willst oder nicht. Genial, oder!?

Die drei Säulen der Umsetzung bilden in sich einen geschlossenen Kreis. Fehlt eine der beiden ersten, herrscht zunächst eine leichte Instabilität, doch fehlt die dritte, die letzte und damit wichtigste Säule der Umsetzung (Ich TUE ES!), wird alles, was auf den beiden ersten Säulen aufgebaut wurde, sofort in sich zusammenfallen. Schluss, aus, vorbei. **Ohne Handlung kein Ergebnis.**

Die Handlung, das TUN, ist hierbei die Brücke zwischen Deiner Innenwelt (Deinen Gedanken) und der Außenwelt (Deiner Realität).

TUN steht als Akronym für: „*Trägheit unermüdlich neutralisieren*", „*Tag und Nacht*" und rückwärts gelesen „*Nicht unnötig trödeln!*"

FREUE DICH AUF DAS, WAS PASSIERT, WENN DU „JA!" ZUM LEBEN SAGST

„GO!" heißt auch deshalb „GO!", weil es Dich daran erinnern soll, Dich zu bewegen und es zu tun! Rauszugehen, Pumuckl sein verdammtes Bett zu bauen, wenn Du es ihm bauen willst und nicht mehr länger Deine Ideen und Träume auf die lange Bank zu schieben. Denn Zeit ist immer relativ und wie wir bereits in Kapitel drei herausgefunden haben, können wir uns niemals sicher sein, wie viel wir noch davon haben. Also verschwende nicht den wertvollen Moment und mach´s einfach.

Mach´s einfach, nur um zu merken, dass Du es kannst. Sprich die Frau oder den Kerl im Café doch einfach mal an. Mach den Kurs oder das Seminar doch einfach mal mit. Schau doch einfach mal, was passiert, wenn Du „JA!" zum Leben sagst. Stürze Dich auf Deine Ziele, Träume und Visionen mit allem, was Du hast. Und wenn Du mal nicht mehr weiter kannst, lies einfach den nächsten Abschnitt von Kapitel vier.

KAPITEL 4.4

WAS, WENN DIR MAL DIE **PUSTE AUSGEHT?** *Durchhalten* SPIELEND LEICHT LERNEN

Es war einer dieser Tage im Sommer, an denen die Luft über den umliegenden Wiesen flimmerte wie in den alten Westernfilmen. Ich hörte das leise Summen der Fliegen und Bienen, die Sonne schien und es war knallheiß. Es war einer dieser Tage, wo man am liebsten einfach nur am Strand eines Sees sitzen möchte - und wo saß ich? In der brühenden Hitze auf einem Pferd.

Natürlich hatte ich immer einen Helm auf, unter dem mir der Schweiß an den Schläfen herunterlief und der Sand auf dem Reitplatz war staubtrocken, was dazu führte, dass auch die Luft nicht besonders angenehm war. *„Ich kann nicht mehr!"*, brüllte ich einmal quer über den Reitplatz und ich merkte, wie ich auf dem Sattel schon hin und her rutschte, weil alles einfach nass geschwitzt war.

„KANN ICH NICHT!" GIBT ES NICHT - WIE DU EINFACH DURCHZIEHST

Mein Vater Uwe, der mich damals im Springreiten unterrichtete und selbst erfahrener Reiter war (und bis heute ist), lächelte mich an - ich konnte dieses Lächeln immer erkennen, ganz egal wie weit ich weg war - und ich senkte resigniert meinen Kopf, weil ich wusste, was dieses Lächeln bedeutete. Ich muss dazu sagen dass mein Vater als Trainer zwar hart, doch gleichzeitig immer auch herzlich war. Ich kenne keinen anderen Mann, der so ein reines Herz hat, wie mein Vater. Sein Lächeln war und ist auch heute noch ein Lächeln, was mir zu verstehen gab, dass ich zwar für mich entschieden hatte, aufzugeben, mein Vater aber bereits wusste, dass da noch mehr ging.

Also rief er mir zurück: *„Kann ich nicht, gibt es nicht! ‚Ich kann nicht mehr!' heißt ‚Ich will nicht mehr!'* - Also sag mir, warum Du nicht mehr willst, wenn Du das mit der Meisterschaft tatsächlich ernst meinst, Damian!"

Das hatte gesessen. Natürlich meinte ich es ernst mit der Meisterschaft, schließlich war ich einer der besten Springreiter in der Region und räumte an guten Tagen regelmäßig sämtliche erste Plätze auf Turnieren in ganz Niedersachsen ab. Die Pokale und Schleifen stapelten sich bereits, manche hatten wir sogar schon in Kisten auf dem Dachboden verstaut.

DAS MANTRA MEINES TRAININGS

Auf dem Treppchen ganz oben zu stehen, fühlte sich gut an. Mit dem Pferd eine Einheit zu bilden und alle anderen abzuhängen noch viel mehr. Also richtete ich mich wieder auf, nahm die Zügel in die Hand, schnalzte kurz mit der Zunge und weiter ging es. *„Jawoll, gut so!"*, rief mir mein Vater zu und aus den Augenwinkeln sah ich, wie er leicht in die Knie ging, um mich und Frechdachs (so hieß mein Pony damals) noch besser beobachten zu können. Stundenlang trainierten wir, stundenlang verbesserte ich meine Performance und stundenlang lernte ich, durchzuhalten und nicht aufzugeben. Das Motto von unserem Training war:

> **WER AUFHÖRT,** *besser* **ZU WERDEN, HAT AUFGEHÖRT, GUT ZU SEIN.**

Was, wenn Dir mal die Puste ausgeht? Durchhalten spielend leicht lernen

Hieraus sollte für mich später das **KUNEV-PRINZIP** entstehen, das ich Dir weiter hinten im Buch näher bringen werde.

Manchmal steigerte ich mich mehr und mehr in das Training und die Sprünge hinein und trieb das Pferd immer weiter an, sodass es dann mein Vater war, der mit den Worten: *„So, das reicht jetzt!"*, die Trainingsrunde beendete. Ich konnte machen, was ich wollte, mich beschweren oder reklamieren, dass ich gerade so gut reingekommen sei, aber wenn mein Vater sah, dass eine bestimmte Grenze der Belastbarkeit von Pferd oder Reiter erreicht war, war Ende.

„Um die Batterien" wieder aufzuladen, sagte mein Vater immer. Manchmal verstand ich das nicht, wollte ich doch so gerne weitermachen. Doch mit der Zeit lernte ich, dass im Sport das Maß zwischen **großer Anstrengung** und **Erholung** einer der wichtigsten Faktoren für langanhaltenden und nachhaltigen Erfolg ist.

WIE DU RUNTERKOMMST, UM ABZUHEBEN

Durchhalten und Durchziehen ist wichtig. Doch hochwertige Entspannungszeit ist noch viel wichtiger. Wenn Du es nicht schaffst, lange Zeit durchzuhalten, dann hast Du eine Herausforderung damit, zum einen Deine Kräfte vernünftig einzuteilen und zum anderen genügend Pausen einzulegen, die es Dir ermöglichen, immer weiter voller Energie und Fokus sein zu können.

Die wichtigsten Termine im Kalender eines Unternehmers sind im übrigen gezielt angesetzte Pausen. Studien haben ergeben, dass die besten Tennisspieler nicht die sind, die die beste Technik oder den athletischsten Körper haben, nein. Es sind all jene Tennisspieler, die die Fähigkeit haben, in den Spielunterbrechungen und Pausen ganz bei sich zu bleiben und tief entspannt durchatmen können. Am schnellsten runterzufahren und Kraft zu tanken ist spielentscheidend.

> *Durchzuhalten* UND *erfolgreich*
> ZU SEIN, BEDEUTET ALSO AUCH,
> **PAUSEN** ZU MACHEN.

WER DEN SCHLAF NICHT EHRT, BLEIBT DER ERFOLG VERWEHRT

Auch wenn ich in Seminaren, wie der DESTINY MASTERCLASS fünf Tage von früh Morgens bis spät in die Nacht auf der Bühne stehe und den Teilnehmern zurufe, dass Schlaf maßlos überbewertet wird (was er auch tatsächlich wird), so benötige auch ich natürlich eine gewisse Phase des „Auftankens", um wieder vollkommen fit, aufmerksam und fokussiert zu sein. Schlaf ist unverzichtbar, denn Schlaf ist ein **Lebenselixier**. Wer etwas anderes sagt oder sogar die Behauptung aufstellt, dass zwei bis drei Stunden Schlaf ausreichen würden, hat keine Ahnung.

Doch in diesem Abschnitt soll es nicht um das Thema Schlaf gehen, denn allein darüber könnte man schließlich ein ganzes Buch verfassen. Alles, was Du wissen musst ist: Schlaf ist wichtig! Also sieh zu, dass Du genügend Schlaf (7-8 Stunden pro Nacht) bekommst.

WENN ZU VIEL SCHLAF DIR LEIDEN SCHAFFT, AUFGRUND DER GROSSEN LEIDENSCHAFT

Und jetzt vergiss alles, was ich Dir gerade gesagt habe. Denn manchmal kommst Du in Deinem Leben an einen Punkt, an dem diese 7-8 Stunden Schlaf mehr Schaden als Heilung mit sich bringen. Und zwar genau dann, wenn Du Deine Leidenschaft lebst und etwas unbedingt fertig werden muss.

Wenn Du Dich verliebt hast in ein Projekt, ein Seminar, eine Aufgabe oder ein Produkt (wie zum Beispiel dieses Buch ☺) - und Du die jeweilige Angelegenheit unbedingt fertig stellen willst, dann gibt es kein Halten mehr. Denn genau dann fühlen sich die Nächte wieder exakt so unendlich lang an, wie damals, als Du als kleines Kind nicht schlafen konntest. Du lagst wach in Deinem Kinderbett, da die Vorfreude und Spannung in den Nächten vor Weihnachten, Ostern, Deinem Geburtstag oder dem Sommerurlaub so riesengroß war. Weißt Du noch?

Leidenschaft ist, wenn Du leidest, weil Du das, was Du liebst, nicht tun kannst.

DIE VERBLÜFFENDE WIRKUNGSWEISE VON GELEBTER LEIDENSCHAFT

Wenn Du Dir gerade verwundert die Augen gerieben hast und die Zeilen des letzten Absatzes zwei oder dreimal lesen musstest, um zu verstehen, was ich da hingeschrieben habe, dann sind wir bei Dir schon an der Wurzel der Grundproblematik angelangt. Denn offensichtlich hast Du keinerlei Verständnis für eine solche Situation, in der Du eben einfach einmal ein paar Nächte gar nicht zum Schlafen kommst und hast demnach eine solche Erfahrung noch nie selbst gemacht, wahr oder wahr?

Das bedeutet wiederum, dass Du Deine wahre Bestimmung und Leidenschaft vielleicht noch gar nicht gefunden hast. Denn sonst wüsstest Du genau, wovon ich hier schreibe. Dann wüsstest Du von dem Feuer der Liebe zu einer Sache, zu einer Unternehmung oder zu einem Menschen, welches so wunderschön romantisch brennt, dass Du gar nicht anders kannst, als weiter Holz hineinzuwerfen, damit es immer weiter brennen kann… und Schlaf eben auf einmal zu einer lästigen Nebensache wird.

Was Dir als entscheidende Zutat gefehlt hat, um diese Form der Begeisterung und damit auch des Durchhaltens ebenfalls in Dir zu entfachen, ist **gelebte Leidenschaft.** Etwas, das Leiden schafft, wenn Du es nicht tun kannst (zum Beispiel, wenn Du schläfst). Deine Aufgabe ist es also, Deine Leidenschaft zu finden, um permanent „on Fire" zu sein! So geht Dir auch garantiert nicht so leicht die Puste aus.

UNIVERSELLE GRUNDVORAUSSETZUNGEN DES DURCHHALTENS

Die folgenden drei Punkte sind die Grundvoraussetzungen des Durchhaltens. Sie müssen erfüllt sein, damit Du dran bleibst, durchhältst und Deine Träume wahr werden lassen kannst.

 1. Durchhalten kann nur der, der es schafft, seinen **Fokus** zu verändern und nicht über die wenigen Stunden Schlaf jammert, sondern sich über das freut, was er gerade geschafft hat. Um dies zu schaffen, ist er sich darüber im Klaren, wie er mit seiner Tätigkeit das Leben tausender von Menschen verbessern wird oder bereits verbessert hat.

2. Durchhalten kann nur der, der ganz egal wie herausfordernd ein Moment auch wirken mag, sein persönliches **Warum** niemals aus den Augen verliert. Der einfach weitermacht, sich von äußeren Ablenkungen oder Umständen nicht beirren lässt und geradlinig seinen eigenen Kurs des Herzens weiter streng verfolgt. In stetiger Gewissheit, das gesetzte Ziel zu erreichen.

3. Durchhalten kann nur der, der an die Sache, an die Idee und vor allem auch an sich selbst **glaubt**, bzw. fest davon überzeugt ist, dass er es schafft, seine Idee selbstbestimmt und unabhängig von anderen Menschen umsetzen zu können.

Falls Du gerade beim Lesen gemerkt hast, dass es da den ein oder anderen Punkt gibt, der bei Dir noch etwas Nachholbedarf aufweist, dann setz Dich zuhause in Ruhe (und ausgeschlafen) hin und gehe jeden einzelnen Punkt Schritt für Schritt noch einmal durch. Stelle Dir dabei die Frage, was konkret Du noch machen kannst, um diesen Punkt zu erfüllen oder wer Dir dabei helfen kann, dies zu tun. Hast Du das erledigt, wirst Du für Dich erkannt haben, dass Du schon viel näher am Kern des Durchhaltens bist, als Du bislang von Dir dachtest. Erinnere Dich außerdem daran, dass je größer das Warum ist, das Wie umso leichter von der Hand geht. Trainiere Dich darin, die Großartigkeit und Kraft des Warums beständig vor Augen zu haben.

... UND FÜR DEN FALL, DASS WIRKLICH GAR NICHTS MEHR GEHT: BLEIB COOL!

Geht Dir doch einmal die Puste aus und Du merkst, dass Deine Batterien vollkommen leer sind, dann bleib ganz entspannt. Denn bei allem „Energie gewinnt!"- Gerede und auch bei all der Liebe, die auch ich für mein Unternehmen und meine Tätigkeit als Coach empfinde, dürfen wir eines nicht vergessen: Unser Instrument der Umsetzung ist unser Körper.

Und unser Körper gibt uns Signale, was er braucht, damit wir das Instrument auch weiterhin langfristig „bespielen" können. Wenn Dir also die Augen zufallen und Du Schreibtischyoga betreibst (dabei legst Du stundenlang einfach den Kopf auf die Schreibtischplatte und schließt die Augen...), verurteile Dich nicht dafür und gehe nicht allzu hart mit Dir ins Gericht.

SEI ES DIR SELBST WERT UND ACHTE AUF DICH UND DIE SIGNALE DEINES KÖRPERS

Diese Anzeichen geben Dir einfach zu verstehen, dass Du gerade am Limit bist und dass Du Dich zwischendurch erholen darfst, um danach wieder fit und aufgeweckt neue, klare Gedanken zu fassen, mit denen Du viel schneller aktuelle Aufgaben bearbeiten und erledigen kannst.

Wochenlang im Büro zu leben macht keinen Sinn, wenn Du Dir klar machst, dass Du durch Übermüdung und Energielosigkeit nur noch 40 % von Deinem tatsächlichen Leistungsvermögen konstant abrufen kannst.

Zieh Dich dann lieber zurück und tue Dir und Deinem Körper etwas Gutes. Sei es Dir selbst wert, Dich gesund zu ernähren und treibe bewusst mehrmals die Woche (im Idealfall 30 Minuten am Tag) Sport, damit Du Dir selbst signalisierst, dass Dir Dein Körper ein Heiligtum ist, auf das Du angewiesen bist. Schließlich kannst Du nur durch Deinen Körper all das ausdrücken, was in Dir steckt, um eine breite Masse an Menschen zu erreichen.

Und nun: **GO!**

"Weise Lebensführung gelingt keinem Menschen durch Zufall. Man muss, solange man lebt, lernen, wie man leben soll."

Lucius Annaeus Seneca

KAPITEL 5

FÜHLE DIE *Angst* UND **HANDLE** TROTZ ALLEDEM

FÜHLE DIE *Angst* UND **HANDLE** TROTZ ALLEDEM

---

*„Mut ist kein Mangel an Angst oder die Abwesenheit von Angst.
Es ist die Beherrschung von Angst, die Kontrolle von Angst."*
MARK TWAIN

Erfolg und Glück sind für jeden möglich. Es gibt nur eine klitzekleine Sache, die den wahren Unterschied zwischen Erfolg und vermeintlichem Misserfolg im Leben von Menschen ausmacht.

Ja, Du hast richtig gehört. Eine einzige Sache entscheidet über Misserfolg oder Erfolg im Leben. Und diese eine Sache hast auch Du ganz bestimmt schon einmal am eigenen Körper erfahren.

Es ist die Fähigkeit, trotz Angst zu handeln.

KAPITEL 5.1

DER UNTERSCHIED: DAS MACHEN *erfolgreiche* MENSCHEN **ANDERS** ALS DIE ANDEREN

Menschen mit Mega-Unternehmen, die die Welt verändern und ihr jeden Tag aufs neue ihren Stempel aufdrücken, handeln trotz Angst. Influencer, die Millionen Follower in den sozialen Netzwerken haben und sich immer wieder der gesamten Welt mutwillig präsentieren, handeln trotz Angst. Politiker, Sportler,

Schauspieler und andere Menschen der Öffentlichkeit, die ein gewisses Maß an Erfolg vorweisen können, handeln trotz Angst. Und zwar immer und immer wieder.

> **DU WILLST EIN GLÜCKLICHES** *leben?* **DANN HANDLE TROTZ ANGST!**

All jene, die vor dem Gefühl von Angst zurückschrecken und faule Kompromisse der Komfortzone eingehen, befinden sich bereits auf dem Weg nach unten. Entscheiden wir uns für die Komfortzone, wählen wir eine Option, in der wir uns vermeintlich sicher und geborgen fühlen, weil wir sie schon kennen oder uns gewisse Parameter so gut bekannt sind, dass wir einschätzen können, was als nächstes passiert. Wir wissen also bereits, wie die Sache ausgehen wird und haben daher keine Angst.

Angst zu vermeiden ist eine sehr populäre Verhaltensweise in unserer Gesellschaft. Weil es den meisten Menschen viel zu gut geht und es ihnen an nur wenigen überlebenswichtigen Dingen fehlt, lernt nur eine kleine Anzahl von ihnen, sich aktiv ihren Ängsten zu stellen und durch sie hindurch zu gehen. Sie haben kein zwingendes Warum vor Augen, dass sie selbst dann handeln lässt, wenn der Bolzen steckt (zum Glück lernst Du auf den nächsten Seiten eine **Quickie-Methode** zu mehr Mut in zwei Minuten kennen!).

EIN EINZIGER KLEINER UNTERSCHIED

Denke in Gedanken einmal an eine Person, die Dir durch ihren Lebensweg, in Bezug auf ihren Mut und ihre Entschlossenheit, imponiert hat. Ein Mensch, der trotz Angst gehandelt hat und der für Dich sinnbildlich Erfolg darstellt und verkörpert. Hast Du einen gefunden? Schauen wir uns nun einmal genau an, was Dich von dieser Person **unterscheidet**.

Ganz egal, auf wen Deine Wahl gerade gefallen ist, kann ich Dir eines mit Sicherheit sagen: Dich unterscheidet nur eine einzige Sache von dieser Person: Die Fähigkeit, trotz Angst zu handeln. Und ja, ich wiederhole mich, doch ich will, dass Du es verstehst!

GLÜCKLICHE UMSTÄNDE GIBT ES NICHT!

Manch einer würde sagen, dass es gewagt von mir ist, zu behaupten, es gäbe nur einen einzigen Unterschied zwischen erfolgreichen und glücklichen Menschen und denen, die es nicht sind. „Immerhin spielt Glück ja auch noch eine Rolle!", so die Aussage von vielen. Doch weißt Du was? Glück kann man erzwingen. Doch die Grundvoraussetzung dafür lautet: **Handle trotz Angst.**

Die Form von Glück, über die ich nun spreche, hat übrigens nichts mit dem Gefühl von Glück zu tun, über das wir bereits im zweiten Kapitel gesprochen haben. Vielleicht erinnerst Du Dich an die Geschichte mit Jörg, in der ich Dir davon berichtet habe, dass Du nichts brauchst, um glücklich zu sein und es lediglich um die richtige mentale Ausrichtung geht, mit der es jeder schafft, im Hier und Jetzt glücklich zu sein.

Ich beziehe mich nun auf das Glück, das Dir in Deinem Leben im „Außen" begegnet. Damit meine ich die richtigen Geschäftspartner, passende Umstände, die eine Aktie, die durch die Decke geht, den Traumpartner/die Traumpartnerin, der eine lebensverändernde Deal, die Immobilie zum Schnäppchenpreis oder andere vermeintliche Zufälle. Dinge wie diese kannst Du ganz bewusst herbeiführen.

SO „PRODUZIERST" DU GLÜCK

Jede Form von vermeintlich glücklichen Lebensumständen kannst auch Du selbst herbeiführen, indem Du die Wahrscheinlichkeit erhöhst, ebenfalls Glück zu erleben. Diesen Satz solltest Du Dir nochmals durchlesen und achte dabei auf das Wort „Wahrscheinlichkeit":

> JEDE FORM VON VERMEINTLICH GLÜCKLICHEN LEBENSUMSTÄNDEN KANNST DU **SELBST** *herbeiführen*, INDEM DU DIE **WAHRSCHEINLICHKEIT ERHÖHST,** EBENFALLS GLÜCK ZU ERLEBEN.

Du kannst es Dir vorstellen wie mit einer Lotterie. Je öfter Du an der Lebenslotterie teilnimmst und Dich aktiv auf sie zubewegst, desto höher ist die Wahrscheinlichkeit, dass Du sie eines Tages gewinnst. Du kannst ganz bewusst also Deinen Teil dazu beitragen, dass sich das Glück in Deinem Leben zeigt.

MIT 300 DEMO-BÄNDERN ZUM SUPERSTAR

Erst vor kurzem hatte ich die Gelegenheit, einen deutschen Musiker zu treffen, der mir von seinem Weg auf die größten Bühnen des Landes berichtete. Die Wahrscheinlichkeit, dass Du ihn kennst ist hoch, denn er gehört zu den wenigen deutschen Superstars und auch er erzählte mir davon, dass er immer wieder hören würde, wie ihm die Menschen sagen, dass er einfach Glück gehabt habe. „Ich habe auch Glück gehabt", erklärte er mir dann, „doch es ist mir nicht einfach zugeflogen, denn ich habe alles dafür getan, um meinem Glück auf die Sprünge zu helfen."

Natürlich wollte ich wissen, wie er das geschafft hatte und fragte weiter nach. Seine Antwort faszinierte mich: *„Damals war es noch ganz normal, Aufnahmen von Songs auf Demo-Bändern zu verschicken und so auf sich und seine Musik aufmerksam zu machen. Während andere Musiker zehn oder zwanzig Demo-Bänder an Labels verschickt haben, habe ich mehr als 300 Demo-Bänder verschickt und Produzenten zu Konzerten von mir eingeladen, die ich damals vor vier, fünf Leuten veranstaltet habe. Das war natürlich alles super viel Arbeit, aber ich wusste immer, dass ich so aktiv die Wahrscheinlichkeit erhöhen konnte, dass jemand mein Zeug gut findet. Und irgendwann, ja irgendwann hat es dann geklappt."*

Die Frage, die Du Dir stellen solltest, lautet also:

Wann ist Dein "irgendwann"?

EINE TATSACHE, DIE IN STEIN GEMEISSELT IST

Um 300 Demo-Bänder verschicken zu können, musst Du Dich allerdings auch trauen, Dich zu zeigen. Und zwar auch dann, wenn Du Angst davor hast, dass Dich andere ablehnen, Dich schlecht finden oder verurteilen könnten.

Es bleibt also dabei, dass es entscheidend ist, genau dann zu handeln, wenn die Angst am größten ist und durch sie hindurch zu gehen. Die Angst zu überwinden, ausgelacht zu werden, zu scheitern, sich zu blamieren, schlecht dazustehen, abgelehnt zu werden, Geld zu verlieren oder generell etwas falsch zu machen ist der Schlüssel zum Glück. Angst, die Dich im Griff hat und erstarren lässt, ist der größte Traumkiller aller Zeiten. Lass nicht zu, dass sie auch Deine Träume vernichtet.

Du wirst niemals "bereit" sein und das ist gut so!

Wenn Du die letzten Zeilen gelesen hast, dann weißt Du, dass Du „lediglich" trotz Angst handeln musst, um all Deine Träume zu erreichen, wahr oder wahr? Du musst „lediglich" die Angst überwinden, Dich bei einem Casting anzumelden, bei Investoren vorzusprechen, Geschäftspartner für Dich zu gewinnen, Dich selbst, Deine Dienstleistung oder Deine Produkte clever zu vermarkten, Dich mit Deiner Leidenschaft der Welt zu präsentieren und mutig die Bühnen der Welt zu betreten.

Das spannende daran ist, dass Du Dich niemals bereit dazu fühlst, Ängste zu überwinden. Denn das ist ja das interessante an Ängsten. Sie ploppen auf, bilden eine mentale Barriere und Deine Aufgabe ist es, sie zu überwinden. Ängste haben alle, auch ich. Auch all die, denen Du bei Instagram folgst und die so wunderschöne Fotos posten. Einzig und allein der Umgang mit der Angst ist entscheidend.

DIE BESTE SCHLECHTE GUTE NACHRICHT DEINES LEBENS

Die gute Nachricht ist, dass es Dir an nichts weiter fehlt. Du hast alles, was Du brauchst. Die schlechte Nachricht ist demnach auch, dass es Dir an nichts fehlt. Du hast alles, was Du brauchst.

Warum schlecht? Ganz einfach. Wenn Du alles hast, was Du brauchst, um durchzustarten, gibt es **keine Ausreden** mehr. Du kannst die Schuld an Deiner aktuellen Situation, Deines durchschnittlichen Daseins oder Deiner Untätigkeit nicht mehr auf andere schieben. Du kannst nicht mehr sagen, dass dies oder das dazu geführt hat, dass Du immer noch zuhause sitzt, anstatt in New York eine Modenschau mitzulaufen. Du kannst nicht mehr sagen, dass es fehlendes Geld, persönliches Wohlbefinden, Krankheit oder schlechtes Wetter war, was Dich davon abgehalten hat, Deine Träume zu verwirklichen. Nein!

Tief in Deiner Innenwelt weißt Du ab heute, dass Du es nicht geschafft hast, trotz Angst zu handeln! Und dieses Gefühl ist markerschütternd. Denn es führt Dir hart und unverblümt vor Augen, woran es tatsächlich liegt und dass **nur Du** daran etwas ändern kannst.

DEIN UNSCHLAGBARER VORTEIL

Das Gute ist, Du hast einen riesigen Vorteil. Denn Du bist nicht allein. Du hast „GO!" an der Hand und kannst damit auf wertvolles Wissen zurückgreifen, was sich die meisten Menschen da draußen über viele Jahre und mit noch viel mehr schmerzhaften Momenten hart erarbeiten und antrainieren müssen. Du kannst dieses Wissen jetzt gezielt und fokussiert für Dich nutzen und einsetzen, um Schritt für Schritt immer **mutiger** zu werden und in der für Dich richtigen Geschwindigkeit Deiner Angst entgegen zu treten, sie zu fühlen und trotzdem zu handeln.

WERDE ZUM MEISTER DES HATRA

Es ist also nicht wichtig, woher Du kommst, wie viel Geld Du hast oder wie clever und intelligent Du bist. Es ist genauso unwichtig, wie viele Kontakte Du hast oder wie lange Du Dich schon mit Persönlichkeitsentwicklung beschäftigst. Um Erfolge zu feiern und Großes zu erreichen, musst Du lediglich eines sein: Ein wahrer Meister des **HATRA**. HATRA steht hierbei nicht für eine japanische Kampfkunst (auch wenn es natürlich sehr stark danach klingt), sondern ist vielmehr die einfache Abkürzung für das **HA**ndeln **TR**otz Angst.

Damit aus Dir innerhalb kürzester Zeit ein Meister des HATRA werden kann, müssen wir allerdings zunächst verstehen, was Angst eigentlich ist, wie sie entsteht und woher sie kommt. Denn je besser Du den „vermeintlichen" Gegenspieler Deines Erfolges kennst, desto besser kannst Du Dich auf ihn vorbereiten. Und damit Du für die Zukunft gewappnet bist und ebenfalls große Erfolge feiern kannst, gehen wir genau dieses Thema im nächsten Abschnitt des Kapitels an.

KAPITEL 5.2

DER **VOLLE-HOSE-EXKURS:** WAS IST EIGENTLICH *Angst?*

Ängste sind facettenreich. Es gibt die Angst vor Verlust, die Angst vor der Dunkelheit, Ablehnung oder Peinlichkeiten. Doch jede Form von Angst entsteht aus den zwei Urängsten, die jeder Mensch in sich trägt. Jeder. Auch ich und auch Angela Merkel, die Queen, der Papst, Michael Jackson oder Madonna. Sie alle haben oder hatten diese beiden Urängste:

> **1.** Die Angst, nicht geliebt zu werden
> **2.** Die Angst, nicht gut genug zu sein

Diese beiden Urängste sind in jedem von uns Menschen fest verankert, da sie zu einer bestimmten Zeit in unserem Leben überlebenswichtig für uns waren.

DER URSPRUNG UNSERER BEIDEN URÄNGSTE

Was passiert mit einem Baby, das von seiner Mutter oder seinem Vater nicht geliebt wird? Richtig - es wird abgelehnt. Und Ablehnung bedeutet für ein Menschenkind im Baby-Alter **den Tod**, denn es kann sich schließlich nicht alleine versorgen. Auch die Angst, nicht gut genug zu sein, ist in jedem von uns fest etabliert, denn nicht gut genug zu sein, steht in enger Verbindung damit, nicht geliebt zu werden.

Viele Kinder werden über ihre soziale Prägung dahingehend konditioniert, dass sie bestimmte Umstände erfüllen müssen, um das Gefühl zu haben liebenswert zu sein. Gute Noten, gutes Benehmen und gute Manieren waren und sind für viele Eltern Grund für Freude und Zufriedenheit. Das Kind wird gelobt und geliebt. Wurden diese Bedingungen nicht erfüllt, gab es in vielen Haushalten Spannungen, Drohungen, Bestrafungen und manchmal sogar körperliche Gewalt, welche mit Liebe herzlich wenig zu tun hat, wahr oder wahr?

Die Message, die das Kind beim Heranwachsen lernt, lautet:

„Sei so, wie Deine Eltern es erwarten und sie lieben Dich! Pass Dich an und es geht Dir gut! Bist Du nicht so, wie die anderen es erwarten, bedeutet das **die Erfahrung von emotionalem Schmerz!"**

Das Gute ist, wenn Du diese Zeilen liest bist Du nicht mehr auf Deine Eltern angewiesen, zumindest nicht in der Form, dass sie Dir Dein Überleben sichern müssten. Und auch die Gunst oder Liebe Deiner Eltern ist nicht mehr relevant für Dein physisches Überleben, schließlich bist Du nun selbst erwachsen und gründest vielleicht bald Deine eigene Familie oder hast längst schon eine.

> DEIN PHYSISCHES ÜBERLEBEN
> **IST GESICHERT**
> UND DAMIT *bist Du frei!*

Doch zurück zu unserer eigentlichen Ursprungsfrage dieses Kapitels: Was ist eigentlich Angst!?

DARF ICH VORSTELLEN? DAS IST ANGST!

Angst an sich unterliegt einer **einfachen Definition:**

> DENN IM KERN IST *Angst* NICHTS ANDERES, ALS DIE
> **GEDANKLICHE ERWARTUNG**
> DER EMOTION *Schmerz* IN DER
> **ZUKUNFT.**

Damit ist klar: **Ängste sind nicht echt.** Sie sind lediglich das Produkt unserer Gedanken - und damit immer personenbezogen und individuell. Deine Angst wächst und gedeiht in dem Maße, indem Du ihr den Raum dazu gibst. Und seinen Ängsten einen Raum zu geben, geht ganz leicht. Es reicht schon der Gedanke an das Scheitern von damals (also einer Niederlage aus Deiner Vergangenheit), welches in Dir sofort das Gefühl von Selbstzweifel, Selbsthass, Wertlosigkeit, Wut, Ärger oder Scham aufkommen lässt.

Angst ist immer da – also mach das Beste draus!

Zu handeln trotz Angst bedeutet, sich seiner Erfahrungen bewusst zu sein, sich jedoch nicht von ihnen klein halten zu lassen. Zu akzeptieren, dass damals die Dinge vielleicht nicht so rund liefen wie geplant und sich alles mit etwas Entwicklung und Selbstreflexion verändern lässt. Glaube mir, ich habe in Bezug auf die Angst schon alles gesehen und gehört. Ganz egal, ob es die Angst ist, die aufploppt, wenn das Telefon klingelt, oder ob es die Angst ist, ein Projekt zu vermasseln, an dem ein Milliarden-Volumen hängt.

Jeder hat Ängste und dass der Mensch Angst empfindet, ist genauso normal wie die Luft zum atmen, die wir ebenfalls alle brauchen. Es gibt kein (lebenswertes) Leben ohne Angst. Verabschiede Dich also schon einmal von dem Gedanken, irgendwann angstfrei sein zu wollen. Vielmehr geht es darum, sich darin zu **trainieren, trotz Angst zu handeln.**

DIE **ANGST** IST DEIN STÄNDIGER *Begleiter* UND SOMIT DEIN **BESTER TRAININGSPARTNER** FÜR DEIN WACHSTUM!

KAPITEL 5.3

WENN DER BOLZEN STECKT: MIT DER **QUICKIE-METHODE** ZU *mehr Mut* IN ZWEI MINUTEN

Niemals könnte ich Dich dieses Buch weiterlesen lassen, ohne Dir eine Technik an die Hand zu geben, mit der Du Deine Angst immer besser kontrollieren und auch beeinflussen kannst. Denn eine „Erste-Hilfe-Maßnahme" für mehr Mut und weniger Angst ist in meiner Wahrnehmung das Wichtigste auf der Welt! Schließlich könnte es vorkommen, dass Du vielleicht gerade im Bus, Flugzeug, Zug oder Auto sitzt und neben Dir Dein absoluter Traumpartner entlang läuft, Du aber noch immer die Hosen voll hast und es nicht schaffst, Deinen Mund aufzumachen! Weil Du wieder viel zu passiv warst, machst Du Dir dann später Vorwürfe und bemitleidest Dich, da Du diese Chance Deines Lebens schon wieder vertan hast. Du wirst unzufrieden, traurig und depressiv und stirbst einsam und allein (wenn es schlecht läuft).

Grund genug also, um eine **Quickie-Methode** zu mehr Mut in nur zwei Minuten zu lernen. Wie gut, dass wir genau damit hier und jetzt sofort beginnen, Du bist ein echter Glückspilz!

SCHLUSS MIT DER STAGNATION, JETZT STARTEST DU DURCH! GO!

Angst sorgt dafür, dass wir stehen bleiben. Nicht umsonst kennt jeder den Begriff „starr vor Angst". Wie Du bereits gelernt hast, funktioniert das Leben leider anders. Denn Du musst Dich bewegen, um voran zu kommen und um auf andere Menschen und das Leben zuzugehen! Passivität und Stagnation wollen wir also schnellstmöglich umwandeln in Aktivität und Wachstum.

Was nicht wächst, stirbt ab.

Doch wann genau werden wir aktiv und erreichen großartige Fortschritte? Absolut richtig - wenn wir **voller Energie** sind. Um einen Körper voller Energie zu besitzen, kannst Du entweder jede Woche stundenlang ins Fitnessstudio gehen oder aber Du bedienst Dich weitaus smarteren Ideen und Konzepten.

DIE TRIADE, DEIN NEUER BESTER FREUND UND HELFER

Eine dieser Ideen ist das Konzept der Triade. Es besagt, dass die Nutzung Deiner

1. Tonalität (Stimme), Deines
2. physischen Körpers und Deines
3. Fokus

darüber entscheiden, wie viel Energie Du hast - und bestimmt demnach auch, wie fit Du im echten Leben bist. Dabei bedingen sich die drei Bestandteile gleichermaßen. Veränderst Du Deinen physischen Körper, verändern sich Deine Stimme und Dein Fokus gleich mit. Wenn Du also aufrecht gehst, die Brust ausstreckst, den Blick geradeaus richtest und fest entschlossen stehst, wirst Du anders sprechen und einen anderen gedanklichen Fokus haben, als wenn Du zusammengekauert in einer Ecke sitzt.

Veränderst Du Deine Stimme und sprichst lauter, mit mehr Klarheit und Energie in Deinen Aussagen, wirst Du sofort spüren können, wie auch Dein Fokus und Dein physischer Körper folgen werden. Und wenn Du Deinen Fokus neu ausrichtest und ihn auf all die Dinge richtest, die Dich glücklich machen und Dein Herz schneller schlagen lassen, kannst Du das gleiche in Bezug auf Deinen physischen Körper und Deine Tonalität beobachten. Sie gehen mit und folgen Dir.

Die Triade gibt Dir die **Kontrolle** darüber zurück, wie Du Dich fühlst und wie es Dir geht. Dabei bist ganz alleine Du dafür verantwortlich, die Triade als **Veränderungs-Werkzeug** auch zu **nutzen**. Du allein trägst dafür Sorge, Deinen Körper einzusetzen, Deinen Fokus tatsächlich zu verändern und mit Deiner Stimme zu arbeiten.

IN 2 MINUTEN ZU MEHR MUT IN DEINEM LEBEN

Stell Dir mal vor, Du liest gerade dieses Buch in der Öffentlichkeit, bist Single und entdeckst in Deiner Nähe Deinen absoluten Traumpartner/Deine absolute Traumpartnerin. Lass ruhig einmal Deine Blicke schweifen, vielleicht ist ja tatsächlich jemand dabei und Du kannst die Übung direkt live und in Farbe mitmachen! Du siehst die Energie, das Lächeln, den Style und die Ausstrahlung der Person und einfach alles ist für Dich eine glatte 10 (und das auf einer Skala von 1 bis 5!!!).

Du bist also hin und weg und merkst gleichzeitig, wie sich die ersten Zweifel in Deinem Kopf breit machen. Doch Du hast gelernt, dass Dich Deine Zweifel **nirgendwo** hinbringen werden, außer ins Unglück. Also beschließt Du, Gebrauch von einem wirklich magischem Werkzeug zu machen: Und zwar von der **Triade**.

Weil Du allerdings leicht verwirrt bist durch den Anblick dieses wirklich schönen Geschöpfes, weißt Du nicht genau, wie Du Dich am besten ausrichten solltest und wie Dein Körper, Deine Stimme und Dein Fokus am besten und am dienlichsten eingestellt werden können... Also baust Du Dir eine gedankliche Brücke als Hilfe - und Achtung! Jetzt folgt meine Ausführung für **mehr Mut in zwei Minuten!**

SUCHE DIR EIN MENTALES MUT-VORBILD

Du sitzt an einem Ort, siehst Deinen potentiellen Seelenverwandten vor Dir entlang gehen und verspürst den Drang, diese Person nun anzusprechen, da Du sie vielleicht sonst nie wieder sehen wirst und diese Chance für immer vertan sein könnte.

Um Dich nun ganz schnell mit Mut aufzuladen, stellst Du Dir in Gedanken eine Person oder ein Wesen (zum Beispiel ein Superheld) vor, die für Dich genau das verkörpert, was Du gerade vielleicht am wenigsten bist. Selbstbewusst, ausgeglichen, ruhig, voller Vertrauen in die eigene Größe und den eigenen Wert und vor allem ganz sie selbst.

AUFTANKEN AN DER MUT-TANKSTELLE

Nun verbindest Du Dich mit dem **Energiefeld** dieses Wesens oder Superheldens und fragst Dich in Gedanken, wie Dein Vorbild stehen, gehen, reden und sich verhalten würde, wenn es jetzt in Deiner Situation wäre. Wie sähe die Mimik aus, wie die gesamte Körpersprache, welche Gedanken würde diese Person oder dieses Wesen denken und wie würde sich die Stimme anhören? Diese Fragen stellst Du Dir in Gedanken und achtest darauf, welche Bilder und Eindrücke sich Dir zeigen.

Anschließend **modellierst** Du genau diese Eindrücke, indem Du die Gesten und Mimiken nachmachst. Du sprichst mit der Stimme Deines Vorbildes, Du wandelst umher mit dem Körper Deines Vorbildes und denkst die Gedanken Deines Vorbildes. Du wirst merken, dass Du anfängst, zu handeln, sofern Du Dich auf diese Übung auch einlässt. Denn Dein Vorbild, das Du Dir auserwählt hast, wird sich denken:

"Diese Chance lasse ich nicht verstreichen, koste es was es wolle. Ich muss diese Person ansprechen, sonst werde ich es für immer bereuen!"

SO GEHT MUT AUF KNOPFDRUCK

Macht sich Dein Vorbild Gedanken über eine schlecht sitzende Frisur oder einen Flecken auf der Hose? Nein, natürlich nicht! Wenn Du ganz bei der Sache bist, wirst auch Du Dich nicht von solchen Kleinigkeiten abhalten lassen und zielgerichtet auf die Person zugehen, die Dir ins Auge gefallen war und sie ansprechen. Und dann, ja dann lass die **Wunder des Lebens einfach geschehen.**

Du wirst überrascht sein, wie schnell und wie einfach auch Du Mut auf Knopfdruck in Dir kreieren kannst. Denn mit jedem Mal, mit dem Du diese Übung **wiederholst**, wird es Dir leichter und leichter fallen, Dich mit Deinem Mut-Vorbild zu verbinden, Dich in seine Energie hinein zu versetzen und schlussendlich mutig und aktiv auf das Leben zuzugehen.

KAPITEL 5.4

DIE **TRIADE** ALS *Technik der Titanen*

Mit dem Mut im Leben ist es wie mit dem Vokabeln-Lernen. Du musst gewisse Dinge wiederholen, um die Meisterschaft darin zu erlangen. Und zwar so lange, bis sie sitzen. Zu diesen Dingen zählt unter anderem auch das Konzept der Triade, von dem ich Dir eben im Kontext unserer Quickie-Methode für mehr Mut schon kurz berichtet habe.

Wie Du weißt, besteht sie aus drei Bestandteilen.

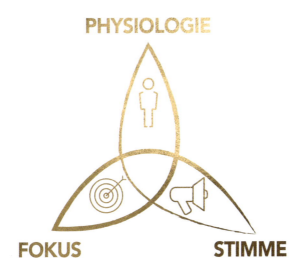

Die Triade ist dabei alles andere, als nur ein „schönes Tool", mit dem Du Dich in einen **energievollen Zustand** versetzen kannst. Sie kann Dein Leben und damit auch das Leben tausender anderer Menschen maßgeblich beeinflussen und für immer verändern, denn mit ihr an Deiner Seite handelst Du trotz Angst. Wie genau das funktioniert? Das verrate ich Dir jetzt.

DIE KLASSE, KRASSE ENERGIEMASCHINE

Falls Du bereits auf einem meiner Live-Seminare warst, wird Dir die „**KLASSE KRASSE ENERGIEMASCHINE**" garantiert im Gedächtnis geblieben sein. Denn immer dann, wenn ich das Gefühl habe, dass das Publikum etwas müde und träge wird (besonders nach der Abendbrotpause), nutze ich das Konzept der Triade, um die Energie wieder hochzufahren, indem ich die Teilnehmer eine „klasse, krasse Energiemaschine" machen lasse.

Was das genau sein soll? Eine super gute Frage. Stell Dir Folgendes vor: Markus, ein Coach aus meinem Team, steht vor der Menschenmenge, geht leicht in die Knie und streckt die Arme gerade vor sich aus. Dann hebt abwechselnd einen Arm nach oben und einen nacht unten, immer im Wechsel. Er steigert gemeinsam mit den Teilnehmern das Tempo der Armbewegung und bewegt sich wie ein Krebs laufend seitlich von links nach rechts und ruft dabei ganz laut:

"Ich bin eine klasse, krasse Energiemaschine!"

- und steigert sich dabei immer weiter, immer schneller in diese Übung mit den Teilnehmern hinein.

PEINLICH UND KITSCHIG? GENAU MEIN DING!

Die Menschen im Saal machen es Markus natürlich nach und bewegen sich ebenfalls mit, solange bis die ganze Halle lauthals brüllt *„Ich bin eine klasse, krasse Energiemaschine!!"*. Jeder Journalist oder „fremde" Besucher, der in diesem Moment einen Kopf durch die Tür in unseren Seminarraum stecken würde, wäre sich ganz sicher, dass wir alle einen an der Waffel haben. Nachvollziehbar, schließlich brüllen dort tausend Leute wild umher und machen Bewegungen, die man nicht genau identifizieren oder einordnen kann. Nach einer ganz normalen Veranstaltung sieht's während dieser fünf Minuten also nicht gerade aus…

Aber wer will schon normal sein? Womit wir beim entscheidenden Punkt angelangt wären… Denn manch einer würde die Übung der „klassen, krassen Energiemaschine" ohne, dass er sie bislang auch nur ein einziges mal mitgemacht hat, als peinlich und kitschig abstempeln.

Genau das ist das Problem der meisten Menschen, die voreilige Schlüsse ziehen und sofort Dinge im Außen bewerten müssen, ehe sie sich selbst ein Bild gemacht haben. Aufgrund eines flauen Bauchgefühls, Scham oder falscher „Coolness" berauben sie sich so einer wichtigen Lernerfahrung. In meinen Seminaren frage ich die Teilnehmer zu Beginn daher immer eine meiner Lieblingsfragen. Sie lautet:

> *„Willst Du lieber peinliche, kitschige Übungen machen und dafür ein freies und glückliches Leben führen, oder total cool sein, Dich enthalten und dafür pleite, unzufrieden und von Selbstzweifeln zerfressen sein?"*

SPÜRE MEHR ENERGIE IN DIR, ALS JEMALS ZUVOR

Die meisten entscheiden sich nach genauerer Überlegung für die erste Option - mit allen Konsequenzen. Sie bringen sich ein, machen mit, drehen voll auf, brüllen so laut sie können und merken am eigenen Körper, dass ihre Energie nach einem einzigen kurzen Durchgang der „klassen, krassen Energiemaschine" unfassbar weit oben ist.

Mit dieser Energie kannst Du Bäume ausreißen, nachts stundenlang Autofahren und dabei stets wach bleiben (Du musst nur zwischendurch anhalten und diese Übung machen) oder unliebsame Aufgaben im Nu erledigen.

EIN IMMOBILIST, DER ES EINFACH MACHT

Ein guter Freund von mir, Klemens, ist heute ein erfolgreicher Immobilieninvestor. Doch das war nicht immer so. Denn als ich ihn kennenlernte, hielt er sich mit fünf Jobs gleichzeitig über Wasser und hatte große Herausforderungen damit, seine Rechnungen zu bezahlen. Dann zeigte ich ihm das Konzept der Triade, brachte ihm einiges über den Immobilienmarkt bei und auf einmal schoss er nach oben wie eine Rakete.

Klemens berichtete mir, dass er vor jedem Bankgespräch, das er für den Kauf der Immobilien führen musste, die Energiemaschine machte. Vor jeder Immobilienbesichtigung tat er es ebenfalls, genauso wie später vor jedem Mietergespräch, jeder Preisverhandlung mit Verkäufern und jeder Renovierungsaktion mit Handwerkern, die er zeitweise für Umbauten in den Gebäuden anstellte. **Immer und immer und immer wieder!** Indem er sich immer wieder durch die „klasse, krasse Energiemaschine" mit Energie auflud, entwickelte er eine so enorme Klarheit und energievolle Präsenz, dass er anfängliche Unsicherheiten überwinden konnte und sich Stück für Stück seinen Traum von finanzieller Freiheit erfüllte. Du musst wissen, dass Klemens 56 Jahre alt ist und nicht gerade danach aussieht, als würde er ständig wild zappelnd und „Ich bin eine klasse, krasse Energiemaschine"-rufend herumhüpfen. Doch er tat es trotzdem. Heute sagt Klemens selbst, dass er ohne diese Übung niemals da wäre, wo er jetzt ist.

DIE TRIADE VERÄNDERT LEBEN

Genau das meine ich damit, wenn ich sage, dass das Konzept der Triade ein Leben verändern kann. Denn die Triade beeinflusst den Fokus, die Tonalität und den physischen Körper und damit alle wichtigen Parameter, die Dich als Menschen ausmachen. Bei der klassen, krassen Energiemaschine sprichst Du laut (Tonalität), Du bewegst Dich mit **großen Gestiken** und Armbewegungen (physischer Körper) und konzentrierst Dich darauf, immer schneller und schneller zu werden (Fokus) und kannst wieder das Leben in Deinem Körper spüren, wenn Du fertig bist.

Wenn Du es ernst meinst mit einem außergewöhnlichen Leben, dann ist es jetzt Deine Aufgabe, Dir zu überlegen, wie Du das Konzept der Triade aktiv in Dein Leben integrieren kannst. Denn mit der Triade kannst Du nicht nur zum finanziell freien Immobilsten ohne Geldsorgen werden, sondern auch mutig und entschlossen die Bühne des Lebens betreten und Dein Lied singen, mit fremden Menschen in Kontakt treten oder für Deine Ziele und Visionen einstehen. Und damit solltest Du lieber zu früh als zu spät beginnen!

AUFGEBEN KANN JEDER!

Glaube mir, ich kenne das Leben so gut wie nur wenige andere. Daher weiß ich auch:

... es ist leicht, sich schlecht zu fühlen.
... es ist leicht, schnell aufzugeben.

... es ist leicht, Geschichten zu erzählen.
... es ist leicht, sich rauszureden.
... es ist leicht, auf dem Sofa zu liegen.
... es ist leicht, stundenlang bei Instagram abzuhängen.
... es ist leicht, Dinge auf morgen zu verschieben.
... es ist leicht, nichts zu machen.

Genau deswegen machen es ja auch so viele. Viele wissen leider nicht, dass es mit der Triade genau so leicht ist, das komplette Gegenteil zu erleben. Denn wenn Du bislang dachtest, dass es schwer sei, sich sein eigenes Traumleben zu erschaffen, dann solltest Du Dir den folgenden Satz hinter die Ohren schreiben:

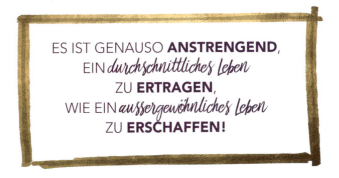

ES IST GENAUSO **ANSTRENGEND**, EIN *durchschnittliches Leben* ZU **ERTRAGEN**, WIE EIN *aussergewöhnliches Leben* ZU **ERSCHAFFEN!**

Der energetische Aufwand ist also der **Gleiche**. Wofür entscheidest Du Dich? Welchen Weg schlägst Du ein?

Wenn Du magst, schreib mir Deine Entscheidung unter meinen letzten Instagram-Beitrag und beginne Deinen Satz mit: *„Ich entscheide mich für ein G.A.I.L.es Leben"* - und ich werde Dir selbstverständlich darauf antworten! Du findest mich unter @damianlifecoach.

EIN ECHTER GLÜCKS-GARANT

Die Triade ist auf Deinem Weg in jedem Fall Dein treuer Begleiter für Lebensfreude und Glück. Denn hast Du schon einmal einen professionellen Tänzer beim Tanzen beobachtet und gedacht: *„Mann, ist der depressiv!"* Wahrscheinlich nicht. Allein durch die energievolle Bewegung (physischer Körper) hast Du sofort den Eindruck, dass die Person, die gerade tanzt, voller Energie sein MUSS.

Und damit haben wir eine weitere Besonderheit der Triade entschlüsselt! Denn sobald Du auch nur einen der drei Triade-Faktoren in Deinem Körper aktiv veränderst und beeinflusst, veränderst Du die jeweiligen anderen zwei gleich mit und somit Deinen Gefühlszustand.

VERÄNDERST DU EINS, VERÄNDERST DU ALLES

Bist Du zum Beispiel ein Tänzer, der gerade traurig ist und sich niedergeschlagen fühlt und Du fängst an, Dich zu bewegen (physischer Körper), wirst Du augenblicklich auf andere, bestärkendere Gedanken (Fokus) kommen. Würdest Du nach oder während des Tanzens sprechen, würdest Du außerdem merken, dass auch Deine Stimme deutlich klarer, stärker und energievoller ist, als vor dem Tanzen. Warum? Weil auch Deine Tonalität von der Bewegung des Körpers beeinflusst und mitgerissen wurde.

Wenn Du Dich bewegst, verändert sich also auch Dein Fokus und Deine Stimme. Veränderst Du einen Bestandteil der Triade, verändern sich alle.

Gleiches passiert, wenn Du zwar traurig bist, doch auf einmal Deine Stimme veränderst. Vielleicht hast Du folgende Situation schon einmal erlebt: Du liegst energielos und traurig auf dem Sofa und das Telefon klingelt. Du greifst nach dem Hörer und entscheidest Dich dazu, Dir vor dem unbekannten Anrufer nun nicht die Blöße geben zu wollen und traurig und energielos rüberzukommen. Daher überwindest Du Dich und sprichst lebendiger und energievoller, als Du Dich gerade eigentlich fühlst. Du veränderst Deine Tonalität.

Auf einmal richtest Du Dich auf (physischer Körper), merkst dass die Energie langsam wieder in Dich hinein fließen kann und Du ganz automatisch auf neue, kraftvolle Ideen und Einfälle (Fokus) kommst, die Dir dabei helfen, auch nach dem Telefonat energievoll weiterzumachen.

Wenn Du energievoll sprichst, verändert sich also auch Dein Fokus und Dein physischer Körper. Veränderst Du einen Bestandteil der Triade, verändern sich alle.

Die dritte Art und Weise, wie ein einzelner Bestandteil der Triade die anderen beiden mitziehen kann, konzentriert sich auf den Fokus. Wenn Du müde und frustriert in Deinem Schreibtischstuhl hängst, weil Du gerade wieder nicht so vorankommst, wie Du es eigentlich gerne tätest, dann wird die Energie nicht gerade sonderlich hoch sein. Ergebnisse bleiben aus, weil Du Dich nicht aufraffen kannst, weiterzumachen und die Negativspirale dreht sich immer weiter und weiter.

Es sei denn, Du fokussierst Dich darauf, das Gute in der jeweiligen Situation zu sehen. Du sagst Dir vielleicht in Gedanken: *„Wenn ich gerade gar nichts hinkriege, dann lohnt es sich auch nicht für mich, weiterhin hier rumzusitzen. Also kann ich auch genauso gut laufen gehen, denn gerade schaffe ich ja sowieso nichts!"* Du gehst raus an die frische Luft, bewegst Dich (physischer Körper) und würdest Du sprechen, könntest Du ebenfalls erkennen, dass da nicht mehr das kleine arme Opfer vom Schreibtisch spricht, sondern ein echter Macher (Tonalität).

Wenn Du Deinen Fokus neu ausrichtest, verändert sich also auch Deine Stimme und Dein physischer Körper. Veränderst Du einen Bestandteil der Triade, verändern sich alle.

WAS ECHTE ÜBERFLIEGER AUSZEICHNET

In meinen Seminaren und Workshops verwende ich immer wieder das Wort „Überflieger". Manchmal spreche ich auch meine Teilnehmer mit dieser Anrede an und oft werde ich gefragt, weshalb ich diesen Begriff verwende.

Hinter dem Überflieger-Wording steckt der Gedanke der Triade - denn Menschen, die ich als Überflieger bezeichne, haben dieses Konzept so tief durchdrungen und verinnerlicht, dass es ihnen in Fleisch und Blut übergegangen ist. Sie überwinden selbst große Hürden und beginnen im wahrsten Sinne des Wortes zu fliegen, weil ihre Energie grenzenlos scheint.

Echte Überflieger und Überfliegerinnen wissen, dass es ein Zeichen der Energielosigkeit ist, wenn in ihnen ihre Angst hochkommt und sie blockiert. Also bringen sie sich wieder in einen energievollen Zustand, indem sie die Mechanismen der Triade nutzen.

DER FACETTENREICHTUM DER TRIADE - WAS GIBT DIR DEN „KICK"?

Und nein, Du musst natürlich nicht immer die „klasse, krasse Energiemaschine" machen (auch wenn es sehr clever ist, genau das zu tun), um Dich mit Energie aufzuladen. Es geht auch, dass Du Dir Deinen Lieblingssong auf Deinem Handy anmachst und wild dazu tanzt, Dich auflädst mit guten Gedanken, springst, hüpfst und Dich bewegst. Spann Deinen Körper an, nimm den Kopf hoch, strecke die Brust raus und sofort ist die Energie wieder da.

Frage Dich, auf welche Weise Du am schnellsten Energie in Dir aufbauen kannst und probiere dabei so viele Möglichkeiten aus, wie Du nur kannst. Wenn Du weißt, wie Du „funktionierst", kannst Du Dir mit der Triade in herausfordernden Momenten genau das geben, was Du brauchst, um durchzustarten. Solltest Du allerdings trotzdem mal das Gefühl haben, am Ende zu sein, erinnere Dich einfach an die folgenden drei Wörter:

BEWEG DICH! GO!

Und damit meine ich: Überwinde es! GO! Raus mit Dir! Runter vom Sofa und rein ins Leben! Leg das Buch weg und fang an! Setz was um, starte eine Challenge, lauf los oder geh trainieren. Egal was, wichtig ist, Du machst was.

KAPITEL 5.5

WIE DU DEINE **KOMFORTZONE** *durchbrichst* - SO MEISTERST DU DEINE ANGST!

Angst gehört zum Leben dazu und sie wird immer da sein. Das haben wir bereits geklärt. Auf die Frage, wie Du Deine Angst dennoch spielerisch leicht meistern kannst, gibt es tatsächlich eine einfache und plausible Antwort. Und zwar:

> **DU *meisterst* DEINE ANGST, INDEM DU AKZEPTIERST, DASS SIE DA IST UND SIE *lieben* LERNST.**

Ja, das geht. Ja, man kann seine Ängste lieben lernen. Sogar so sehr, dass man sich immer wieder neue Momente und Situationen erschafft, in denen die Angst mal wieder vorbei kommt und „Hallo" sagt. Am besten trinkst Du sogar einen Kaffee oder Tee mit der Angst. Denn weißt Du, was Ängste nur noch größer werden lässt? Falls nicht, helfe ich Dir gerne auf die Sprünge...

GELANGWEILT VON DER MONSTER-UNTERM-BETT-ANGST

Immer dann, wenn wir unsere Ängste ignorieren, sie wegschieben oder vermeiden und austricksen wollen, werden wir über einen kürzeren oder längeren Zeitraum immer wieder auf die Klappe fallen. Warum? Ganz einfach. Weil hier das „Monster-unterm-Bett"-Prinzip greift. Du denkst nämlich als Kind so lange, dass ein Monster unter Deinem Bett lauert, bis Du das Licht anmachst, unter das Bett guckst und feststellst, dass dort gar nichts ist.

Und nur, indem Du das wieder und wieder und immer wieder machst, wirst Du irgendwann so gelangweilt von der Monster-unterm-Bett-Angst sein, dass Du sie nicht mehr wahrnehmen kannst und sie irgendwann von alleine geht. Jedes Mal aufs Neue aufzustehen, das Licht anzumachen und unter dem Bett nachzusehen, erfordert natürlich etwas Mut und Energie, das ist klar. Doch ist das geschafft, bist Du erlöst.

BEGINNE AB HEUTE MIT DEM ANGST-TRAINING!

Genau das gleiche Muster kannst Du übrigens auf alles übertragen, was Dir Angst macht. Du hast Schiss, andere Menschen anzusprechen? Dann sprich andere Menschen an. Und zwar immer und immer wieder. Gehe dabei behutsam vor und verhalte Dich wie ein Sportler. Der nimmt auch nicht sofort die 100 kg-Hantel, sondern fängt erstmal mit einem kleineren Gewicht an. Bevor Du also das Topmodel im Supermarkt nach der Handynummer oder einem Abendessen zu zweit fragst, kannst Du Dich (wenn Du magst) zunächst erst einmal herantasten und fremde Menschen, die Du überhaupt nicht kennst nach irgendwelchen Dingen fragen. Wie spät es ist, wo das nächste Café ist oder welche Eisdiele in der Stadt das beste Spaghetti-Eis macht. All diese Fragen kann man jederzeit jeden fragen, wahr oder wahr?

Indem Du genau das tust, wirst Du merken, dass es sogar Spaß machen kann, andere Leute anzusprechen. Du wirst hautnah miterleben, dass Du nicht stirbst, wenn Du Dich mal versprichst oder die Worte nicht ganz so flüssig herauskommen und realisierst, dass Du gar nicht so schüchtern bist, wie Du selbst von Dir dachtest. Irgendwann bist Du dann bereit für das Topmodel und wirst sehen, dass sich Dein „Training" bezahlt gemacht hat. Denn Du bist viel lockerer, ehrlicher und freundlicher unterwegs als sonst.

SO ZIEHST DU DER ANGST DIE MASKE DES GRAUENS VOM GESICHT

Du meisterst die Angst also, indem Du akzeptierst, dass sie da ist und Du Dich ihr Schritt für Schritt immer weiter annäherst, um ihr anschließend die hässliche Maske des Grauens vom Gesicht zu ziehen. Dort wirst Du feststellen, dass hinter der Angst lediglich einige falsch verdrahtete gedankliche Verknüpfungen und Erwartungshaltungen stecken, die sich sowieso niemals ganz bewahrheiten werden.

Ganz nach dem Motto: **Angst ist die gedankliche Erwartung der Emotion Schmerz in der Zukunft.**

Wenn Du allerdings in Deiner Komfortzone feststeckst, ist es meistens nicht so leicht, um aufzubrechen und einer Angst nach der anderen den Stecker zu ziehen. Du fühlst Dich hier zwar sicher und geborgen, doch Du spürst in Dir den Ruf nach mehr. Nach mehr Ausdruck, mehr Energie und mehr Erfolg, vielleicht auch mehr Geld, Freiheit und Spaß. Also musst Du es irgendwie schaffen, aus der Komfortzone auszubrechen. Erst außerhalb der Komfortzone findest Du das Leben, von dem Du schon so lange träumst. Denn würde es genau dieses Traumleben innerhalb Deiner Komfortzone geben, dann hättest Du es schon längst. Wahr oder wahr?

MIT VOLLGAS DURCH DIE BARRIERE DER ANGST

Doch am Rand Deiner Komfortzone erwartet Dich einmal mehr ein kleiner Gegner, den wir schon oft genug auf den letzten Seiten beschrieben haben. Es ist die Barriere der Angst. Die Barriere der Angst ist wie eine Mauer, hinter der die absolute Freiheit liegt und sie wird bewacht von Deinem inneren Bodyguard.

Seine Aufgabe ist es, Dein Überleben zu sichern, ganz genauso wie die Bodyguards im „echten" Leben es auch tun. Für Deinen inneren Bodyguard ist alles Unbekannte eine potentielle Gefahr. Schließlich hat er ohne Referenzen oder bisherige Erfahrungswerte keine Ahnung, was da auf ihn zukommt und worauf er sich einstellen soll. Also versucht er Dich vor allem, was neu oder anders ist, zu beschützen. Das Herausfordernde daran ist nur: Dein Traumleben ist Dir bislang unbekannt. Also versucht Dich Dein Bodyguard genau davor zu bewahren. Klingt komisch, ist aber so.

Was wäre, wenn?

An der Barriere der Angst angekommen, verlieren sich die meisten Menschen in ihren gedanklichen Horror-Szenarien der Zukunft und fragen sich: „Was wäre, wenn alles schief gehen würde? Was wäre, wenn ich mich irre? Was wird dann aus uns? Sind wir wirklich schon bereit und können so eine große Veränderung überhaupt aushalten?"

So beginnen sie sich selbst und ihr eigenes Vorhaben ständig anzuzweifeln und zu hinterfragen. Irgendwann stellen sie dann ernüchternd fest, dass sie nicht glücklich werden an diesem Punkt der Barriere der Angst und sie beschließen, mit leeren Händen wieder umzukehren. So trotten sie, mit dem Gefühl versagt zu haben, durchs Leben. Keine wirklich schöne Vorstellung von einer möglichen Zukunft, oder!?

WAS NICHT WÄCHST, STIRBT AB

Viel aufregender ist es doch, neue Erfahrungen zu machen, zu reisen, andere Menschen kennenzulernen und sich selbst immer wieder neu herauszufordern. Jeder von uns kann mutig sein und jeder von uns ist ein Meister der Angst! Wir haben nur im Laufe der Zeit vergessen, unseren Mutmuskel zu trainieren und aktiv einzusetzen. Und wie jeder weiß, schrumpfen die Muskeln unseres Körpers, wenn wir sie nicht benutzen müssen. Denn was nicht wächst, stirbt ab.

WAS DAS SINGLE-DASEIN UND EIN BEINBRUCH GEMEINSAM HABEN

Es ist wie im Sport. Wer nicht an seinen Muskeln arbeitet und diese entsprechend beansprucht, muss nach einer längeren Phase der Untätigkeit wieder ganz von vorne anfangen. Ein tolles Beispiel, das uns diese Aussage wunderbar veranschaulicht, ist ein gebrochenes Bein. Wer sich das Bein bricht und sechs Wochen im Gips verbringt, wundert sich im Anschluss darüber, wo nur all die Muskeln geblieben sind. Doch da das Bein und verschiedene Muskelgruppen länger nicht gefordert wurden, hat der Körper sie systematisch abgebaut.

Jeder, der nach einer längeren Beziehung auf einmal wieder Single ist, kennt dieses Phänomen ebenfalls. Denn die Mutmuskeln, die uns beim Flirten oder Ansprechen geholfen haben, als wir früher auf Partnersuche waren, sind nun verschwunden, da wir sie lange Zeit nicht beansprucht haben. Ähnlich wie nach dem Beinbruch gilt es also, Schritt für Schritt wieder zu alter Stärke zurückzufinden.

VON WEGEN ANGSTHASE!

Wenn Du also das Gefühl hast, dass Du eher ein ängstlicher Mensch bist, dann stimmt das nicht. Du bist in Bezug auf den Umgang mit Deiner Angst lediglich etwas untrainiert. Ein Glück, dass Du nicht erst in ein Fitnessstudio fahren musst, um mit dem Training zu beginnen, denn das Fitnessstudio für den Mutmuskel nennt sich Leben!

Such Dir also jeden Tag eine Herausforderung, die Dir etwas Angst bereitet und stelle Dich ihr. Mach Dir einen Spaß daraus, immer wieder aufs Neue eine Gelegenheit zu finden, um Dich zu beweisen.

Damit auch Du sofort loslegen kannst, habe ich Dir hier einige Einsteiger-Angst-Impulse aufgelistet, die wunderbar funktionieren und leicht durchzuführen sind:

→ Lächle der netten Bedienung zu, wenn sich Eure Blicke mal wieder treffen

→ Verschenke eine Rose oder eine Blume an eine Person, die Du gern hast

→ Verhandle an der Theke in der Bäckerei, ob Du Deinen Kaffee für 2 Cent weniger kriegst

→ Mache einer fremden Person ein sehr freundliches und nettes Kompliment

→ Verwickle bei Deinem nächsten Einkauf den Kassierer in ein kleines Gespräch

→ Kaufe Dir einen Playboy oder eine Packung XXL-Kondome und Gleitgel

→ Färbe Dir Deine Haare in einer auffallenden Farbe, die Du schon lange ausprobieren wolltest

→ Schreibe einer alten Jugendliebe eine nette Nachricht und lade sie/ihn zum Kaffee ein

→ Mach mal wieder einen Klingelstreich

→ Erzähle einem Polizisten Deinen Lieblingswitz

→ Poste ein Selfie, welches Dich so zeigt, wie Du tatsächlich aussiehst

→ Lade einen Star auf einen Kaffee ein, indem Du ihm oder ihr einen individuellen und persönlichen Brief oder eine Nachricht bei Instagram schreibst

→ Ruf bei einer Telefon-Hotline im Radio an und grüße Deine Oma, wenn Du durch kommst

→ Zieh im Sommer absichtlich zwei verschiedene Socken zur kurzen Hose an

→ Nimm Dich auf, wie Du Musik machst und poste das Video bei Facebook

→ Geh in einen Klamotten-Laden und kaufe Dir das schrillste, bunteste, schrägste und auffallendste Teil, das Du siehst und das Dir gefällt, welches Du jedoch „normalerweise" niemals gekauft hättest und trage es mit Stolz

→ Fordere von Deinem Chef mehr Gehalt!

→ Sag Deinem Partner beim Sex genau, was Du Dir wünschst!

→ Sing so laut unter der Dusche mit, dass es selbst die Leute auf der Straße hören können

→ Melde Dich, sofern Du Single bist, bei einer Dating-Plattform an, erstelle Dir ein ehrliches Profil und vereinbare Dates, auf denen Du so bist, wie Du bist

→ Läuft im Auto Dein Lieblingslied im Radio? Dann performe dazu

Wie Du siehst, gibt es tausende Möglichkeiten, mit denen Du mit viel Freude und Spaß den Umgang mit Deiner Angst trainieren kannst. Handle trotz Angst - wie im Kleinen so im Großen - und Wunder werden geschehen. Vertraue mir! Also, worauf wartest Du noch? Stürze Dich ins Abenteuer! 3,2,1 und GO!

KAPITEL 5.6

VON DER ANGST, **NICHT GUT GENUG ZU SEIN** WIE DU **AUFHÖRST,** DICH STÄNDIG ZU *vergleichen*

Barbara, eine Café-Besitzerin aus Rosenheim, war eine unserer wunderbaren Testleserinnen von „GO!". *Glücklicherweise* hatte sie sich während des Marathon-Trainings ihren Oberschenkelknochen gebrochen, sodass sie fast sechs Wochen Zeit hatte, um all die Bücher zu lesen, die sie in den letzten Monaten gekauft, aber unberührt im Wohnzimmerschrank hatte stehen lassen.

Ein erster Entwurf der Rohfassung von „GO!" stand ebenfalls mit auf ihrer Leseliste. An einem Dienstagabend schickte sie mir eine Sprachnachricht, in der sie begeistert vom Buch und allen Inhalten schwärmte. Lediglich ein einziges Thema war für sie noch nicht ganz geklärt - und wie ich später herausfinden sollte, erging es vielen Testlesern ähnlich.

Obwohl Barbara wusste, dass es keinen Sinn ergab, sich mit anderen zu vergleichen, fiel es ihr schwer, sich komplett davon zu lösen. Immer wieder ertappte sie sich dabei, wie sie sich unbewusst mit anderen verglich und wie ihr Glück und ihre Motivation darunter litten.

In ihrer Wahrnehmung war der Prozess des Vergleichens ein Hindernis auf dem Weg in ein erfülltes Leben. Doch das Vergleichen an sich ist nicht das Problem. Es liegt viel mehr an der **Art und Weise** des Vergleichens.

DIE ZWEI GESICHTER DES VERGLEICHENS

Es gibt zwei Arten von Vergleichen, die beide grundverschieden sind. Auf der einen Seite gibt es das undienliche Vergleichen, welches Dir Deine Energie raubt. Dem gegenüber steht dienliches Vergleichen, welches Dir wiederum Antrieb und Motivation schenkt.

Sich mit den größten Hollywood-Stars, Unternehmern und Machern der Welt zu vergleichen, ist für viele Menschen der Tod ihres Antriebs. Sie sehen nur das Schöne, Gute, Großartige und Strahlende und denken, dass sie im Vergleich zu dieser großen, magischen Welt wie eine kleine, graue Mäuse erscheinen. Was vielleicht gar nicht so ganz falsch ist - doch bringt es eben niemanden weiter.

Im Vergleich zu einem Menschen, der unbewusst, ungebildet, arm, unterprivilegiert, vom Schicksal hart gezeichnet oder sterbenskrank ist, geht es Dir doch aber eigentlich ziemlich gut, wahr oder wahr? Aus dieser Sicht auf die Dinge wirkst **Du** nun wie der Star, dem die ganze Welt zu Füßen liegt (was sie auch tatsächlich tut, Du merkst es nur einfach nicht). Sich selbst mit anderen Menschen zu vergleichen, die nicht so viel haben wie Du und denen es weniger gut geht, erdet uns und schenkt uns das Gefühl von tiefer Demut und Dankbarkeit.

DANKBARKEIT, DEMUT UND DIE KUNST, HUNGRIG ZU BLEIBEN

Mein oberstes Ziel als verantwortungsvoller Familienvater ist es im übrigen auch, genau dieses Denken meinen Kindern und besonders meinem ältesten Sohn Cian weiterzugeben. Meine Kinder wachsen in einem Umfeld auf, in dem es ihnen an nichts fehlt. Von Freunden, Familie und Bekannten werden sie zu ihren Geburtstagen und an Weihnachten reich beschenkt, fast jeder Wunsch wird ihnen erfüllt - und das ist natürlich großartig.

Und gleichzeitig will ich, dass sie ihren Hunger nicht verlieren, dass sie niemals satt sind und wissen, dass die echte Welt da draußen ganz anders aussieht. Ohne Dankbarkeit und Demut im Herzen sind wir abgeschnitten von der Reinheit und Tiefe des Lebens und berauben uns damit wertvollen Erfahrungen, die den eigenen Charakter und die Persönlichkeit prägen. So kann ich es nur allen Eltern empfehlen, ab und zu die Kids zu nehmen und sie zum Beispiel dazu aufzufordern, einige Spielsachen auszusortieren, die gespendet werden können.

Als ich das mit Cian machte, war er zunächst skeptisch und wusste nicht so recht, warum er seine Spielsachen anderen Kindern schenken sollte. Doch als wir gemeinsam in ein Jugendhaus fuhren und die Spielsachen abgaben, wurde ihm schlagartig klar, dass es viele Kinder gibt, die es, um es mit seinen Worten auszudrücken: *"viel mehr dringend haben, mit meinem Spielzeug zu spielen, als ich!"* Und genau das berührte dann auch mein Herz.

WARUM WIR UNS VERGLEICHEN

Doch zurück zum Vergleichen und der Frage, wie wir es loswerden! In den meisten Menschen ist der natürliche Drang, sich selbst und alles andere miteinander zu vergleichen, fest verankert. Doch warum ist das eigentlich so? Gehen wir der Sache gemeinsam auf den Grund.

Selbstverständlich sind wir alle immer auf der Suche nach dem Besten. Dem besten Preis, dem besten Partner, dem besten Deal, dem besten Angebot bei Amazon, einfach immer und überall. Der einzige Weg, das Beste zu finden, ist entweder lange Zeit Dinge miteinander zu vergleichen oder kurz entschlossen zu beschließen, dass das, was wir gerade gefunden haben, das Beste ist, was es gerade zu finden gab.

In Bezug auf uns selbst vergleichen wir uns allerdings nicht nur mit anderen, um uns selbst zu optimieren und uns zu verbessern (auch wenn wir uns das selbst gerne einreden). Wir vergleichen uns, um sicherzugehen, dass sich unsere beiden Hauptängste nicht bewahrheiten werden.

> Du erinnerst Dich sicher. Unsere beiden **Hauptängste** sind…
>
> **1.** Die Angst, nicht gut genug zu sein
> **2.** Die Angst, nicht geliebt zu werden

Vergleichst Du Dich mit anderen, checkst Du eigentlich nur ab, ob Du noch alle (gesellschaftlich und kulturell vorgegebenen) Parameter erfüllst, um gut genug zu sein und geliebt werden zu können. Nichts anderes verbirgt sich hinter dieser Verhaltensweise.

WARUM DER ALMÖHI SICH NICHT VERGLEICHT

Vielleicht willst Du widersprechen, doch glaube mir, wenn ich Dir sage: Warum solltest Du Dich sonst vergleichen müssen? Von alleine kommen wir Menschen nämlich gar nicht erst auf die Idee, uns zu vergleichen.

Ein Beispiel: Stell Dir vor, auf einer einsamen Almhütte hoch oben über den Wolken, auf einem traumhaften Grundstück mit großer Wiese und vielen Ziegen, lebt Heidis Almöhi. Nur eben ohne Heidi. Ganz allein. Wird sich der Almöhi, der kein einziges Mal im Jahr Besuch kriegt und sich einzig und allein durch Selbstversorgung ernährt, auch nur einen einzigen Moment lang versucht sein, sich zu vergleichen? Mit den neuesten Trends, der heißesten Mode und den coolsten Gerätschaften, die unten im Tal, in der Großstadt, gerade total hip und angesagt sind? Wohl kaum. Warum auch? Wofür auch? Für wen denn auch?

Wenn der Almöhi glücklich ist mit seinem Bart, seinem Hemd und seinem Milchbauch, dann wird er wenig Anlass sehen, daran etwas zu verändern.

ÜBERLEGE DIR, WER DICH WIRKLICH VERDIENT HAT UND WER NICHT

Die meisten von uns sind jedoch getrieben durch die vermeintlich hohe Erwartungshaltung unserer Mitmenschen. Dass uns jemand nicht mögen könnte, nur weil wir dicker, dümmer, untrainierter oder vielleicht auch weniger erfolgreich sind, als andere, ist dabei allerdings eine Angst, die oft unbegründet ist.

Wahre Liebe ist bedingungslos. Und bedingungslos bedeutet: Frei von Bedingungen, also losgelöst von Erwartungshaltungen, die bestätigt werden müssen. Wenn Du Menschen um Dich herum hast, die Dich nur lieben, weil Du ein Six-Pack hast und schreiend weglaufen, wenn Du mal zwei Wochen nicht trainiert hast, solltest Du Dich fragen, ob diese Menschen es wirklich verdient haben, in Deiner Nähe zu sein. Denn dann haben sie anscheinend den Schatz in Dir noch gar nicht gefunden und können Dich in Deiner Gesamtheit nicht wertschätzen. Warum also wertvolle Lebenszeit mit Menschen verschwenden, die keine Ahnung davon haben, wie gesegnet und gebenedeit sie sind, Dich an ihrer Seite haben zu dürfen?

ENTDECKE DIE SINNLOSIGKEIT DES VERGLEICHENS

Äpfel vergleicht man nicht mit Birnen, das weiß jeder. Und trotzdem tun wir es immer wieder, jeden Tag. Die Tierwelt ist uns da meilenweit überlegen. Oder hast Du schonmal einen Spatz mit Minderwertigkeitskomplexen gesehen, der sich zuhause versteckt, weil die anderen so viel schöner singen können und ein viel schöneres Federkleid haben?

Lass die Gedanken daran los, Dich zu vergleichen, denn **Du bist schon längst genug!** Du bist auch **schon längst liebenswert!** Es besteht gar kein Grund dazu Angst davor zu haben, dass Du diese beiden Punkte nicht erfüllst...

> *Ganz egal, wie Du aussieht, lass Dir eines gesagt sein: Du bist schön genug.*
>
> *Ganz egal, wie erfolgreich Du gerade bist oder auch nicht, vertraue darauf: Du kannst es.*
>
> *Und ganz egal, was andere zu Dir sagen, denke immer daran: Das hier ist Dein Leben. Du bestimmst, woran Du glaubst, wem Du Gehör schenkst und wem nicht.*

ACHT WORTE ALS WUNDERWAFFE GEGEN SELBSTZWEIFEL

Das Vergleichen in Bezug auf Äußerlichkeiten ist besonders für viele Frauen immer wieder ein extrem brisantes Thema. Tätowiere Dir daher den nächsten Satz am besten auf Deine Stirn (oder schreibe ihn Dir auf einen kleinen Zettel, den Du Dir an Deinen Spiegel klebst), denn er ist wirklich sehr, sehr wichtig. Wenn Du ihn voll und ganz verstanden hast, wirst Du ein ganz neues Leben führen, vertrau mir. Du darfst ihn also nicht vergessen, versprich mir das! Der Satz, der Dich befreien wird, lautet:

> **DEN FEHLER, DEN DU *suchst*, DEN GIBT'S NICHT.**
>
> SO EINFACH IST DAS.

SCHÖN BLÖD, DIESE SCHÖNHEITSIDEALE

Schönheitsideale sind **zum Kotzen**. Unsere konsumgesteuerte Gesellschaft bringt den Kids schon in der Pubertät in zahlreichen Werbespots und Sendungen wie „Germanys Next Topmodel" bei, wie sie auszusehen haben, um geliebt zu werden. Glatte Haut, Muskeln, ein fitter und schlanker Körper, weiße Zähne und am besten genug Geld, um sich sämtliche Schönheitsprodukte auch leisten zu können. All diesen Voraussetzungen müssen die Jugendlichen gerecht werden, um in ihrem „Freundeskreis" das Gefühl von Akzeptanz und Beliebtheit zu erfahren.

Was für ein riesengroßer Schwachsinn. Der Begriff „Schönheitsideal" an sich ist schon lächerlich genug, denn wie kann es ein „Ideal" für etwas geben, das gar nicht definiert werden kann?! Was ist denn Schönheit überhaupt?

DIE NATÜRLICHE SCHÖNHEIT IN JEDEM VON UNS

Schönheit ist eine **Bewertung**, die jeder für sich selbst vornehmen muss. Dass sich in verschiedenen Kulturen einige Ausprägungen zeigen, auf denen sich eine breite Masse von Menschen einigen kann, ist natürlich klar. Aber am Ende läuft es immer wieder auf das Eine hinaus:

Schönheit liegt im Auge des Betrachters.

Natürliche Schönheit ist für mich hingegen etwas vollkommen anderes. Natürliche Schönheitsideale gibt es tatsächlich. Allerdings haben sie nichts mit Äußerlichkeiten zu tun. Denn natürliche Schönheit ist Energie. **Lebensenergie**. Sie ist unvergleichbar, denn sie ist immer so einzigartig, dass man sie nicht kopieren kann. Glatte Haut? Ist kopierbar! Ein flacher Bauch? Auch! Doch das Strahlen im Gesicht eines Menschen, das Funkeln in den Augen und die Leichtigkeit in seiner Mimik und Gestik kann niemals nachgemacht werden.

MERKMALE VON ECHTER ATTRAKTIVITÄT

Ich persönlich kenne Menschen, die keinem Schönheitsideal der Werbeindustrie gerecht werden würden, für mich aber trotzdem (und vielleicht gerade deswegen) zu den schönsten Menschen zählen, die auf diesem Planeten umher wandeln. Denn wenn Du mit diesen Menschen in einem Raum bist, fühlst Du Dich wohl. Du spürst das gute Herz, den weltoffenen Charakter und die liebevolle, herzliche Persönlichkeit. Und Du weißt, dass Du selbst genauso sein kannst, wie Du bist, weil die anderen Dich nicht verurteilen und einfach so annehmen.

Natürliche Schönheit entsteht immer dann, wenn sich Menschen in ihrer Haut **wohl fühlen.** Wenn sie sich nicht mehr diese eine Strähne gerade legen oder hier und da immer wieder das Top zurecht zupfen müssen. Wenn sie eben einfach so sind, wie sie gerade sind. Genau das macht in meiner Wahrnehmung auch **echte Attraktivität** aus.

SEI KEIN TEIL DES TRENDS, SONDERN DU SELBST!

Nur für den Fall, dass Du es eben überlesen hast oder aus purer Verlegenheit nicht annehmen konntest: Ja, auch Du bist schön genug! Wegen dem kleinen Pickel guckt Dich längst nicht jeder an, wegen zu vielen Haaren auf der Brust und zu wenigen auf dem Kopf ebenfalls nicht. Du musst auch nicht erst laufen gehen, um ins Freibad gehen zu dürfen. Und wenn Du keinen Bock auf das Fitnessstudio hast, dann lass es eben sein!

Dass Bewegung trotzdem extrem wichtig für einen gesunden, fitten und vitalen Körper ist, ist natürlich klar. Das darfst Du nicht vergessen, allein schon vor dem Hintergrund Deiner Selbstliebe nicht. Aber Dich zu verbiegen, nur um Teil eines Trends zu sein, schadet Dir weitaus mehr als Dir jede Stunde in einem stickigen Fitnessstudio, auf das Du keinen Bock hast, auch nur nützen könnte.

SAG DEINEN ALTEN DENKGEWOHNHEITEN GOODBYE

Stell konsequent und fast schon eklig penibel Dein Denken so um, dass Du ab heute alte, Dir nicht dienliche Denkgewohnheiten so gut es geht ausmerzen kannst! Klebe Dir wirklich einen Zettel samt der Aufschrift „Den Fehler, den

Du suchst, den gibt's nicht" an Deinen Spiegel, um Dich jeden Morgen und Abend daran zu erinnern, dass der Mensch im Spiegel einzigartig und wertvoll ist.

Wärst Du der einzigste Mensch auf der Welt und würdest alleine in Deiner Stadt leben, würdest Du doch auch nicht stundenlang vor dem Ding stehen, um Dich aufzuhübschen, wahr oder wahr? Warum also machst Du es dann trotzdem immer wieder? Viele Frauen verstecken ihr Gesicht hinter zentimeterdicker Schminke. Wenn Dein Typ Dich nur geil findet, wenn Du Mascara drauf hast oder Deine Lippen rot sind, schieß ihn ab. Mach´s! Am besten lieber heute als morgen, vertrau mir. Die Zeiten, in denen Du Dich für andere Menschen verbogen hast, enden mit dieser Zeile!

Warum ich da so klar und auch so direkt bin? Ganz einfach: Weil ich jahrelang mit angesehen habe, was das Ergebnis ist, wenn Menschen in toxischen Beziehungen bleiben, in denen sie sich anpassen und verbiegen müssen. Es entstehen emotionale Spannungen, die sich zu Spannungen im Körper ausbreiten. Dann folgen körperliche Symptome wie Krankheiten und irgendwann ein elendiges Dasein voller Selbstzweifel und Unglück. Das muss nicht sein.

DER WICHTIGSTE MENSCH IN DEINEM LEBEN

Fokussiere Dich nur auf Dich! Die meisten Menschen haben Angst davor, egoistisch zu sein und machen alles nur für andere. Doch Du bist der wichtigste Mensch in Deinem Leben! Wenn es Dir nicht gut geht, wie kannst Du dann dafür sorgen, dass es Deinen Liebsten gut geht?!

Kümmere Dich als erstes um Dich. Und dann hör auf, Dich zu vergleichen. Alles, was Du dazu benötigst, ist ein felsenfester Entschluss. Ganz nach dem Motto: „Ich will, ich kann, ich tue es!"

Wer das hier liest, ist wunderschön!

Anstatt des allabendlichen Vergleichens bei Instagram oder Facebook, könntest Du Dich ab heute also hinsetzen und eine Liste mit Stichpunkten anfertigen, die Du an Dir selbst schön findest.

Du denkst, das klingt bescheuert? Vielleicht mag das sein, aber viel bescheuerter ist es doch, Dich selbst niederzumachen, indem Du Dir bearbeitete Fotos von Models und Berühmtheiten bei Instagram reinziehst, wahr oder wahr?

Fokussiere Dich auf Dich, und versuche nicht einen Fehler zu suchen, den es nicht gibt. Finde vielmehr die endlosen Gründe dafür, warum Du schön bist, so wie Du bist.

Denn das bist Du, zweifellos. **GO!**

> „WESSEN WIR *am meisten* IM LEBEN BEDÜRFEN IST **JEMAND**, DER UNS DAZU BRINGT, **DAS ZU TUN**, WOZU WIR **FÄHIG** SIND."
> Ralph Waldo Emerson

KAPITEL 6

DER *Kampf* MIT DEINEN **DÄMONEN**

DER *Kampf* MIT DEINEN **DÄMONEN**

---

*„Nicht weil es schwer ist, wagen wir es nicht,
sondern weil wir es nicht wagen, ist es schwer."*
LUCIUS ANNAEUS SENECA

„Irgendwas stimmt einfach nicht mit mir!", sagte einst der kleine rote Rasenmäher. In seinem Garten mähte er bereits den ganzen Sommer den Rasen und tat dies stets mit viel Spaß und Freude. Doch heute war irgendetwas anders als sonst. Der Rasen ließ sich schwerer schneiden und er kam nur schleppend voran. In den Gärten links und rechts neben sich sah der kleine Rasenmäher, wie die anderen Mäher allesamt in Blitzgeschwindigkeit den Rasen mähten. Scheinbar mühelos glitten sie über den grünen Teppich und wirkten dabei so, als würde es ihnen überhaupt nichts ausmachen. *„Komisch"*, sagte sich der Rasenmäher, *„was ist nur los mit mir?!"*

Eine Woche später war der Rasen bereits ein beträchtliches Stück weiter gewachsen und in der Nacht zuvor hatte es geregnet. Erschwerte Bedingungen also für den kleinen roten Rasenmäher.

Ein Funke Hoffnung steckte noch in ihm, also sprang er an und mähte los. Doch bereits nach einigen Metern stockte er und blieb stehen. Nichts ging mehr. Anstatt ausgeruht weiter zu mähen, fühlte er sich nur noch nutzloser, als noch vor sieben Tagen - und beim Blick in die benachbarten Gärten dämmerte es ihm: *„Ich bin kaputt!"*. Niedergeschlagen und traurig gab er sich seinem Schicksal hin und bewegte sich fortan nicht mehr. Er blieb einfach genau da stehen, wo ihn seine Kräfte verlassen hatten und sah zu, wie der Rasen um ihn herum zu wuchern begann. Aus dem Rasen wurde Gras und die Halme wurden immer länger und länger. So lang, dass er irgendwann nichts mehr sehen konnte. Selbst die Sonne nicht mehr. Der kleine rote Rasenmäher wurde einsam und traurig und hörte irgendwann selbst das Brummen der Rasenmäher aus den benachbarten Gärten nicht mehr...

KAPITEL 6.1

DU BIST NICHT KAPUTT - WARUM WIR ALLE OFT NICHT *funktionieren*

Ich liebe Geschichten! Geschichten sind wunderbar unterhaltsam (zumindest in den meisten Fällen) und helfen uns auf eine ganz besondere Art und Weise dabei, zu neuen Erkenntnissen zu gelangen und immer wieder neue Aspekte dazuzulernen, die wir vorher vielleicht gar nicht auf dem Schirm hatten. In Bezug auf die Geschichte des kleinen roten Rasenmähers muss ich Dir allerdings kurz etwas ergänzend erklären.

Die meisten meiner Seminarteilnehmer (und vielleicht trifft es auch auf Dich zu) fühlen sich wie der kleine rote Rasenmäher. Sie alle hatten entweder einst das Gefühl, mutig und energievoll voranzugehen und etwas Großes zu bewirken. Manche träumten auch nur davon. Andere waren sehr aktiv. Doch dann geschahen Dinge, die sie aus der Bahn warfen.

DER KLEINE ROTE RASENMÄHER IN JEDEM VON UNS

Sie mussten sich sammeln, doch schafften es nicht, sich wieder zu berappeln und verloren die Verbindung zu der Kraft in ihren Herzen. Viele begannen, sich mit anderen zu vergleichen, was dazu führte, dass sie nur noch niedergeschlagener und trauriger wurden. Wie der kleine rote Rasenmäher auch, wussten sie nicht, was passierte. Unzufrieden, unglücklich und traurig zu sein, ohne genau zu wissen, warum, ist eines der undienlichsten Gefühle für ein erfülltes Leben. Wenn Du nicht weißt, wo genau Du ansetzen kannst, um etwas zu verbessern, befindest Du Dich in der „Schwebe". Du schwebst dahin und wartest auf ein Wunder, doch es kommt nichts. Es kommt kein Engel zu Dir, der Dir sagt, was gerade schief läuft (bis zu genau dieser

Zeile jedenfalls nicht) und Dir die Lösung für all Deine Herausforderungen offenbart. Und so siechen die meisten dahin, traurig und einsam und versinken immer tiefer in einer Negativspirale der Passivität, in der die Zweifel immer lauter und die Lebensfreude und der Spaß immer leiser wird. Von wegen „GO!" - in dieser Phase findet sich im Bezug auf das Vorankommen in Deinem Leben nur ein lautes „NO!" wieder.

Lustlosigkeit und Energielosigkeit machen sich breit. Und irgendwann hast Du so sehr die Schnauze voll vom Leben, dass Du Dir einredest, Du seist *„kaputt", „irgendwas stimmt nicht mit mir"* oder *„bei den anderen funktioniert immer alles, nur bei mir eben nicht!"*.

DAS URGESETZ FÜR EIN GLÜCKLICHES LEBEN

Was ich Dir durch die Geschichte des kleinen roten Rasenmähers ganz deutlich machen will, ist ein Urgesetz von jedem Lebewesen. Ein Gesetz, was den Unterschied ausmacht. Kennst Du es, lebst Du ein glückliches Leben. Kennst Du es nicht, liegt ein beschwerlicher Weg vor Dir. Du kannst es in etwa mit dem Gesetz der Schwerkraft vergleichen.

Wenn Du das universelle Gesetz der Schwerkraft nicht beachtest, fällst Du im wahrsten Sinne des Wortes auf die Nase. Du fällst hin und tust Dir weh. Denn ganz egal, ob Du an das Gesetz der Schwerkraft glaubst oder nicht - es wirkt. Und zwar die ganze Zeit. Ein Leben lang - und darüber hinaus. Das Gesetz, von dem ich in Bezug auf unsere Geschichte spreche, ist das Gesetz des kleinen roten Rasenmähers, der lediglich eines vergessen hat. Und zwar, dass wir bei beständiger Belastung alle irgendwann einmal „nicht mehr funktionieren". Oder etwas anders formuliert:

> **WENN DU PERMANENT** NUR *funktionierst,* **LEIDET** IRGENDWANN DIE **QUALITÄT DEINER ERGEBNISSE** DARUNTER.

REGELMÄSSIGE WARTUNG ALS GARANT FÜR EINE HOHE EFFIZIENZ UND PRODUKTIVITÄT

Damit Du genau nachvollziehen kannst, was ich Dir damit sagen will, nehme ich erneut Bezug auf den kleinen roten Rasenmäher. Dieser kleine rote Rasenmäher mäht und mäht und mäht den ganzen Sommer lang einen großen langen Garten, indem Steinkanten von großen Pflastersteinen am Rande zum Blumenbeet gegen das Messer stoßen, kleine Kieselsteine, Stöcker oder auch Laub mitgemäht werden und auch die Witterung ihren Teil zur Abnutzung beiträgt.

Kurz gesagt: der kleine rote Rasenmäher wird ordentlich gefordert, denn dazu ist er ja auch da. Doch wenn etwas oft benutzt wird, dann ist es ebenso wichtig, dass wir dafür sorgen, den jeweiligen ursprünglichen Zustand des Gerätes bestmöglich wieder herzustellen, um eine lange Lebensdauer zu gewährleisten, wahr oder wahr? In Bezug auf den kleinen roten Rasenmäher bedeutet das, dass es eine clevere Idee ist, das Messer regelmäßig zu überprüfen und zu schärfen, den Motor zu warten und die Reifenlager zu ölen, damit sie wieder leicht und geschmeidig rollen können. So wird der kleine rote Rasenmäher deutlich länger reibungslos arbeiten können, als wenn wir dies nicht tun.

WANN HAST DU DICH SELBST ZULETZT „GEWARTET"?

Das Gute ist, dass es in Deutschland und in anderen Ländern sehr, sehr wenige traurige rote Rasenmäher gibt. Was bedeutet, dass viele Menschen in Bezug auf ihren Rasenmäher schon vieles richtig machen. Doch in Bezug auf sich selbst versäumen sie es umso mehr (bis heute!). Denn überlege einmal: Wann hast Du Dich selbst zuletzt „gewartet"? Wann hast Du zuletzt an Dir selbst überprüft, welche „Teile" mal einer kleinen Reparatur unterzogen werden sollten? Und wann hast Du zuletzt einmal daran gedacht, Deinen „Treibstoff" nachzufüllen und Deine Sinne in Bezug auf Dein Ziel zu schärfen? Wenn es Dir so geht, wie den meisten Menschen, dann wirst Du erstaunt feststellen, dass es da noch einiges nachzuholen gibt, richtig?

Alle wechseln (im besten Fall) zwar jeden Tag ihre Unterhose, doch **Gedankenhygiene** betreiben die wenigsten. Und unsere Gedanken sind es, die massiven Einfluss darauf nehmen, wie „kaputt" wir uns fühlen und wie viel Energie wir in Bezug auf die Bewältigung unseres Alltags haben oder nicht.

KEINE ANGST, DU BIST IN ORDNUNG!

Die erfreuliche Nachricht für alle, die von sich selbst bislang dachten, dass mit ihnen irgendetwas nicht stimmen kann, weil sie nicht die Ergebnisse erzielen, die andere um sie herum vorweisen können ist, dass mit Dir alles in Ordnung ist.

Du benötigst eben nur einmal ein kleines mentales und energetisches Update. Ganz genauso wie beim kleinen roten Rasenmäher bist Du dazu eingeladen, einmal zu überprüfen, wo genau denn die Dinge ins Stocken geraten sind und an welchen Stellschrauben weiter gedreht werden darf. Denn so wie dem kleinen roten Rasenmäher geht es auch Dir ab und zu.

An einem bestimmten Punkt ist der Akku eben einfach mal leer. Dann müssen die Energiereserven wieder neu aufgefüllt werden. Auch ich merke nach jedem Seminar, dass ich körperlich total am Ende bin. Und das, obwohl ich fit und trainiert bin. Doch der energetische Kraftakt, der hinter jeder Bühnenperformance steckt, die sich über mehrere Tage erstreckt, ist enorm. Und bei einem Seminar, wie meiner Destiny Masterclass, in dessen Rahmen ich fünf Tage am Stück bis spät in die Nacht auf der Bühne stehe, muss ich einfach an meine Grenzen gehen - und dementsprechend im Nachgang auch wieder dafür sorgen, dass ich schnellstmöglich wieder Kraft tanke.

ERFOLGSFAKTOR „EMOTIONALE FITNESS"

Mit „Kraft tanken" meine ich übrigens nicht nur das Aufladen der Energie des physischen Körpers durch Schlaf, Meditation oder andere Tätigkeiten. Dieser Punkt ist natürlich enorm wichtig. Jedoch ist es genauso wichtig für mich, meinen Geist weiterzubilden, neues Wissen in mich hineinzuladen und meinen Fokus zu trainieren. Die emotionale Fitness entscheidet nämlich genauso über den Erfolg, wie die physische Fitness. Der Grund, warum wir alle oft nicht „funktionieren", liegt dabei auf der Hand:

Wir sind Menschen und keine Maschinen.

Auch wenn unsere Gesellschaft und der Druck, der oft in dieser Gesellschaft aufgebaut wird, uns das gerne weiß machen will.

WAS WIRKLICH HINTER STRESS STECKT

80% aller Arztbesuche gehen nach Schätzungen der US-Gesundheitsbehörde auf Stress zurück. In Deutschland, Österreich und der Schweiz dürfte es nicht viel anders aussehen. Die emotionale und physische Reaktion unseres Körpers auf Stress ist dabei immer **toxisch** für unser System. Denn Stress ist nichts anderes als Druck, den wir uns selbst machen.

Hinter dem Gefühl von Stress steckt die Angst davor, nicht gut genug zu sein. Diese Angst fühlt auch der kleine rote Rasenmäher, wenn er sieht, wie schnell die anderen in den benachbarten Gärten den Rasen mähen. Und wenn der kleine rote Rasenmäher mit stumpfer Klinge und blockierten Rädern mit aller Macht weitermähen will, wird er nicht lange durchhalten. Irgendwann ist eben Schluss.

> DIE *Geschichte* VOM **JÜNGLING**, DER **BÄUME FÄLLTE**
>
> Einer Gruppe von Baumfällern schloss sich eines Tages ein Junge an, der es allen beweisen wollte. Am ersten Tag machte er sich auf in den Wald und fällte 18 Bäume. Stolz berichtete er am Abend, was er tagsüber geschafft hatte. Die anderen Baumfäller waren begeistert und zollten ihm ihren Respekt. Wenn er so weitermachte, konnte er langfristig mit einer Anstellung rechnen. Am zweiten Tag hing sich der Junge noch mehr rein, doch trotz all seiner Anstrengung fällte er lediglich 15 Bäume - und damit drei weniger, als am ersten Tag. Enttäuscht verkündete er am Abend sein Ergebnis.
>
> Fest entschlossen, die Schmach des Vortags vergessen zu machen, machte sich der Junge am Morgen des dritten Tages noch vor Sonnenaufgang auf in den Wald. Er fällte einen Baum nach dem anderen. Doch als am Abend die Sonne unterging und es dunkel wurde, hatte er nur sechs Bäume gefällt. Wie konnte das nur sein? Niedergeschlagen und zähneknirschend gab er am Abend sein Ergebnis zu Protokoll, ehe er sich entschuldigend dem Vorarbeiter zuwandte. „Glauben Sie mir, wenn ich Ihnen sage, dass ich ge-

> schuftet habe, bis zum Umfallen!" Da trat der Vorarbeiter an den Jungen heran, legte ihm die Hand auf die Schulter und fragte ihn: "Wann hast Du denn Deine Axt das letzte Mal geschärft?" Der Junge zog die Augenbraue hoch und sagte verdutzt: "Die Axt schärfen? Dazu hatte ich keine Zeit! Ich war viel zu sehr damit beschäftigt, die Bäume zu fällen!"

VOLLZEIT „ICH" (SOGAR AN SONN- UND FEIERTAGEN)

Nun dürftest Du also verstanden haben, dass die Zeit des „Axt-Schärfens" und des „Rasenmäher-Wartens" von elementarer Bedeutung für den Erfolg in Deinem Leben ist. Viele Seminarteilnehmer melden mir immer wieder, dass sie selbst, wenn sie einige gute Ergebnisse erzielen, das Gefühl haben, weniger gut zu sein, als ihre Kollegen oder Mitstreiter. Und auch hierfür gibt es eine plausible Erklärung.

Du steckst nun einmal 24 Stunden am Tag an 365 Tagen im Jahr in Deinem Körper. Daher bekommst Du auch jeden quersitzenden Furz in Deinem Leben mit (und riechst ihn auch). Näher an Dir dran ist sonst keiner! Wärst Du genauso nah an allen anderen dran, wie an Dir selbst, würdest Du schnell merken, dass es jedem genauso geht, wie Dir. Alle interpretieren die schicken Instagrambilder der anderen und denken, bei allen anderen läuft es, nur nicht bei ihnen selbst.

EINE KLEINE GEBRAUCHSANWEISUNG FÜR DAS LEBEN

Denk daran, dass Dein Leben außerdem super langweilig wäre, wenn immer alles glatt laufen würde! Die Stolpersteine des Lebens und das Scheitern und Straucheln sind die Würze, die das gewisse Etwas ausmachen! Jeder gute Film besteht aus Spannungsbögen, ohne die Du Dich im Kino mächtig langweilen würdest.

Willst Du das Leben atmen, fühlen und in vollen Zügen erleben? Dann freue Dich über die Erfahrung, mal „kaputt" zu sein und stell Dir die Frage, wie Du schnell wieder zurück ins Spiel finden kannst!

ZIEH DIE FOLIE AB!

Was ich damit meine? Ganz einfach! Kennst Du Menschen, die sich einen neuen Fernseher oder ein Tablet kaufen und monatelang die Verpackungsfolie auf dem Bildschirm lassen? Irgendwann ist sie bereits total abgegrabbelt und sieht wirklich nicht mehr schön aus, doch diese Leute lassen sie weiter drauf, damit bloß kein Kratzer auf das Display kommt. Sie vergessen dabei, dass das Tablet oder das Handy ein Gegenstand ist, der erst dann Sinn ergibt, wenn Du ihn nutzt, wenn Du ihn einsetzt, wenn Du ihn in vollem Umfang auf die Bewährungsprobe stellst!

Die Folie auf dem eigenen Leben zu lassen bedeutet, die eigene Lebenszeit abzusitzen und Schadensbegrenzung zu betreiben. Doch dafür bist Du nicht gemacht! Geh raus, zieh Dir Macken, Schrammen und Kratzer zu, damit Du eines Tages aus **tiefstem Herzen** sagen kannst:

"Ja, ich habe gelebt!"

Dann kannst Du voller Zufriedenheit, ohne jegliche Form der Reue und in tiefer Demut mit Dankbarkeit im Herzen auf Dein Leben zurückblicken. Und ist es nicht das, wonach wir uns insgeheim alle sehnen?

KAPITEL 6.2

„ICH BIN AN ALLEM *schuld!*" - DER **FREISPRUCH** DEINES LEBENS

Wie Du vielleicht bemerkt hast, habe ich dem sechsten Kapitel die Überschrift „Der Kampf mit Deinen Dämonen" gegeben. Und ja, ich habe mir natürlich sehr vieles dabei gedacht. Denn immer wieder tauchen sie auf - die Dämonen in uns, die uns davon abhalten wollen, aus unserer wertvollen Zeit hier auf diesem Planeten genau das Traumleben zu kreieren, welches wir uns schon so lange aus tiefstem Herzen wünschen. Mit dem Begriff der „Dämonen" meine ich dabei keineswegs Monster oder schaurige Gruselwesen aus Horrorfilmen, sondern etwas viel, viel Schrecklicheres. Und zwar all die sabotierenden Muster und Eigenarten, die wir uns angewöhnt haben, die uns immer wieder zurückwerfen. Die Versionen von uns selbst, in denen wir nicht auf das Leben zugehen, sondern uns verstecken und verschanzen und die, die Schuld immer auf das Leben schieben, anstatt sie selbst zu übernehmen.

DIE DÄMONEN IN UNS

Das Spannende dabei ist, dass Deine Dämonen immer zu einem **ganz bestimmten Zeitpunkt** aus Dir herausbrechen und sichtbar werden. Und zwar immer genau dann, wenn Du gerade in einem schwachen energetischen Zustand bist, also nicht viel Energie und emotionale Fitness aufbringst, um Dich auszurichten und bewusst auf Umstände im Außen zu reagieren.

Sind Deine Dämonen da, wirst Du vom Leben gelebt. Du hast das Gefühl, die Kontrolle zu verlieren und Stück für Stück immer weiter im Sumpf der Untätigkeit zu versacken. Es ist ein Stück weit so, als wenn Du inmitten eines Labyrinths gefangen bist, den Ausweg nicht findest und das Leben außerhalb des Labyrinths an Dir vorbei zieht. Du bist schlecht gelaunt, wirst verletzend und hast das Gefühl, nicht mehr Du selbst zu sein. Dämonen sind also wirklich nichts für schwache Nerven.

MIR GEHT ES GENAUSO WIE DIR!

Umso wichtiger ist es, dass wir uns darum kümmern, wie wir sie in den Griff bekommen, die guten alten Dämonen. Und ja, ich sage es direkt vorweg: auch ich habe meine Dämonen. Auch ich darf lernen, mit ihnen umzugehen und sie zu zähmen. Und auch mir fällt es an manchen Tagen leichter und an anderen Tagen etwas schwerer. Doch zum Glück verfüge ich über wichtige Techniken und effiziente Methoden, die mir dabei helfen, jederzeit die Kontrolle über meine Dämonen erlangen zu können.

Diese Fähigkeit haben nur sehr wenige Menschen - und wie Du weißt, führen auch nur sehr wenige Menschen ein wirklich außergewöhnliches Leben in finanzieller Freiheit, persönlicher Erfüllung, mit außergewöhnlichen Partnerschaften und einer großartigen Gesundheit. Herrscht hier möglicherweise ein Zusammenhang?

DIE GROSSE GEFAHR VON SELBSTAUFERLEGTER HILFLOSIGKEIT

Ein Gefühl, welches immer wieder dafür sorgt, dass die eigenen Dämonen heraufbeschworen werden, ist das Gefühl von Frustration und selbstauferlegter Hilflosigkeit. Im vorherigen Abschnitt habe ich Dir die Geschichte vom kleinen roten Rasenmäher erzählt, der frustriert und hilflos entscheidet, aufzugeben und nicht mehr weiter den Rasen zu mähen, da ihm alles zu schwer fiel. In diesem Moment haben die Dämonen des Rasenmähers sozusagen die Oberhand erlangt und ihn dazu ermuntert, nichts weiter gegen seine gegenwärtige Situation zu unternehmen.

Ähnlich ist es bei vielen Menschen auch - und das sogar tagtäglich. Sie fühlen sich hilflos und frustriert, weil in ihrem Leben viele Dinge schief laufen. Daraufhin lassen sie sich nur noch weiter hängen und können sich nicht mehr dazu motivieren, mit neuem Mut und neuer Energie gegen die aktuellen Umstände vorzugehen. So entsteht eine **Negativspirale**, die sie immer weiter nach unten zieht und die ihnen mehr und mehr ihre **Lebensenergie raubt.**

PASS AUF, WAS DU (ZU DIR) SAGST!

Einige geben sich selbst die Schuld dafür, dass ihr Leben nicht so ist, wie sie es gerne hätten - und verteufeln und verfluchen sich regelrecht dafür. Das macht die Sache natürlich nicht gerade besser, schließlich färbt jeder Gedanke und jedes Wort, das wir in Selbstgesprächen zu uns sagen, massiv auf unsere Stimmungslage und unser Selbstbild ab.

Sprichst Du die ganze Zeit in strengem, belehrendem und anklagendem Ton zu Dir selbst, wirst Du niemals das Gefühl haben, etwas richtig machen zu können und permanent denken, dass Du ein absoluter Verlierer bist, weil Du - ganz egal, was Du tust - nie etwas „richtig" machen kannst, da Du zu sehr daran gewöhnt bist, Dich selbst runterzuputzen. Eine Dich bestärkende, lobende und positive Selbstkommunikation würde demnach gar nicht Deinem Wesen entsprechen und sich falsch, nicht authentisch und komisch anfühlen.

WIE DEIN UMFELD DEIN LEBEN GEPRÄGT HAT

Doch weißt Du was? Du bist nicht schuld daran, dass Dein Leben heute so ist, wie es ist. Du hast keinerlei Einfluss darauf gehabt, dass Du dort stehst, wo Du heute stehst, selbst wenn Du bislang dachtest, dass Du Einfluss gehabt hättest. Warum das so ist? Ganz einfach! Weil Du zu Beginn Deines Lebens - innerhalb der ersten 12 Jahre um genau zu sein - den Hauptteil Deines Bewusstseins ausgeprägt hast. Und zwar aufgrund all der Glaubenssätze, Meinungen, Anschauungen, Paradigmen und Vorurteile, mit denen Dich Dein Umfeld sozusagen „gefüttert" hat.

Dein Umfeld bildet sich aus all jenen Menschen, zu denen Du innerhalb der ersten 12 Lebensjahre am meisten Kontakt hattest. In den meisten Fällen sind das Deine Eltern, Großeltern, Geschwister oder andere familiäre Bezugspersonen gewesen, die meistens nicht das Leben geführt haben, nach dem Du Dich heute sehnst. Demnach haben sie Dich auch nicht mit dem Mindset ausstatten können, welches Du gebraucht hättest, um Dir Dein Traumleben zu erschaffen.

GLAUBE **KEINEM** DEINER *Gedanken*, ES KÖNNTE SEIN, DASS ES **NICHT DEIN EIGENER IST**

Die Menschen in Deinem Umfeld haben Dir stattdessen **ihre** Gedankenwelt weitergegeben, ihr Weltbild vermittelt und sie haben ihre Ängste, Zweifel und Denkarten indirekt auf Dich übertragen. Als kleines Kind hattest Du noch nicht die Fähigkeit, abzuwägen, ob Dich diese Form von Wissen tatsächlich weiterbringt oder nicht - und Du hast unbewusst Dinge übernommen, die Dir nicht sonderlich dienlich waren und vielleicht auch heute immer noch nicht sind.

Dass Du heute also dort stehst, wo Du Dich befindest, hat nichts mit Dir zu tun, sondern damit, was damals in Dich „hineingeladen" wurde. Dein Leben ist das Ergebnis all dessen, was sich in Deinem Gefäß des Lebens befindet. Daher denke immer daran: Glaube keinem Deiner Gedanken, denn es könnte sein, dass es nicht Dein eigener ist.

SO HOLST DU DIR DIE KONTROLLE ÜBER DEIN LEBEN ZURÜCK

Indem Du nun erfährst, dass Du all die Verhaltensweisen und Denkmuster aus Dir herausholen und wegwerfen kannst, die Dir bislang nicht dienlich waren und neue, Dir dienliche Glaubenssätze in Dich hineinladen darfst, erlangst Du zum ersten Mal bewusst die Kontrolle über das Steuer Deines Lebens. Denn heute bist Du in der Lage, abzuwägen, was Dich weiter bringt und was nicht, was Dir Kraft und Energie schenkt und was Dir eher welche raubt.

Du hast das Gefühl, dass das alles etwas zu komplex und zu schwirig werden könnte? Keine Angst, ich helfe Dir auf diesem Weg und begleite Dich in Deinem Prozess. Wir haben ja gerade erst angefangen. Sei einfach offen für das, was sich Dir in den nächsten Zeilen und Seiten offenbaren wird und probiere die **Methoden und Strategien** aus, um zu erkennen, dass sie auch für Dich funktionieren.

Glaube mir, ich weiß ganz genau, wovon ich spreche und welche Kraft die Inhalte haben, die ich in diesem Buch mit Dir teile. Ich selbst habe sie für mich ausgetestet und tausendfach in Live-Coachings und Seminaren angewendet und für gut befunden.

DIE FÜNF BESTANDTEILE VON ECHTER VERÄNDERUNG

Der klassische Weg, den eigenen Dämonen den Garaus zu machen und Veränderung im eigenen Leben zu bewirken, läuft immer über fünf Schritte ab. Diese fünf Schritte bezeichne ich auch als die „**FÜNF SCHRITTE DER VERÄNDERUNG**", weil sie die Grundlage für jeden nachhaltigen Veränderungsprozess bilden. Du solltest sie Dir unbedingt gut einprägen, denn sie haben eine enorme Wirkung in Bezug auf echte und dauerhafte Veränderung in Deinem Leben. Sie lauten:

1. Bewusstsein
2. Verständnis
3. Loslassen
4. Neuausrichtung
5. Tun

Recht überschaubar, nicht wahr? Gehen wir die fünf Schritte zunächst gemeinsam durch, damit Du sie verstehst und nachvollziehen kannst.

 MACH DIR KLAR, WAS SACHE IST!
SCHAFFE BEWUSSTSEIN

In einem ersten Schritt ist es unabdingbar wichtig, dass Du Dir ein Bewusstsein über mögliche Missstände in Deinem Leben erarbeitest. Fehlt das Bewusstsein, fehlt auch der Antrieb, etwas zu verändern. Wenn Du Dir nicht im Klaren darüber bist, dass Du 100 kg zu viel auf den Rippen hast und deswegen vielleicht bald schon sterben wirst, gibt es keinen Anlass zur Veränderung, wahr oder wahr? Dann kannst Du einfach so weitermachen wie bisher, schließlich hast Du es ja bis hierhin auch erfolgreich geschafft, durchzukommen.

Oder um ein anderes Beispiel zu nennen: Wenn Dir nicht bewusst ist, dass das Wasserrohr ein Loch hat und permanent hunderte Liter Wasser in die Wände Deines Hauses fließen, wirst Du wohl kaum auf die Idee kommen, eine Wand aufzureißen, um das Loch zu stopfen, richtig?

 **WARUM IST DAS SO?**
ERARBEITE DIR EIN VERSTÄNDNIS

Im zweiten Schritt erarbeiten wir uns ein Verständnis darüber, warum die Dinge so sind, wie sie sind. Wie konnte es dazu kommen, dass 100 kg Übergewicht auf der Waage stehen? Was musste passieren, dass Du Dich auf diese Art und Weise ernährt hast und Deinem Körper diese Last aufgeladen hast? Oder, um wieder auf das zweite Beispiel zu kommen: Wie kam das Loch in das Wasserrohr? Wieso gab es ein Leck?

Indem Du Dir ein Verständnis aufbaust und erarbeitest, blickst Du hinter die Fassade der Problematik. Du erkennst die Ursache, unter denen ein mögliches Problem heranwachsen konnte und kannst mit Deinem Wissen all die Maßnahmen ergreifen, die nötig sind, um sofort und unverzüglich nachhaltige Veränderung herbeizuführen. Denn indem Du verstehst, wie ein Problem entstehen konnte, weißt Du auch, was Du in Zukunft anders machen kannst, wahr oder wahr?

**WEG MIT DEM ALTEN ZEUG!
DIE VERGANGENHEIT LOSLASSEN**

Das Loslassen im dritten Schritt bildet den Abnabelungsprozess, in dem Du Dich von alten Verhaltensweisen und Glaubensmustern verabschiedest, um Dich ideal auf den vierten Schritt vorzubereiten. Erst wenn Du etwas aus Deiner Hand gibst, kannst Du etwas neues aufnehmen. Erst wenn in einem Raum ein Vakuum entsteht, kann er mit neuem Inhalt gefüllt werden.

Du darfst Dich also zunächst von all den Verhaltensweisen und Mustern verabschieden, die Dich zu 100 kg Übergewicht geführt haben. Dazu könnten bestimmte Lebensmittel zählen, sowie nicht dienliche Essgewohnheiten oder Glaubenssätze, die es Dir unmöglich gemacht haben, Deinem Körper und Dir selbst die Wertschätzung entgegen zu bringen, die nötig gewesen wären, um die Grundlage für einen gesunden und vitalen Körper zu schaffen. In Bezug auf unser Wasserrohrbeispiel könnte das Loslassen bedeuten, dass Du Dich von der Unwissenheit über den Zustand der Bausubstanz Deines Hauses verabschiedest. Denn indem Du geglaubt hast, dass alle Wasserrohre in den Wänden intakt sind, konnte der Rohrbruch erst möglich werden, wahr oder wahr?

**JETZT WIRD ALLES ANDERS!
RICHTE DICH NEU AUS**

Sich neu auszurichten ist der vierte Schritt und zusammen mit dem fünften Schritt mein persönlicher Lieblingsschritt. Nachdem Du erkannt hast, was Du nicht mehr willst, geht es jetzt darum, herauszufinden, worauf Du Dich konkret fokussierst, um ein außergewöhnliches Leben zu leben. Schluss mit Fast Food und Stagnation, her mit gesunden Lebensmitteln, frischer Luft, Bewegung und Körperbewusstsein! Nur indem Du massiv Dinge anders machst als bisher, wirst Du neue Ergebnisse in Deinem Leben erhalten.

Wenn die 100 kg Übergewicht also verschwinden sollen, braucht es einen wasserdichten Plan und viel Energie, um konsequent und unerschütterlich die Kilos purzeln zu lassen! Du darfst Dich neu erfinden - und dieser Schritt kann eine echte Befreiung sein. Sich neu auszurichten, wenn das Wasserrohr Deiner Immobilie einen Schaden hatte, heißt, dass Du Deinen Horizont erweiterst, aus dem Erlebten Deine Schlüsse ziehst und auf mögliche, weitere Schäden in der Immobilie vorbereitet bist. Damit meine ich nicht, dass Du ein Schwarzmaler werden sollst, sondern die Lage realistisch betrachtest und Dich auf mögliche Eventualitäten gefasst machst. Ganz nach dem Prinzip des Ultrarealisten, welches besagt, dass Du nichts kleiner machst, als es ist und nichts größer aufblähst, als es ist.

Die Neuausrichtung ist immer eine Form von spürbarer Weiterentwicklung, weil Du Dein System ganz neu aufstellst. Erfolg und greifbare Veränderungen werden so zu einem vorhersagbaren Ergebnis, schließlich richtest Du Dein ganzes Leben nach den neuen Prinzipien und Regeln aus und lebst konsequent danach. Womit wir auch schon beim fünften und wichtigsten Schritt angelangt wären.

DER STARTSCHUSS FÄLLT!
KOMM IN DIE UMSETZUNG

Denn der fünfte Schritt ist der Schritt, nach dem ich auch dieses Buch benannt habe. „GO!" ist der Startschuss und damit die Aufforderung, jetzt endlich loszulaufen, Gas zu geben, zu machen, zu tun und umzusetzen. 100 kg Übergewicht lassen sich nicht einfach wegzaubern, dafür musst Du natürlich aktiv werden.

Die Umsetzung ist das Herzstück der fünf Schritte der Veränderung, wenngleich natürlich jeder der fünf wichtig und unverzichtbar ist. Das Wasserrohr zu reparieren, ist ebenfalls der Aspekt des Tuns. Denn nur weil Du weißt, dass das Rohr kaputt ist, Dich von fehlender Vorsorge oder Unwissenheit verabschiedest, Dich besser auf weitere Schäden einstellst und ggfs. die anderen Rohrleitungen prüfen lässt, ist das Leck noch immer nicht behoben, wahr oder wahr? Die Wand muss aufgebrochen, das Rohr isoliert und entsprechend ausgetauscht oder ausgebessert werden, damit alles wieder seinen gewohnten Gang gehen kann.

Das Tun an sich ist hierbei allerdings der Schritt, der am meisten und am schnellsten für persönliches Wachstum sorgt. Denn nur, indem Du etwas tust, kannst Du hautnah erfahren und realisieren, dass Du schon viel größer bist, als Du selbst von Dir dachtest.

Erinnere Dich: Die Handlung ist die Brücke von der Innenwelt in die Außenwelt. Sie ist es, die Deine Realität erschafft.

DER FREISPRUCH DEINES LEBENS: DU BIST UNSCHULDIG!

Kommen wir zurück zu Deinen Dämonen. Einer der Faktoren, warum sich Deine Dämonen in Deinem Leben zeigen können, ist das Gefühl von Frustration und Hilflosigkeit. Das haben wir bereits gemeinsam herausgefunden, erinnerst Du Dich? Wir haben außerdem festgestellt, dass der Satz „Ich bin schuld, dass mein Leben so ist, wie es ist!", ungültig ist, da Du aufgrund all der Glaubenssätze und Verhaltensweisen gehandelt hast, die bislang in Dir angelegt waren. Damit erhältst Du heute den Freispruch Deines Lebens: Dass heute alles so ist, wie es ist, hat nichts mit Dir zu tun! Du bist unschuldig!

AB HEUTE WIRD ALLES ANDERS

Doch weißt Du was? Indem Du dieses Kapitel bis hierhin gelesen hast, ändert sich ab dieser Sekunde, in diesem Moment, genau hier und jetzt, einfach alles: Das hier wird Dein absoluter Go-Moment sein!

Denn mit Deinem neuen Wissen liegt auf einmal die volle Verantwortung für absolut alles in Deinem Leben in Deinen Händen. Du hast das Prinzip der fünf Schritte der Veränderung gelernt, kennst bereits Dein Warum und weißt, wie Du Dich in einen energievollen und glücklichen Zustand versetzen kannst.

Alleine damit hast **Du ein höheres Bewusstsein als 90 % der Weltbevölkerung.** Du gehörst also schon zu einer ziemlich außergewöhnlichen Elitetruppe. Herzlichen Glückwunsch! Doch wie Du sicherlich aus den Spider-Man-Filmen weißt, kommt mit großer Macht auch große Verantwortung - und damit wartet die nächste Herausforderung auf Dich.

WIE DU DIE „SCHULD" LIEBEN LERNST

Bislang war es vielleicht so, dass Du niedergeschlagen und traurig warst, wenn Du Dir eingestehen musstest, dass Du etwas vermasselt hast. Du warst frustriert und hilflos, wenn Du Dir gesagt hast, dass Du „Schuld" hast an dem Schlamassel und Deine Dämonen wurden lauter und lauter. Schuld zu haben war für Dich demnach bislang eine Sache, die es zu vermeiden galt. Doch wer sich vor „Schuld" scheut, der vermeidet auch Verantwortung. Ohne Verantwortungsbewusstsein wirst Du jedoch niemals Deine Ziele erreichen. Daher ist es eine clevere Idee, dem Begriff von „Schuld" eine vollkommen neue Bewertung zu geben, die es Dir erleichtert, Verantwortlichkeit und „Schuld" in Dein Leben einzuladen.

Damit Du direkt lernst, wie Du **nicht dienliche Konzepte und Glaubenssätze umwandeln und auflösen** kannst, zeige ich Dir anhand der fünf Schritte der Veränderung, wie wir eine alte, destruktive Assoziation von Schuld einer Neubewertung unterziehen:

1. SCHRITT (BEWUSSTSEIN):
Gemeinsam haben wir festgestellt, dass der Gedanke „Ich bin schuld daran, dass mein Leben so ist, wie es ist!" das Gefühl von Frustration und Hilflosigkeit in Dir hervorruft.

2. SCHRITT (VERSTÄNDNIS):
Weil Du keine Ahnung hattest, wie Du Deine missliche Lage ändern konntest, fühltest Du Dich machtlos. Frustration und Hilflosigkeit waren das Ergebnis.

3. SCHRITT (LOSLASSEN):
Indem Du realisierst, dass Dein Leben das Ergebnis all der Glaubenssätze und Denkkonzepte Deines Umfeldes ist, welche in Dich hineingeladen wurden, kannst Du Dich gedanklich von der Verantwortlichkeit für sämtliche Ergebnisse in Deinem aktuellen Leben trennen und lossagen.

4. SCHRITT (NEUAUSRICHTUNG):

Durch neues Wissen, Strategien und Methoden übernimmst Du ab sofort die Kontrolle über Deine emotionale Fitness, sowie alle Ergebnisse und Dein gesamtes Leben. Schuldzuweisungen rufen nicht mehr das Gefühl der Hilflosigkeit hervor, sondern lassen Dich spüren, dass Du allein die Macht besitzt, Dein Leben jederzeit ändern zu können

5. SCHRITT (TUN):

Sobald sich die Dämonen zeigen, erinnerst Du Dich daran, dass nur ein energieloser Zustand das Erscheinen der Dämonen ermöglichen kann. Also nutzt Du all Dein Wissen und Deine neuen Konzepte, um Deine Energie hochzufahren, Dich an die neu gelernten Inhalte zu erinnern und Dir selbst vor Augen zu führen, dass niemand außer Dir selbst dafür verantwortlich ist, wie es Dir geht und ob Du aktiv auf das Leben zugehst oder Dich versteckst und zurück ziehst.

SO EINFACH GEHT VERÄNDERUNG!

Ich liebe das Konzept von den fünf Schritten der Veränderung - denn es führt auch mir immer wieder vor Augen, wie einfach Veränderung funktionieren kann. Natürlich ist es so, dass Du, gerade wenn Du beginnst, vielleicht am Anfang etwas mehr nachdenken darfst, um jeden der fünf Punkte entsprechend ausfüllen zu können. Doch mit der Zeit wirst Du immer besser werden und es wird Dir leichter fallen, Dich selbst zu verstehen und hinter Deine eigenen Mechanismen zu blicken.

> DENK DARAN: **SCHULD** IST ETWAS *Wunderbares!*

Wenn Dir jemand sagt, dass Du Schuld hast, dann sagt er nichts anderes als: *„Du hast die Macht!"* Du hast die Macht darüber, was als nächstes passiert. Und indem Du die Macht hast, hast Du auch die Kontrolle darüber, etwas zu verändern. Etwas zu bewegen. Etwas entscheidend zu beeinflussen, sodass sich die Dinge fügen können.

In Deinem Leben läuft ab heute mal etwas nicht ganz nach Plan und Du bemerkst, wie Du wieder zu Dir selber sagst: *„Ich bin schuld!"*? Dann kann ich Dir nur eines sagen: **Gratulation!** Du hast es verstanden! Denn wenn Du selbst sagst, dass Du schuldig bist, sagst Du Dir nach unseren neuesten Erkenntnissen eigentlich:

> *„Ich habe die Macht! Ich kann es verändern! Ich bin eine Kraft für das Gute und werde meinen Kopf garantiert nicht in den Sand stecken!"*

Ganz egal, in welchem Lebensbereich Herausforderungen auf Dich zukommen werden: Übernimm die Verantwortung und damit auch die Schuld zu 100% und *Du bist frei*. Glaube mir, es wird sich lohnen.

KAPITEL 6.3

FRISCHE LUFT TÖTET DÄMONEN!
KILLER-METHODEN FÜR *Aufschieberitis* UND *negative Gedanken*

Viele Menschen tragen den Irrglauben in sich, dass sich nur durch das reine Lesen eines bestimmten Buches **ihr Leben verändern würde.** Doch seien wir mal ehrlich - wie realistisch ist das denn bitte? Dann müsste man ja nur ein paar Kochbücher lesen und schon wäre sogar ich einer der besten Köche weltweit! Diese Erwartungshaltung ist pures Gift für jeden Erfolg. Doch sie ist real! Daher warne ich Dich und bitte Dich inständig, nachhaltiger zu lesen.

Unter dem Begriff des **„nachhaltigen Lesens"** verstehe ich, dass Du die Methoden und Strategien auch tatsächlich für Dich nutzt, anstatt sie nur zu lesen und zu konsumieren. Denn das Leben fordert Dich heraus. Jeden Tag aufs Neue. Auch Deine Dämonen tauchen hier und da immer mal wieder auf. Das ist ganz normal.

Ganz egal, wie weit Du schon gekommen oder wie groß Du gewachsen bist. Herausforderungen gibt es überall und die Größe der Herausforderungen wachsen mit Dir mit.

AB AN DIE FRISCHE LUFT!

Es schadet nie, mehrere Techniken parat zu haben, um sich einer bestimmten Herausforderung zu stellen, daher habe ich einen weiteren Tipp für Dich, mit dem Du Deine Dämonen bändigen kannst - und dieser Tipp ist wirklich super einfach. Denn er hat mit einer Sache zu tun, die es (hoffentlich) immer in Deiner Nähe gibt: Frische Luft.

Warum? Ganz einfach: Frische Luft tötet Dämonen. Wenn Du in Deiner Wohnung sitzt und Dir die Decke auf den Kopf fällt, Du Dich mies und unproduktiv fühlst, dann geh raus. Lauf, geh spazieren oder hol Dir einen Kaffee und die Welt sieht schon ganz anders aus. Rauszugehen und aktiv zu werden ist übrigens eine Facette der Triade. Du erinnerst Dich? Die Triade, bestehend aus Fokus, Tonalität und dem Einsatz Deines physischen Körpers, bestimmt die Energie in uns. Ein niedriges Energie-Level begünstigt die Dämonen-Dichte in Dir, also sieh zu, dass Du jederzeit ein hohes Energie-Level hast. **Beweg Dich, tanz, sing, hab Spaß.** So wirst Du weniger angreifbar für Deine Selbstsabotage-Programme. Ist das nicht wunderbar?

DIAGNOSE: AUFSCHIEBERITIS POSITIV?!

Manchmal, wenn ich in meinen Seminaren davon berichte, dass frische Luft die Dämonen tötet, zeigt jemand auf und gibt an, ein Opfer der weit verbreiteten und gefürchteten „Aufschieberitis" zu sein, also ein Mensch zu sein, der gerne mal eher unangenehme Tätigkeiten auf später verlegt und sie somit nie wirklich richtig abarbeitet. Und klar, natürlich erfordert es anfangs auch Überwindung, Dich zu bewegen.

Gerade dann, wenn Du daran denkst, nach einem Dämonen-Gefühl Sport zu treiben, wird dieses Gefühl der Aufschieberitis immer größer. Das Verlangen danach, Dinge später zu machen, die in diesem Moment eher ungemütlich sind, verstärkt sich manchmal noch durch schlechtes Wetter, fehlende Zeit oder andere Ausreden, die sehr plausibel und logisch klingen. Was die meisten Menschen nicht realisieren ist, dass die Aufschieberitis zwar auf den ersten Blick ganz harmlos wirkt, bei näherer Betrachtung allerdings verantwortlich ist für so manchen Super-GAU im Leben zahlreicher Menschen - und vielleicht ja auch in Deinem. Grund genug also, ihr ein für alle Mal ein Ende zu bereiten! Doch wie stellen wir das am besten an? Eine super gute Frage.

> AUFSCHIEBERITIS = **SUPER GAU!**

Genauso, wie wir den Dämonen Raum geben, wenn wir energielos sind, geben wir auch der Aufschieberitis Gelegenheit, sich auszubreiten, wenn wir etwas durchhängen. Sind wir voller Tatendrang, Energie und Begeisterung (oder im besten Fall verliebt), kann uns so schnell nichts aufhalten, wahr oder wahr? Dann legen wir einfach los, weil wir ganz klar vor Augen haben, warum und wofür wir das machen, was wir gerade machen. Doch wehe, Du weißt einmal nicht mehr so genau, warum und für wen Du eigentlich gerade aktiv bist. Denn dann verlierst Du - ganz ähnlich wie bei einem Gummiband - die Spannung und hängst nur noch so herum.

„DAS MACH ICH MORGEN!" - ABER WARUM EIGENTLICH?

Um der Aufschieberitis etwas auf die Spur zu kommen, müssen wir zunächst einmal klären, was sie eigentlich ist und woher sie stammt. Denn dann können wir nach den fünf Schritten der Veränderung (siehe die vorangegangen Abschnitte in diesem Kapitel) die Aufschieberitis loslassen und uns neu ausrichten, um endlich zum Macher zu werden.

Widmen wir uns als erstes also der Definition von „Aufschieberitis". Was bedeutet dieses Wort eigentlich wirklich? Während meiner Recherche habe ich als erstes nach Antworten auf die Frage gesucht, wann genau wir Dinge aufschieben. Dabei fand ich heraus, dass die meisten Aufgaben, die wir aufschieben und vermeiden wollen, eine der drei folgenden Eigenschaften aufweisen:

 1. Wir wollen die Aufgabe, die wir bewältigen müssen, bestmöglich erledigen, um unseren eigenen und den vermeintlichen Ansprüchen von anderen gerecht zu werden

➤ **2.** Wir müssen ein hohes Maß an Überwindung für die Aufgabe aufbringen, da sie (meistens) langweilig und ermüdend ist (und uns oft als sinnlos oder zeitverschwenderisch erscheint)

➤ **3.** Wir sind uns nicht ganz im Klaren darüber, wie die Qualitätsanforderungen an die Aufgabe lauten. Wir wissen nicht, was „gut", „herausragend" oder „peinlich" ist und tapsen im Dunkeln

WIR WOLLEN SCHMERZ VERMEIDEN UND FREUDE ERLEBEN

Stehen wir also vor einer Aufgabe mit einer oder mehreren dieser Eigenschaften, haben wir nur zwei Möglichkeiten, uns zu entscheiden. Entweder beginnen wir mit der Bearbeitung der Aufgabe und verbringen wertvolle Lebenszeit mit langweiligem Kram, der uns anödet und herunterzieht, weil wir nicht wissen, ob unsere Ergebnisse ausreichend gut sind oder nicht. Oder aber wir schieben die Aufgabe auf und vermeiden damit die Versagensängste, entziehen uns dem beklemmenden Gefühl von Langeweile und Ungewissheit und müssen keinerlei Ansprüchen gerecht werden.

Die meisten Menschen entscheiden sich hier für Option zwei und lernen dadurch unbewusst, dass die Aufschieberitis (wenn auch nur kurz und vorübergehend) dabei hilft, sich wohl zu fühlen. Denn indem wir aufschieben, sind wir sicher vor Ablehnung und Langeweile. Fakt ist zudem auch, dass Menschen zunächst einmal **um jeden Preis Schmerzen vermeiden** und erst **danach** Freude erleben wollen. Indem wir wichtige Dinge aufschieben, bedienen wir genau dieses Verhaltensmuster.

VOLLE HOSE ANSTATT FAULHEIT

Die gute Nachricht an dieser Stelle: Falls Du bislang dachtest, Du seist faul, nur weil Du Dinge aufschiebst, dann stimmt das nicht. Du hast einfach nur die Hose voll. Denn hast Du eine Sache gefunden, die Dir Spaß macht und Freude bereitet, kannst auch Du ganz bestimmt Tag und Nacht daran arbeiten, oder?! Ganz egal, ob es ein gutes Buch ist, das Du nicht mehr aus der Hand legen kannst oder ein Puzzle, welches Du zu Ende puzzeln willst. Jeder von uns kennt diese Momente, in denen wir einfach ganz im „**Flow**" sind. Faul sind die Wenigsten. Allerdings haben die meisten von uns in ihrer Erziehung eingetrichtert bekommen, dass sie eben genau das sind, wenn sie sich nicht den Schulaufgaben oder lästigen anderen aufgezwungenen Hausarbeiten zugewendet haben, die das komplette Gegenteil von Spiel, Spaß und Spannung waren.

AUFSCHIEBERITIS ALS VERMEIDUNGSSTRATEGIE

Automatisch haben wir deshalb alle damit begonnen, zu glauben, dass auch die Arbeit keinen Spaß macht, immer gut durchdacht und perfekt sein muss und ein hohes Maß an Disziplin erfordert. Ein Trugschluss, der seitdem Einfluss auf all unser Handeln genommen hat. Denn so entwickeln viele Menschen einen ungesunden Perfektionismus und eine permanente, unrealistische Erwartungshaltung an sich selbst.

Kein Wunder also, dass Dinge aufgeschoben und vermieden werden, bei all dem Ärger, der mit dem Erledigen von Aufgaben verbunden ist, oder?!

> **FANG AN!** *Besser* **WERDEN KANNST DU IMMER NOCH**

Aufschieberitis hilft uns ebenfalls dabei, unseren eigenen Selbstwert zu beschützen, der an die jeweilige Aufgabe oder Arbeit gebunden ist. Wenn ich eine Aufgabe gar nicht erst erledige, dann kann ich sie auch nicht falsch machen. Demnach kann ich auch nicht kritisiert oder abgelehnt werden, erleide keinen emotionalen Schmerz und stehe immer gut da. Jedenfalls bis zu dem Zeitpunkt, an dem Du vor lauter Druck und Stress fast platzt, weil die dritte Deadline mittlerweile bereits verstrichen ist - und das ist dann auch nicht besonders schön, wahr oder wahr?

Wenn Du Deine Aufschieberitis tatsächlich langfristig überwinden willst, hilft nur eines: Du musst lernen, mögliche Misserfolge und Niederlagen als etwas **Nützliches** und ganz **Natürliches** zu betrachten. Eine halb-perfekt erledigte Aufgabe ist immerhin besser, als gar keine. Auch Dein innerer Dialog ist entscheidend, denn Deine Selbstgespräche spielen natürlich auch immer wieder in Dein persönliches Wohlbefinden mit hinein. Aus einem „Ich MUSS" sollte ein „Ich WILL" werden, denn nur so holst Du Dir die Kontrolle auch in Bezug auf die eher langweiligen Aufgaben zurück.

SO GEHT SELBSTMOTIVATION

Willst Du einer bestimmten Aufgabe den Schrecken nehmen, teilst Du sie einfach in kleine Einheiten ein und belohnst Dich anschließend für jeden kleinen Zwischenschritt, den Du erfolgreich gemeistert hast (genau wie der Straßenfeger Beppo - Du erinnerst Dich?).

Wenn ich an einem verregneten, grauen Dienstagnachmittag in Gifhorn laufen gehen soll, dann muss auch ich mir deutlich sagen, dass ich jetzt wirklich laufen gehen „**WILL**", damit ich mich dieser Challenge erst einmal voll und ganz bemächtigen kann. Daraufhin gehe ich vorsichtig zum Kleiderschrank, lege meine Sporthose auf das Bett und gebe mir selbst erst einmal ein High Five, denn das war schon der erste Schritt auf dem Weg auf die nasse Straße. Wenn ich mir die Sporthose dann angezogen habe, klopfe ich mir auf die Schulter. Sind die Schuhe angezogen, lächle ich mich im Spiegel an und gebe mir einen „Daumen hoch".

Ich feiere jeden einzelnen Zwischenschritt und zelebriere ihn, um mir selbst und meinem Körper zu signalisieren, dass, ganz egal wie lange ich gleich draußen laufen werde, ich jetzt schon gewonnen habe. Damit nehme ich mir direkt den Druck aus der Aufgabe und kann mich entspannt auf alles einlassen, was da auf mich wartet. Bin ich dann draußen, geht es mir so wie jedem von uns: Einmal mit einer Aufgabe begonnen, läuft es meistens fast wie von selbst. Entscheidend ist der Weg zum ersten Schritt.

LÖSE DICH VON DEN BEWERTUNGEN ANDERER UND MACH´S EINFACH

Aufschieberitis löst Du auch auf, indem Du Dich frei machst von der Bewertung anderer Menschen. Mach Dir keinen Kopf über die Meinungen und Bewertungen der anderen. Wer sich mehr für Dich und Dein Leben interessiert, als für sein eigenes, ist ein armer Wicht und vom Leben genug gestraft, wahr oder wahr? Die meisten Menschen sind sowieso nur mit sich, ihren vermeintlichen Problemen und ihren Herausforderungen beschäftigt.

Fokussiere Dich also ganz auf Dich, auf Deine persönliche Challenge, laufen zu gehen und Du wirst siegen, ganz egal, wie Deine Zeit ist und ganz egal, wie viele Kilometer Du geschafft hast.

NUTZE DIE KRAFT DEINES WARUMS UND DER TRIADE

Erinnere Dich außerdem an **DEIN WARUM**, an den Raketentreibstoff für Dein Ziel. Auch Dein Warum kann ein spielentscheidender Faktor sein, wenn es darum geht, die Aufschieberitis zu überwinden. Und ich kann es einfach nicht oft genug erwähnen, aber übe Dich in emotionaler Fitness. Damit ziele ich auf Deinen energetischen Zustand ab, denn hast Du wenig Energie, haben die Dämonen wieder leichtes Spiel und auch die Aufschieberitis gewinnt die Oberhand.

Sorgst Du hingegen für großartige Energie in Deinem Körper, wirst Du merken, dass Du immer mehr machst und weniger aufschiebst, alleine schon durch Deinen Eigenantrieb.

WEISE WORTE VOM KOLLEGEN KONFUZIUS

An dieser Stelle habe ich noch ein ganz besonderes Zitat für Dich, welches auch mir immer sehr geholfen hat. Es stammt von Konfuzius und lautet: „Es ist nicht wichtig, wie langsam Du gehst, solange Du nicht stehen bleibst."

Im Regen spazieren zu gehen ist also besser, als im Trockenen auf dem Sofa zu liegen und den Lauf wieder sausen zu lassen, wahr oder wahr? Eine Seite vom Buch zu schreiben ist also besser, als die neue Netflix-Dokumentation zu schauen, oder was meinst Du? Und die Inhalte von „GO!" auch im echten Leben auszuprobieren und umzusetzen ist immer eine deutlich bessere Idee, als Fernsehen zu schauen, am Handy rumzuhängen oder irgendwelche Klatschblätter zu lesen, die Dich sowieso nicht weiterbringen werden im Leben.

Wie Du Dich so ausrichten kannst, dass es Dir leicht fallen wird, alle neuen Übungen, Methoden und Strategien auch im „Real-Life" wirklich einzusetzen, verrate ich Dir im nächsten Abschnitt.

KAPITEL 6.4

DAS **SUPERMAN-MINDSET** DES *erfolgreichsten Trainers* DER WELT

Tony Robbins ist der größte und erfolgreichste Trainer und Coach der Welt. Und wenn ich groß schreibe, dann meine ich auch groß. Der Typ ist wirklich ein echter Riese! Mit seiner Körpergröße, seiner unverkennbaren Stimme und seiner Ausstrahlung ist er eine wahre Erscheinung, die auch mir schon vor vielen, vielen Jahren mächtig imponierte.

Damals gab Tony noch viel kleinere Workshops als heute. Mittlerweile sind seine Seminare mit mehreren zehntausend Teilnehmern in den größten Stadien der Welt regelmäßig ausverkauft. Der Hype und Run auf Tony Robbins hat nicht abgenommen - im Gegenteil. Dieser Mann ist eine **lebende Legende**, denn immer mehr Menschen verstehen, dass die Entwicklung der eigenen Persönlichkeit zu mehr Fülle, Glück, Reichtum und Erfolg im Leben führt.

DAS ERFOLGSPRINZIP EINER LEBENDEN LEGENDE

Umso glücklicher kann ich mich schätzen, dass ich nach meinem gescheiterten Selbstmordversuch und während meiner „Findungsphase" viel Zeit an seiner Seite verbringen durfte. Tony brachte mir viel von dem bei, was ich auch heute noch in meinen Coachings und Seminaren anwende und umsetze.

Irgendwann fragte ich ihn in meinem gebrochenen Englisch, wie er es geschafft hatte, so groß und erfolgreich zu werden und so viele Herzen zu berühren. Er lächelte stumm, sah mich dann mit seinem verrückten, durchbohrenden Blick an und sagte mit tiefer Stimme:

> *„Ich habe diesen verdammten Tony Robbins-Kerl erschaffen. Irgendwann stand ich da, traf für mich diese Entscheidung und es gab kein Zurück mehr. Ich habe Tony Robbins GEMACHT. Alles was Du siehst, alles was Du auf der Bühne wahrnimmst, all das habe ich ganz bewusst genauso erschaffen. Ich habe mich zu dem gemacht, was ich bin."*

Ich muss zugeben, dass ich damals nicht sofort immer alles verstand, weil mein Englisch (auch heute noch) nicht unbedingt Harvard-Business-School-Level erreicht hatte. Daher fragte ich zwei, dreimal nach, doch irgendwann begriff ich es und realisierte, dass jeder, absolut jeder Mensch auf dieser Welt mit dem richtigen Mindset einfach alles erreichen kann.

WIE DU EINFACH ALLES ERREICHEN KANNST

Ich nannte diese Form des Denkens und die Herangehensweise an das Leben damals „Superman-Mindset", weil Tony Robbins für mich genau das verkörperte. Er hatte ein Ziel und verlor es niemals aus den Augen. Auch er strauchelte, hatte massive Herausforderungen und hat geschafft, was in diesem Ausmaße bislang kein anderer vor ihm jemals so hinbekommen hat: Er hat sich die beste Version seiner selbst kreiert, mit der er seit nunmehr fast 45 Jahren Millionen Menschen auf ihrem Weg in ein neues Leben begleitet hat. Einfach unglaublich.

Er ist für mich der Inbegriff eines Coaches.

DAS SUPERMAN-MINDSET IN DREI SCHRITTEN

Natürlich schrieb ich mir damals alles auf, worüber wir sprachen und aus meinen Notizen kreierte ich mir eine Taktik, die dir dabei hilft, das Superman-Mindset auch in Deinem Leben zu etablieren. Sie besteht aus insgesamt **drei Schritten:**

 1. Frage Dich, wer Du sein willst! Wie sieht Dein Ideal-Ich aus, wie spricht es, geht es, bewegt es sich, welche Werte sind ihm oder ihr wichtig und welche Ziele hat es?

➡ **2.** Wie kannst Du Dich heute, an diesem Tag, diesem Ideal-Ich auf eine beständige Art und Weise annähern? Welche Aktionen und Unternehmungen musst Du vornehmen, um Dich einzugrooven?

➡ **3.** Was kannst Du machen, um den Prozess zu beschleunigen? Welche Merkmale kannst Du bereits jetzt übernehmen und fest in Deinen Alltag integrieren?

DEFINIERE DIE ROLLE DEINES LEBENS NEU

Der **erste Schritt** war für mich geprägt von **intensiven Denk-Prozessen**, denn mir war klar, dass ich, je klarer und eindeutiger das Bild meines **IDEAL-ICHS** war, ein um so einfacheres Spiel hatte. Schließlich kannte ich damals ebenfalls das Bild des **universellen Taxis** schon und erinnerte mich natürlich daran, dass ich umso schneller an mein Ziel gelange, wenn ich ganz genau weiß, wo es hingehen soll und diese Info auch an den Taxifahrer, also das Leben, weitergeben konnte. Also stellte ich mir die Frage, **zu welcher Person ich werden muss**, um all meine Ziele zu erreichen.

Welcher Mann will ich werden, um die Beziehung führen zu können, nach der ich mich so sehr sehne? Welcher Vater will ich sein, um meinen Kindern den bestmöglichen Start in ein glückliches Leben zu gestalten? Welcher Freund will ich sein für meine besten Freunde? Was für ein Bruder will ich sein für meine beiden Schwestern und welcher Sohn für meine Eltern? Wie will ich als Geschäftspartner auftreten, welche Eigenschaften fehlen mir noch und welche darf ich noch etwas verbessern?

All diese Gedanken beantwortete ich natürlich auch schriftlich, schließlich weiß ich, dass durch das Schreiben alles bereits manifestiert und zu meiner Wahrheit wird.

SCHLÜPFE IN DIE SCHUHE DEINES IDEAL-ICHS

Im **zweiten Schritt** wurde es bereits konkreter. Jeden Morgen überlegte ich mir, wie ich mich ausrichten musste, um im Körper meines Ideal-Ichs umherzuwandern. Ich stellte mir permanent die Frage, wie mein Ideal-Ich jetzt wohl reagieren würde und passte meine persönlichen Standards sowie meine alten Verhaltensweisen natürlich dementsprechend an.

Es fühlte sich wunderbar an, auch wenn mich vieles damals etwas überforderte. Ich zog es einfach durch, in der Gewissheit, dass schon alles gut werden würde - und ich sollte Recht behalten.

DEN GANZEN TAG AUF SENDUNG - WIE DU NEUE VERHALTENSMUSTER SPIELEND LEICHT ETABLIERST

Der **dritte Schritt** lud mich ein, etwas mehr um die Ecke zu denken. Aktive Umsetzung fiel mir zwar immer leicht, doch gab es auch bei mir schon viele Momente, in denen auch ich mir mein Hirn etwas zermartern durfte. Nach langem Nachdenken fielen mir endlich einige Strategien ein, mit denen ich vieles von dem, was ich von Tony lernte, sofort auch in meinem Alltag integrieren konnte.

Zum Beispiel stellte ich mir vor, 24 Stunden am Tag, rund um die Uhr, von einem Kamerateam begleitet zu werden und in der Öffentlichkeit zu stehen. Mein imaginäres Kamerateam filmte alles mit, was geschah, nahm Close-Ups von meinem Gesicht auf, sodass ich überwiegend dazu gezwungen war, zu lächeln und beobachtete mich auch sonst immer und überall.

Das spannende daran: Wenn Du das Gefühl hast, beobachtet zu werden und in der Öffentlichkeit zu stehen, verhältst Du Dich gleich ganz anders. Dann ist Schluss mit Meckern, Motzen und Beschweren und schon ziehst Du ungemütliche Sachen eben doch einfach durch, gibst Gas und bleibst am Ball, anstatt Dich auf das Sofa zu werfen und fünf neue Folgen Deiner Lieblingsserie zu schauen. Du popelst auch nicht mehr in der Nase und regst Dich auch nicht im Auto über andere Verkehrsteilnehmer auf, sondern bleibst gelassen, cool und charmant zugleich. Ein echtes **Wunderwerkzeug**.

ZWEI ROUTINEN FÜR ABSOLUTE ÜBERFLIEGER

Ich fing damals auch damit an, intensiv mein Erfolgsjournal zu führen, in das ich all meine Erfolge, meine Dankbarkeitsliste und weitere Punkte hineinschrieb, die mich wissen ließen, dass ich gewachsen bin und Fortschritte erzielte. So war ich jeden Abend motiviert bis in die Haarspitzen, genauso weiterzumachen und am nächsten Tag sogar noch eine Schippe draufzulegen.

Womit ich bei einem weiteren Punkt angelangt wäre, nämlich der Einbindung von **KUNEV**. Wie Du ja vielleicht von meinen Seminaren weißt, ist KUNEV die Abkürzung für **K**onstante **U**nd **N**iemals **E**ndende **V**erbesserung - und damit ein Symbol für dauerhaftes, persönliches Wachstum.

Vielleicht erinnerst Du Dich, dass mein Vater damals beim Reittraining schon immer sagte: *„Wer aufhört, besser zu werden, hat aufgehört, gut zu sein!"*

Ich hinterfragte mein Denken von Tag zu Tag, betrieb Gedankenhygiene, sortierte mich oft neu und begann sogar damit, einzelne Situationen vom Tag minutiös zu reflektieren, um herauszufinden, wann genau ich von meinem Ideal abwich und was ich schon ganz gut hinbekam. Sobald ich eine Schwachstelle fand, freute ich mich riesig, denn so konnte ich an ihr arbeiten und mich emotional wieder trainieren und am nächsten Tag schauen, ob es bereits eine sichtbare Verbesserung zu vermelden gab. So lebte ich konsequent KUNEV - bis heute.

EINE STRATEGIE, DIE WIRKT (UND WIE!)

Heute stehe ich zwar nicht in den größten Stadien Amerikas, doch habe ich ebenfalls die Ehre, vor tausenden Menschen meine Inhalte vorzutragen. So kann auch ich meinen Teilnehmern massiv dabei behilflich sein, ihr Leben auf ein vollkommen neues Level zu heben, ganz nach dem Motto: „Level up your Life!". Aus diesem Grund kann ich ehrlich und authentisch bestätigen, dass das Superman-Mindset von Tony Robbins wirkt und damit auch für Dich ein entscheidender Schlüsselfaktor auf dem Weg zu Deinem Ziel sein wird.

Lies Dir diesen Abschnitt gerne mehrmals durch, um Robbins' Strategie ebenfalls zu modellieren und sie für Dich umzusetzen. Du darfst schon jetzt gespannt darauf sein, was das Superhelden-Mindset in Deinem Leben alles bewirken und verändern wird, wenn Du es schaffst, Dich voll und ganz - und ohne jegliche Angst vor dem Scheitern - auf sie einzulassen.

KAPITEL 6.5

KEINE ANGST VORM *Scheitern*:
WIE DU ENDLICH LOSLEGST UND DICH ZEIGST

Tag für Tag gibt es abertausende Momente da draußen, in denen Menschen eine Idee im Kopf haben oder einen Drang verspüren, etwas bestimmtes umzusetzen oder zu tun. Es ist wie ein Impuls, der direkt aus dem Herzen kommt, denn oftmals kann sich keiner diesen Gedanken logisch erklären. Sei es das Verlangen, eine fremde Person anzusprechen, sich auf einen anderen Job zu bewerben oder einen alten Freund anzurufen.

Ganz egal worum es geht, in den meisten Fällen verwerfen die meisten diesen Gedanken ganz schnell wieder, weil er zu sehr von ihrem grauen Alltag abweicht und er ihnen deswegen unbewusst Angst macht.

IM SCHEITERN LIEGT DER GEWINN

Wenn Du etwas unversucht lässt und nicht handelst, lautet die Antwort immer „Nein" - und damit hast Du niemals etwas zu verlieren, wahr oder wahr? Zu Scheitern bedeutet eigentlich zu gewinnen. Und zwar an Erfahrungen und Erkenntnissen über das Leben. Menschen mit leichter Kitsch- und Kalenderspruch-Allergie werden jetzt wahrscheinlich leise aufstöhnen, doch genauso ist es. Die Momente der Niederlagen sind die Bausteine für jeden großen, späteren Erfolg. Glaubst Du nicht? Dann erinnere Dich an die Formel für Erfolg aus dem ersten Kapitel! Sie lautete:

Ein Moment der Niederlage könnte eine falsche Entscheidung sein, wahr oder wahr? Diese falsche Entscheidung füllt Deinen Erfahrungsschatz an, aus dem heraus Du in Zukunft bessere Entscheidungen treffen wirst, da Du bereits weißt, wie gewisse Dinge ablaufen und funktionieren. Je mehr Erfahrungen Du sammelst, desto wahrscheinlicher wird es, dass Du bald schon nicht mehr irgendeine, sondern die richtige Entscheidung triffst.

DIE EINZIGE LEGALE ERFOLGS-ABKÜRZUNG: LASS ANDERE FÜR DICH VERLIEREN!

Ein Tipp, der Dich vor vielen Rückschlägen bewahren kann und trotzdem Deinen Erfahrungsschatz auffüllt, lautet: LIES! Und zwar die Biografien von erfolgreichen und großen Unternehmern, Berühmtheiten und Künstlern. In ihnen wirst Du von Fehlern lesen, die andere bereits begangen haben und kannst von dem daraus resultierenden Wissen profitieren.

Erkundige Dich einfach einmal bei Amazon oder in dem Buchladen Deines Vertrauens nach einer Biografie, die Dich interessiert und dann geht's los. Du wirst erstaunt sein, wie rasch Du wachsen wirst, wenn Du im Kontext des „Erfahrungen anderer Menschen sammeln" eine Biografie liest und Deine Erkenntnisse in die Tat umsetzt.

Lerne von den Fehlern erfolgreicher Menschen!

DIE VIER ECKPFEILER DES SCHEITERNS

Bevor wir in das siebte Kapitel springen und darüber sprechen, wie Du Dir ein gigantisch grosses Selbstvertrauen aufbauen kannst, habe ich noch ein paar letzte wichtige Informationen für Dich. Ich bezeichne sie gerne als die vier Eckpfeiler des Scheiterns, die zwar jeder irgendwie, irgendwo schonmal gehört hat, aber trotzdem immer wieder vergisst.

Dabei wäre es doch so viel einfacher im Leben, wenn wir uns diese vier Eckpfeiler des Scheiterns einfach öfter zu Gemüte führen würden. Sie lauten:

1. **Eckpfeiler:** Wenn nicht jetzt, wann dann?
2. **Eckpfeiler:** Niemand interessiert sich für Dich
3. **Eckpfeiler:** Dein Scheitern bleibt unerkannt
4. **Eckpfeiler:** Du wirst es überleben - Dir kann rein gar nichts passieren

Mach´s JETZT! Wir haben bereits darüber gesprochen, wie wertvoll der gegenwärtige Moment ist und wie ungewiss die Zukunft ist. Keiner weiß, wie viel Zeit uns noch bleibt. Und trotzdem schieben wir viele Herzensangelegenheiten auf die lange Bank.

> **WENN NICHT JETZT, WANN DANN?**

Er macht Dir deutlich, dass Du **JETZT** handeln musst, auch auf die Gefahr hin, dass Du scheitern wirst. Sag JETZT dem Typen oder dem Mädchen, dass Du sie liebst oder dass Du sie wiedersehen oder auf einen Kaffee einladen willst. Bewirb Dich JETZT auf den Studiengang, den Ausbildungsplatz oder den Platz in Deinem Traumberuf, nach dem Du Dich schon so lange sehnst.

Nimm JETZT das Lied auf, lerne JETZT Gitarre, fang JETZT den Tanzkurs an, beginne JETZT die Coaching-Ausbildung, fahre JETZT an die Nordsee, buche JETZT zwei Tickets für das Level up your Life, obwohl Du vielleicht noch etwas Unwohlsein in der Magengegend verspürst - aber TU ES! Jetzt! GO! Schließlich weißt Du **nicht**, wie oft sich Dir noch die Gelegenheit dazu bieten wird. Irgendwann ist es garantiert zu spät. Dann wirst Du Dir wünschen, noch einmal die Gelegenheit zu haben, wieder hier zu sein. Genau in diesem Moment, mit „GO!" in der Hand und diesem Gefühl im Bauch, jetzt endlich loszulegen.

DAS PRIVILEG VON FEHLENDER RELEVANZ

Der **zweite Eckpfeiler** klingt für viele zunächst wie ein Fluch, doch ist er ein wahrer Segen: Niemand interessiert sich für Dich!

Ob Du willst oder nicht - wenn Du nicht gerade Leonardo Di Caprio, Emma Stone oder Fabian Klos heißt, dann interessiert sich einfach niemand für Dich. Du bist nicht relevant. Es ist den Menschen egal, was für Hosen Du trägst, wie Du Dich stylst und was Du für eine Haarfarbe hast. Denn die meisten Menschen haben nur eins im Kopf: **sich selbst.**

STRASSENMUSIK ZWISCHEN HAUPTBAHNHOF UND ZOO

Warst Du schon einmal in einer Großstadt unterwegs und bist mit der S-Bahn gefahren? Nicht selten kommt es vor, dass in Berlin, Hamburg oder München Straßenmusiker einsteigen und für die Dauer von ein bis zwei Stationen Musik machen. Live, mit Saxophon, Gitarre, Mundharmonika oder einer lauten Musikanlage singen und spielen sie (meistens etwas schief) ihre Lieder und sobald sie fertig sind, gehen sie mit einem Hut herum.

Sie sind maximal laut, ziehen relativ viel Aufmerksamkeit auf sich, stören vielleicht auch den ein oder anderen Fahrgast, der gerade einfach nur seine Ruhe haben will. Doch sobald sie ausgestiegen sind und die S-Bahn wieder weiterfährt, hat jeder bereits die Gesichter der Musiker vergessen und ist tief in seinem Handy versunken, wahr oder wahr?

DAS GUTE IST, WIR SIND EGAL

Stell Dir mal vor, ich würde mit Dir gemeinsam durch Berlin mit der S-Bahn fahren und wir beide machen Musik. Du mit der Trompete und ich mit der Gitarre. Dass weder Du Trompete noch ich Gitarre spielen können, würde zwar jedem auffallen, doch wäre es ebenfalls jedem total egal. Denn niemand kennt uns. Niemand nimmt wirklich von uns Notiz. Und genau das ist ein Segen, weil Du machen kannst, was Du willst.

Du bist frei, denn Du hast kein Image, dass Dir vorgibt, wer Du zu sein hast. Erfinde Dich neu, sei bunt, frei, wild und wunderbar und probiere Dich aus. Und wenn es sich stimmig anfühlt, dann leg los, positioniere Dich mit Deinem Branding und zeige Dich, sing Dein Lied, betritt die Bühne und mach Dein Ding! GO!

SCHLUSS MIT DEM VERSTECKEN - ZEIT, DASS DU DICH ZEIGST!

Womit wir beim **dritten Eckpfeiler** angekommen sind: Dein Scheitern bleibt unerkannt.

Aus Angst vor dem Scheitern und der Blamage in der Öffentlichkeit halten sich viele, die eigentlich eine clevere Positionierung und eine tolle Energie haben, lieber **versteckt**. Doch das Spannende ist, dass es - anders als in der Fußball Bundesliga - keine Aufzeichnungen oder Dokumentationen darüber gibt, wie oft Du in einem bestimmten Bereich etwas vermasselt hast. Es gibt keine Tabelle, in der steht, wie häufig Du Dich bei einem Vortrag versprochen hast, wie viele „Neins" Du Dir anhören musstest oder wie oft Dich jemand abgelehnt hat. Kein Mensch der Welt kann nachvollziehen, wie oft Dinge bei Dir schon in die Hose gegangen sind. Und auch das ist ein Geschenk. Denn somit bleibst Du für neue Kontakte in Deinem Leben und neue Kunden immer irgendwie ein unbeschriebenes Blatt und kannst tun und lassen, was Du willst (sofern es natürlich dem gesetzlichen Rahmen des Landes entspricht, indem Du Dich gerade aufhältst, das ist klar!).

Ganz großartig ist diese Tatsache, wenn wir sie auf das Single-Leben übertragen. Egal wie viele Frauen oder Männer Du ansprichst und egal wie oft Du ein „Verpiss Dich!" oder „Nein" gehört hast, niemand kann es nachlesen. Doch wenn Du ein einziges Mal ein „Ja!" hörst und es „passt", bist Du die Königin oder der König der Welt. Und genau dafür lohnt es sich, immer wieder zu fragen, sich zu zeigen und sich der Welt zu offenbaren! Also worauf wartest Du?! GO!

WAS SOLL SCHON PASSIEREN?!

Der **vierte und damit letzte Eckpfeiler** klingt wie eine nüchterne Tatsache, doch sie ermöglicht gerade vielen jungen Menschen hier in Deutschland, Österreich und der Schweiz eine nie dagewesene Leichtigkeit im Leben. Er lautet: Du wirst es überleben - Dir kann rein gar nichts passieren.

Mal ehrlich - sofern Du keine Kinder oder keine Familie hast, die Du versorgen musst, kannst Du machen was Du willst, Dir wird nichts lebensbedrohliches passieren. Du wirst weder sterben noch verhungern, wenn Du pleite gehst. Solange Du nicht kriminell geworden bist oder krumme Dinger gedreht hast, bist Du jederzeit und überall abgesichert. Du wirst ein Dach über dem Kopf und Zugang zu allem haben, was Du brauchst, um voranzukommen - und sei es „nur" das Internet.

WER DENKT ER *kann*, DER KANN!

Wo ein Wille ist, ist auch ein Weg der Umsetzung. Selbst wenn Du Familienmutter oder -vater bist, hast Du tausende Optionen, durch die Du alles machen kannst, was Du willst. Such Dir Investoren, die Deine Idee fremd finanzieren, mit der Du Dich zeigen willst. Fang erstmal risikofrei an, indem Du lediglich Zeit investierst und erst dann auf Geldreserven zurückgreifst, wenn Du bereits Käufer, für zum Beispiel Dein Produkt oder Deine Dienstleistung hast, von denen Du sicher weißt, dass sie auch kaufen werden.

Ich habe schon zahlreiche (auch alleinerziehende) Eltern betreut und kann Dir daher reinen Gewissens sagen, dass Kinder niemals ein Grund sind, nicht erfolgreich zu werden. Sie sind nämlich eigentlich das komplette Gegenteil davon! Meine Kinder beispielsweise sind mein Warum, mein Antrieb und meine

Schaffenskraft, die mich dazu befähigt, bis zum frühen Morgen, während die Sonne schon aufgeht und die Vögel zwitschern, diese Zeilen fertig zu schreiben, falls Du verstehst, was ich damit meine!

Erinnere Dich an die **VIER ECKPFEILER DES SCHEITERNS** und besinne Dich darauf, dass jedes Scheitern dazu beiträgt, im Leben immer erfolgreicher zu werden.

Zeige Dich der Welt und stell Dein Licht nicht unter den Scheffel! Das hat sogar schon Jesus gesagt - und wenn der das sagt, dann muss da ja was dran sein... also worauf wartest Du noch? **GO!**

> "Nicht am Ziel wird der Mensch gross, sondern auf dem Weg dorthin."
>
> — Ralph Waldo Emerson

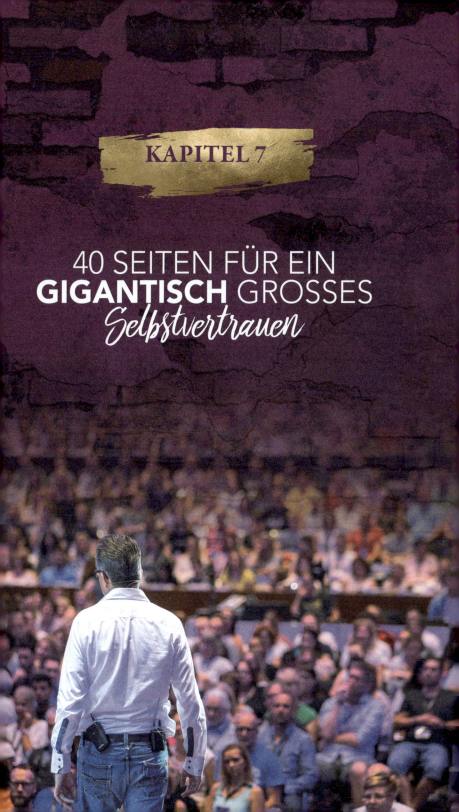

40 SEITEN FÜR EIN **GIGANTISCH** GROSSES *Selbstvertrauen*

> *„Du wirst Dein Leben niemals verändern,*
> *solange Du nicht etwas veränderst, das Du täglich tust.*
> *Der Schlüssel zum Erfolg liegt in Deiner täglichen Routine."*
> JOHN C. MAXWELL

Weißt Du, was die meisten Menschen (und vielleicht auch Du) mit einem Chamäleon gemeinsam haben? Kleiner Tipp: die lange Zunge oder die großen Augen sind es nicht.

Ich gebe zu, dass dieses Rätsel vielleicht nicht das leichteste ist, das Du jemals lösen musstest, doch die Antwort wird Dich wahrscheinlich auch nicht gerade überraschen: Die Gemeinsamkeit zwischen den meisten Menschen und einem Chamäleon liegt in der **Fähigkeit der Anpassung.**

KAPITEL 7.1

DU UND DER *Clou* VOM **CHAMÄLEON**

Viele Menschen passen sich - genau wie ein Chamäleon auch - an, um zu **überleben.** Das mag vielleicht etwas drastisch klingen, doch nach all den Jahren im Coaching-Business weiß ich, dass es die bittere Wahrheit ist. Sich seinem Umfeld anzupassen, sich selbst zu verbiegen und seine Individualität immer mehr zu verlieren, ist trauriger Alltag für Millionen von Menschen.

Aufgrund zahlreicher Ereignisse in unserer Vergangenheit haben wir gelernt, dass es einfacher ist, mit, statt gegen den Strom zu schwimmen. Leider bezahlen wir dafür lebenslang einen hohen Preis. Einige dieser Ereignisse, die auch Dein Leben mit sehr hoher Wahrscheinlichkeit geprägt und beeinflusst haben, habe ich hier für Dich aufgelistet. Überprüfe, welche der **vier Ereignisse auch Dir bekannt vorkommen:**

1. ... wer in der Schule laut war, wenn alle anderen leise waren, bekam eine Strafarbeit.

2. ... wer sich nicht so kleidete wie der Rest, fiel auf - und damit leider auch oftmals durch, denn er wurde von seinen Mitschülern ausgegrenzt, gehänselt und vielleicht sogar von den eigenen Lehrern missbilligt und vorverurteilt.

3. ... wer eine andere Meinung hatte als ein Professor, Vorgesetzter, Ausbilder oder Dozent - und diese vielleicht sogar laut äußerte - musste oftmals mit Konsequenzen rechnen, die eher zum eigenen Nachteil, als zum eigenen Vorteil wurden.

4. ... und wer sich bestimmten Glaubenssätzen seiner Eltern, Großeltern oder anderen Autoritäten entsagte oder neue Wege gehen wollte, wurde frühzeitig zurechtgewiesen, sowie in seinem eigenen Wachstum beschnitten und gestutzt, ohne dabei zu merken, dass das Licht der eigenen Einzigartigkeit immer kleiner und kleiner wurde und schließlich ganz erlosch.

Erlebnisse wie diese haben uns in unserem Denken beeinflusst und geformt. Wir vermeiden es, anzuecken, halten unsere Gefühle zurück und sind lieber leise, um niemandem auf die Füße zu treten. Dabei realisieren wir nicht (oder erst, wenn es schon zu spät ist), dass auch unsere innere Stimme immer mehr und mehr verstummt und sich nur noch selten zeigt.

WAS WIR VON DEN CHAMÄLEONS LERNEN KÖNNEN

Das Chamäleon wandelt seine eigene Hautfarbe zur Ursprungsfarbe zurück, sobald eine mögliche Gefahrensituation vorbei ist und die Tarnung nicht mehr länger wichtig ist. Viele Menschen hingegen halten diese Tarnung ihr Leben lang aufrecht, weil sie das unbewusste Gefühl in sich verspüren, permanent abgelehnt oder für ihren „echten Kern" verurteilt zu werden.

Alleine wenn ich daran denke, wie viele „Masken-Menschen" da draußen umherlaufen, bekomme ich eine Gänsehaut. Denn wahre Liebe, wahres Glück und wahrhaftiges Leben kannst Du nur erfahren, wenn Du Deine Maske des Selbstschutzes ablegst. Wenn Du aufhörst, Dinge zu tun, die Du eigentlich gar nicht tun willst. Nicht mehr zustimmst, wenn Du eigentlich ablehnen willst. Nicht mehr mitmachst, weil Du gerade viel lieber Zeit für Dich hättest.

LEBENSGEFAHR ODER HIRNGESPINST, DAS IST HIER DIE FRAGE!

Für Chamäleons ist die Bedrohung real, sodass sie ohne die Anpassung an ihr Umfeld sterben würden, wenn ein Raubtier oder eine potentielle Gefahr in der Nähe ist. Für Dich als Mensch ist die Gefahr, die Dich dazu verleitet, Dich anzupassen und zu verbiegen, allerdings nichts anderes als ein **selbstauferlegtes Hirngespinst**.

Denn heute bist Du nicht mehr darauf angewiesen, dass Deine Eltern Dir Essen oder Schutz geben. Du bist auch nicht mehr in der Schule, kein Lehrer benotet Dich mehr und somit kann niemand anderes direkten Einfluss auf Dein Leben nehmen. Auch Dein Arbeitsumfeld kann dies nicht - immerhin könntest Du jederzeit kündigen und Dir ein anderes, Dir dienlicheres Arbeitsumfeld suchen, wahr oder wahr? Das gleiche gilt für Deine Familie. Denn wenn Dich Deine Familie für Deine „Andersartigkeit" ablehnt, ist es Deine Aufgabe, Dir ein neues Umfeld zu suchen, das Dich genauso annimmt, wertschätzt und liebt, wie Du bist.

WARUM DIE MEISTEN MENSCHEN (UND VIELLEICHT AUCH DU) IN ANPASSUNG LEBEN

Dein Glück muss für Dich an erster Stelle stehen - und um es zu finden, sind manchmal massive Maßnahmen nötig. Der Grund dafür, warum trotzdem so viele Menschen in Anpassung leben, besteht darin, dass es den meisten sehr schwer fällt, sich aus ihrem selbstauferlegten Gedankengefängnis zu befreien. In ihren Köpfen malen sie sich die wildesten Szenarien darüber aus, was wohl passieren würde, wenn sie sich „outen" und wirklich das machen und sein würden, was sie **tief in ihrem Innersten fühlen.** Dass sich von diesen Vorstellungen nur die allerwenigsten bewahrheiten und tatsächlich eintreffen, bedenkt dabei fast niemand.

Somit ist die Angst vor den möglichen Ereignissen so groß, dass sie sich eher dem Trott des Bekannten hingeben, anstatt Neues zu wagen. Und das Bekannte weiterzuleben bedeutet, die eigene Größe weiterhin versteckt zu halten, um bloß nicht aufzufallen...

ENTDECKE DAS RAMPENSAU-CHAMÄLEON IN DIR!

Doch weißt Du was? In genau diesem Punkt sollten wir uns unbedingt ein Beispiel an den Chamäleons nehmen. Chamäleons wirken zwar wie Tiere, die sich anpassen, um bloß nicht gesehen zu werden, doch wissen leider die Wenigsten, dass die kleinen Reptilien in den wichtigsten Momenten des Lebens eigentlich richtige **Rampensäue** sind!

Wie Du sicher weißt, haben die wichtigsten Momente in unserem Leben immer etwas mit der Liebe zu tun. Einer dieser wichtigen Momente ist die Annäherung an einen potentiellen Partner. Wenn sich zwei Chamäleons begegnen, nutzen sowohl Männchen als auch Weibchen ihre jeweilige Wandlungsfähigkeit, um aufzufallen und Eindruck zu machen.

Der nun auftretende **Farbenzauber** ist in Extravaganz und Vielfältigkeit kaum zu überbieten. Bunte Muster sowie kraftvolle, satte Farben lassen sämtliche menschengemachte Kunstwerke alt aussehen.

> **SCHLUSS MIT ANPASSEN!**
>
> *Leuchte* LIEBER IN **ALL** DEINEN **FARBEN** UND **FACETTEN!**

Du und der Clou vom Chamäleon

WAS WIR UNS VOM FLIRTPROFI CHAMÄLEON ABSCHAUEN KÖNNEN

Ich liebe diesen Vergleich wirklich sehr, denn er verdeutlicht uns eines auf ganz besondere Art und Weise: **Wenn es drauf ankommt, holen die Chamäleons all das raus, was in ihnen steckt.** Sie zeigen, was sie drauf haben und verstecken sich nicht.

Anders ist es bei uns Menschen - denn selbst in den Momenten, in denen wir potentiellen Partnern begegnen, halten wir an unserer Maske fest. Um genauer zu sein, halten wir GERADE DANN an unserer Maske fest, wenn wir einem möglichen Partner begegnen, schließlich wollen wir genau dieser Person keinerlei Grund geben, uns nicht zu mögen, wahr oder wahr?

Das triste Durchschnittsgrau Deiner Persönlichkeit wird also nur noch durchschnittlicher, farbloser und bleicher. Gähn.

Extravaganz und herausstechende Merkmale sind allerdings auch bei uns Menschen von großer Bedeutung und ein Zeichen für **hohe Attraktivität.** Damit sage ich nicht, dass alle Menschen farbenfrohe Kanarienvögel sein müssen, um einen Partner zu finden. Vielmehr will ich damit zum Ausdruck bringen, wie wichtig es ist, dass Du Dich genauso zeigst, wie Du bist. In Deiner authentischen Einzigartigkeit.

SO FINDEST DU DEINEN TRAUMPARTNER

Wenn Du ein Bücherwurm bist, der gerne zuhause sitzt und liest - Du aber auch noch Single bist, dann begib Dich in den Buchladen um die Ecke und schau, wer sich ebenfalls für Dein Lieblingsgenre interessiert und sprich diese Personen doch einfach mal an. Gleiche Interessen sind die perfekte Grundlage für ein großartiges Gespräch!

Indem Du bekundest, dass Du genauso großer Fan einer bestimmten Buchreihe oder eines Autors bist, bringst Du Deine Farben zum Strahlen und kannst mit ein bisschen Training authentisch und frei über Dinge sprechen, die Du liebst. Glaub mir, Du wirst erstaunt sein, was passiert, wenn Du diese Idee einfach mal in die Tat umsetzt. Also **GO!**

KAPITEL 7.2

DAS PHÄNOMEN DER *sauren Gurke* - ENDLICH **NIE MEHR ANPASSEN** UND **VERBIEGEN**

Doch wie immer ist es leichter gesagt, als getan. Daher habe ich nun ein ganz besonderes Bild für Dich, das Dir dabei helfen wird, **Dein authentisches Selbst** zum Ausbruch zu bringen. Dieses Bild beschreibt das Phänomen der sauren Gurke.

Prinzipiell gibt es nur zwei Arten von Menschen in Bezug auf saure Gurken: Diejenigen, die saure Gurken mögen, ja fast schon lieben und diejenigen, die sie abgrundtief verabscheuen. Einen Bereich dazwischen gibt es quasi nicht.

Stell Dir vor, Du nimmst an einem Familienessen in großer Runde teil. Alle sind gekommen, Deine Eltern, Großeltern, Onkel und Tanten, Kinder, Enkelkinder, Neffen und Nichten. Das Essen wird serviert und es gibt Kartoffeln mit einer leckeren Sauce, Gemüse, Fisch, Fleisch und - Du ahnst es sicher schon - sauren Gurken. Folgende vier Szenarien kannst Du nun am Tisch beobachten:

➤ Szenario A:
Manche Familienmitglieder kennen und mögen saure Gurken. Sie greifen beherzt zu und machen auch vor den Gurken keinen Halt.

➤ Szenario B:
Ein anderer Teil der Familienmitglieder kennt saure Gurken ebenfalls, kann sie allerdings nicht ausstehen und verzieht leicht angeekelt, allein schon bei dem Anblick der Gurken, das Gesicht.

Szenario C:
Einige der Familienmitglieder kennen keine sauren Gurken, finden das Äußere der Gurken aber ebenfalls wenig ansehnlich und verzichten daher auf einen Geschmackstest, da sie ihr Urteil bereits gefällt haben: *„Was so aussieht wie die saure Gurke, kann ja gar nicht schmecken!"*

 Szenario D:
Wiederum ein weiterer Teil der Familienmitglieder betrachtet die sauren Gurken neugierig. Sie haben saure Gurken bislang weder gesehen noch gegessen und haben daher ebenso wenig Referenzwerte in Bezug auf den Geschmack. Offen und bereit Neues auszuprobieren, greift dieser Teil der Familie zu und nimmt sich eine „Probierportion" - nur aufgrund des Äußeren abzulehnen, kommt für sie nicht in Frage. Manch ein „Tester" wird nach dem Probieren begeistert sein, manch anderer wiederum eher wenig.

SOMIT ERGEBEN SICH IN BEZUG AUF DIE VORLIEBE FÜR SAURE GURKEN FÜNF TYPEN:

1. Typ: Der, der saure Gurken liebt
2. Typ: Der, der saure Gurken verabscheut
3. Typ: Der, der saure Gurken zwar nicht kennt, aber trotzdem „unprobiert" ablehnt
4. Typ: Der, der saure Gurken nicht kennt, sie probiert und nicht mag
5. Typ: Der, der saure Gurken nicht kennt, sie probiert und mag

---

... es ist eben reine Geschmacksache!

Nun sind wir echte „Saure-Gurken-Experten", nicht wahr? Wir wissen jetzt genau, was am Esstisch passieren kann, wenn saure Gurken serviert werden. Dass manche Menschen total auf saure Gurken abfahren und andere nicht, ist für jeden von uns das normalste der Welt. Wer was mag und wer was nicht mag, ist eben reine Geschmacksache.

Wenn Du einen guten Freund hast, der saure Gurken nicht mag, obwohl Du sie liebst, kannst Du dann trotzdem noch mit ihm befreundet sein? Natürlich! Immerhin haben wir Verständnis dafür, dass kein Mensch etwas dafür kann, ob er ein bestimmtes Essen liebt oder eben nicht. **Was hat das nun aber konkret mit Dir und mit Deinem Wachstum zu tun?!** Eine ausgezeichnete Frage. Ich werde sie Dir mit einer Geschichte beantworten, die Dir dabei helfen wird, den Sinn hinter der „Sauren-Gurken-Thematik" zu verstehen.

DIE GROSSE GESCHICHTE VOM KLEINEN ABENTEUER EINER SAUREN GURKE

Es war einmal eine kleine saure Gurke. Bei einem Familienessen in großer Runde lag sie zusammen mit vielen anderen sauren Gurken in einer großen Schale und wartete sehnsüchtig darauf, von einem der anwesenden Gäste „genommen" zu werden - nur leider war ein Großteil der eingeladenen Personen kein großer Fan von sauren Gurken. So kam es, dass die kleine saure Gurke in der Schale liegen blieb.

Vorsichtig kletterte sie an den Rand der Schale und blickte auf den Tisch. Sie sah, wie sich alle Kartoffeln auf die Teller legten und dachte sich im Stillen, dass sie viel lieber eine Kartoffel wäre, denn dann würde sie auch endlich auf einen Teller kommen können. Da hatte sie eine Idee. Mit einem mutigen und beherzten Sprung hüpfte sie aus der Schale heraus und landete direkt neben der Schüssel mit den Kartoffeln. Ohne, dass es jemand bemerkte, kletterte sie an der Schüssel hoch und rutschte leise in den Kartoffelberg hinein. Um genauso auszusehen, wie eine Kartoffel, schlüpfte sie in eine hinein, indem sie sich mit aller Kraft in eine Kartoffel hineindrückte. Nun steckte also die kleine saure Gurken mitten in einer Kartoffel.

Auf einmal näherte sich eine Gabel und pikste in die „Saure-Gurken-Kartoffel" hinein. Die Gabel hob die Kartoffel hoch und legte sie auf dem Teller ab. Die kleine saure Gurke im inneren der Kartoffel freute sich riesig, schließlich könnte sie gleich dabei mithelfen, einen Menschen satt zu machen.

> Die Gabel näherte sich erneut, zerteilte die Kartoffel einmal und zusammen mit der Kartoffelhülle wurde die saure Gurke nun zum Mund geführt, einmal zerbissen und daraufhin wieder ausgespuckt. Hart schlug die kleine saure Gurke auf dem Teller auf, ehe sie traurig bemerkte, dass der Mensch laut rief: „BAH! Was ist das denn für eine Kartoffel?! Die schmeckt mir nicht!"

GIB NICHT VOR ZU SEIN, WAS DU NICHT BIST

Denk einmal einen kurzen Moment darüber nach, welche Botschaft in dieser Geschichte für Dich enthalten ist, wenn Du Dir klarmachst, dass DU die saure Gurke bist. Ja genau - **DU bist die saure Gurke**, das hast Du schon ganz richtig gelesen!

Indem Du Dich an Dein Umfeld anpasst und Dich verbiegst, gibst Du vor etwas zu sein, was Du gar nicht bist. Genauso, wie die saure Gurke es ebenfalls getan hat. Das Spannende dabei ist, dass all die Menschen, denen Du durch die Anpassung und das Verbiegen imponieren willst, Deine „Masche" unbewusst durchschauen werden - ganz genauso wie in unserer Geschichte.

Eine saure Gurke, die sich als Kartoffel verkleidet hat, schmeckt einem Menschen nicht, der einfach keine sauren Gurken mag. Auch wenn diese Tatsache vielleicht hart klingen mag, so ist sie doch zugleich auch Heilung für viele Menschen. Viel zu oft beziehen wir Ablehnung auf uns, nehmen einen bösen Blick oder einen scharfen Kommentar persönlich und denken, dass wir uns verstellen müssen, um irgendwie zu gefallen.

> **ENTDECKE** DIE *saure Gurke* IN **DIR** UND SEI **STOLZ** DARAUF!

Indem wir verstehen, dass es - genauso wie bei der sauren Gurke - eben einfach Geschmacksache ist, ob wir einen Menschen „mögen" oder nicht, können wir uns von dem Gedanken der „Verantwortlichkeit" für das Gefallen verabschieden und akzeptieren, dass es auch Menschen gibt, die uns nicht mögen. Genauer gesagt gibt es auch in Bezug auf uns Menschen fünf verschiedene Typen:

> **1. Typ:** Der, der Dich liebt
> **2. Typ:** Der, der Dich nicht leiden kann
> **3. Typ:** Der, der Dich zwar nicht kennt, aber trotzdem „unprobiert" ablehnt
> **4. Typ:** Der, der Dich noch nicht kennt, Dich kennenlernt, aber trotzdem nicht mag
> **5. Typ:** Der, der Dich nicht kennt, Dich kennenlernt und schließlich lieben lernt

WARUM DICH MANCHE MÖGEN UND ANDERE NICHT

Dass andere Menschen uns ablehnen, obwohl sie uns nicht kennen, kann übrigens viele verschiedene Gründe haben. Meistens sind es äußerliche Merkmale an uns, die die anderen an Menschen **erinnert**, die sie nicht leiden können und demzufolge ihre Antipathie auch auf Dich projizieren. Ich zum Beispiel trage eine große schwarze Brille. Wenn mir nun jemand begegnet, der in seiner Kindheit einen Mathelehrer hatte, der die gleiche Brille trug und cholerisch herumgebrüllt hat und damit Angst und Schrecken in der Klasse verbreitete, wird diese Person wahrscheinlich zunächst eine leichte Abneigung gegen mich verspüren, ohne zu wissen, warum.

Diese Abneigung hat natürlich nichts mit mir direkt zu tun, sondern lediglich mit den **Erfahrungen und Prägungen** der jeweiligen Person. Wiederum kann es sein, dass Dich andere Menschen auch dann nicht besonders gerne mögen, wenn sie Dich kennengelernt haben. Sie sind vielleicht gänzlich anders gestrickt als Du, haben eine andere Energie und sind dementsprechend mit Deiner Energie über- oder unterfordert.

Glaube mir, ich weiß wovon ich spreche - denn in den letzten 10 Jahren bin ich tausenden Menschen begegnet, von denen mir einige später berichteten, dass sie mich zunächst nicht ausstehen konnten, mit der Zeit aber immer mehr erkannten, dass es auch Spaß machen kann, in meinen Seminaren und Workshops dabei zu sein und Erfolge im eigenen Leben zu feiern.

SAURE GURKEN ALS MENTALITÄTS-MONSTER - UND WAS IST MIT DIR??

Hast Du im realen Leben schon einmal eine saure Gurke gesehen, die deprimiert und voller Selbstzweifel in der Ecke saß? Wahrscheinlich nicht. Damit haben uns auch die Gurken - ähnlich wie die Chamäleons - wieder etwas voraus, sie sind emotional etwas fitter als wir. Abgesehen von der kleinen sauren Gurke aus unserer Geschichte, nehmen es die meisten Gurken nämlich nicht persönlich, wenn sie nicht gemocht werden.

Wenn auch Dich jemand offenkundig nicht mag und es Dir vielleicht subtil oder auf eine offensichtliche Art und Weise zu verstehen gibt - und Dir zusätzlich keine Chance gibt, Dich besser kennenzulernen, dann weißt Du, dass diese Person definitiv einen schlechten Geschmack haben muss.

AB HEUTE ERFÄHRST DU NIE WIEDER ABLEHNUNG (SONDERN NUR NOCH, OB JEMAND GESCHMACK HAT!)

Das wiederum ist dann ja auch ein schöner Gedanke, findest Du nicht auch? Und exakt diesen Gedanken kannst Du direkt in Deinem Leben anwenden. Immer dann, wenn Du als Single eine attraktive Frau oder einen attraktiven Mann ansprechen willst, kannst Du Dir gedanklich vorher sagen:

"Mal sehen, ob diese Person einen guten Geschmack hat!"

Wenn Dein Gegenüber auf Dich eingeht, mit Dir spricht und vielleicht sogar Deine Einladung auf einen gemeinsamen Kaffee dankend annimmt, dann weißt

Du, dass dieser Mensch auf jeden Fall einen guten Geschmack besitzen muss! Falls nicht, ist meistens das Gegenteil der Fall. So kannst Du guten Gewissens wieder Deines Weges gehen. Denn wer will schon mit jemandem zusammen leben, der einen **schlechten Geschmack** hat, wahr oder wahr?!

KAPITEL 7.3

ALLES EINE SACHE DER *Einstellung*: SO WIRST DU **UNVERLETZBAR**

Menschen können grausam sein.

Vielleicht denkst Du bei diesem Satz an Waffen, Gewalt, Unterdrückung oder an eine auch heute noch fehlende Gleichberechtigung zwischen Männern und Frauen in großen Teilen dieser Welt. Doch darauf will ich gar nicht hinaus. Das, was wirklich grausam ist, sind die Worte, die die Menschen unbedacht aussprechen und sich gegenseitig an die Köpfe werfen.

Worte sind wie Pfeile

Ein Wort oder einen Satz, den wir einmal ausgesprochen haben, können wir nicht wieder zurücknehmen. Wie ein Pfeil, der einmal abgeschossen, nicht wieder zurückgenommen werden kann. Worte bleiben. Worte setzen sich fest. In den Köpfen und vor allem im Herzen.

Immer wieder betone ich, dass es ein einziger Satz ist, der das Leben eines Menschen zerstören kann. Und gleichzeitig ist es auch ein einziger Satz, der jede Wunde wieder heilen und jeden Schmerz wieder vergessen machen kann.

Als Vater zweier wundervoller Kinder und einer wundervollen Geschenktochter mache auch ich mir tagtäglich Gedanken darüber, wie ich meinen Nachwuchs darauf vorbereite, mit Worten, egal welcher Art, ideal umzugehen. Denn seien wir mal ehrlich: Es gibt nichts schlimmeres als der Gedanke daran, dass unsere Kinder in der Schule gemobbt, geärgert oder mit Worten verletzt werden - oder aber selbst andere Kinder mit ihren eigenen Worten verletzen, wahr oder wahr?

SO BEREITEST DU DICH MENTAL OPTIMAL AUF DEN UMGANG MIT WORTEN VOR

Daher ist es wichtig, ein Bewusstsein dafür zu schaffen, welch große Verantwortung wir alle mit unseren Worten und Sätzen tragen, die wir tagtäglich anderen Menschen sagen, und welche Kraft diese entfalten können. Gleichzeitig müssen wir aber natürlich auch dafür sorgen, dass wir und unsere Liebsten mit Worten anderer entsprechend gut umgehen können. Und dazu bediene ich mich eines Zitates, das mir bereits seit mehreren Jahren treu zur Seite steht. Es stammt von einer sehr beeindruckenden Persönlichkeit namens Eleanor Roosevelt, der ehemaligen US-amerikanischen First Lady und Gemahlin von Franklin D. Roosevelt.

Roosevelt gilt hinter George Washington und Abraham Lincoln als einer der drei bedeutendsten Präsidenten der amerikanischen Geschichte und wie wir wissen, steht hinter jedem starken Mann eine noch stärkere Frau. Daher solltest Du Dir das folgende Zitat gut einprägen. Eleanor Roosevelt sagte einst:

"Niemand kann Dir, ohne Deine Zustimmung das Gefühl geben, minderwertig zu sein."

KEIN MENSCH DER WELT KANN DICH VERLETZEN, ES SEI DENN, DU LÄSST ES ZU

Leicht umgedeutet bedeutet dieser Satz für mich, dass Dich absolut niemand emotional verletzen kann, es sei denn, Du lässt es zu. Niemand kann Dich mit seinen Worten beleidigen oder Dir einen Schaden zufügen, vorausgesetzt der Tatsache, dass Du den Worten weder Glauben noch Gehör schenkst. Und niemand, absolut niemand, kann Einfluss auf Dein Leben nehmen, indem er Dir

Dinge sagt, die Dir Deine Energie, Deinen Glauben an Dich selbst oder Dein Selbstvertrauen rauben, es sei denn Du erlaubst es dieser Person.

Das, was nötig ist, damit die Worte anderer Dich „treffen" können, ist somit eine Entscheidung. Bewusst oder unbewusst ist dabei völlig egal. Doch Du musst Dich direkt oder indirekt dazu entscheiden, den Worten eines anderen zuzustimmen.

VOM LEBEN VERDAMMT, UM ZU GEFALLEN

Nun könntest Du einwenden, dass das total absurd klingt, schließlich scheint es total unlogisch, dass wir gemeinen Aussagen anderer, die uns verletzten, mutwillig zustimmen.

Doch gerade in den frühen Jahren unserer Kindheit ist unser Fokus ganz spitz darauf ausgerichtet, es unserem Umfeld recht zu machen. Jeder Hinweis auf mögliche Fehler in unserem System wird daher aufgesogen, wie ein trockener Schwamm das nasse Wasser aufsaugt. Durch das Prinzip des Selbstschutzes ziehen wir Schlüsse aus den Aussagen anderer und richten unser Verhalten entsprechend neu aus. Wir passen uns den Umständen an (und handeln damit wider unserer eigenen Natur!).

Hat Dir Dein Vater zum Beispiel früher mal gesagt, dass Deine Stimme schrecklich klingt, wenn Du fröhlich und unbeschwert unter der Dusche gesungen hast, so hast Du danach vielleicht nie wieder ein Lied unter der Dusche angestimmt und auch sonst wenig Lust zu singen.

Hat Dir Deine Mutter vielleicht einmal gesagt, dass Deine Bilder wie die eines Kindergartenkindes aussehen, so hast Du vielleicht nie wieder gemalt oder gezeichnet.

Und hat Dir vielleicht einmal Dein Sportlehrer gesagt, dass ein Elefant mehr Anmut und Eleganz besitzt als Du, wenn Du die Choreografie im Bodenturnen turnst, so hast Du daraufhin vielleicht die Lust am Sport und den Bewegungsdrang verloren.

DU ENTSCHEIDEST, WAS DU ANNIMMST UND WAS NICHT

In all diesen Fällen glauben die meisten Menschen den Sätzen der anderen. Sie schenken ihnen den Raum, um in ihrer Innenwelt Wurzeln zu schlagen, sodass aus einem einfachen Satz eines Tages ein großer, ausgewachsener Glaubenssatz wird, der seine Schatten auf das eigene Leben wirft.

Aus den drei Beispielen könnten die Glaubenssätze *„Ich bin unmusikalisch"*, *„Ich kann nicht malen"* oder *„Ich bin ein echter Verlierer im Sport"* entstehen und ein Leben lang auf Dich einwirken. Nicht besonders schön, wahr oder wahr? Jeden Tag werden unzählige Glaubenssätze in den Systemen von jungen Menschen auf diese Art und Weise „installiert" und vielleicht kommen Dir einige von den folgenden Sätzen bekannt vor:

- *Ich bin nicht genug*
- *Ich bin wertlos*
- *Ich bin hässlich*
- *Ich bin zu dick*
- *Ich kann nichts*
- *Ich bin einfach nicht liebenswert*
- *Ich habe keine Energie*
- *Ich bin nicht zu motivieren*
- *Ich bin ein Nichtsnutz*
- *Ich bin zu klein*
- *Ich bin zu jung*
- *Ich bin zu alt*
- *Ich bin dumm*
- *Ich kann mir nichts merken*
- *Ich bin zu langsam*
- *Ich bin ein Außenseiter*
- *Ich bin ein Versager*
- *Ich mache nie was richtig*
- *Ich bin falsch, mit mir stimmt was nicht*
- *Ich muss mich anstrengen, um ein guter Mensch zu werden*
- *Ich muss mir Liebe erarbeiten und verdienen*
- *Ich bin der einzige Fehler auf dieser Welt*
- *Ich gehöre nicht dazu*
- *Ich bin allein*
- *Ich bin nicht gewollt*
- *Ich muss funktionieren*
- *Ich darf mich nicht so wichtig nehmen*
- *Ich darf nicht so laut sein*
- *Ich musst stark sein*
- *Ich habe es schwer*
- *Ich weiß nicht, wer ich bin*
- *Ich muss mich zusammenreißen*
- *Ich bin uninteressant, keiner interessiert sich für mich*
- *Ich darf mich nicht gehen lassen*
- *Ich werde übersehen*
- *Ich bin ein Pechvogel*
- *Ich kann nichts erreichen, was ich mir vornehme*
- *Ich weiß nicht, was ich will*
- *Ich bin ein Opfer des Systems*
- *Ich bin hilflos, das Leben ist gegen mich*
- *Ich bin nicht für Erfolg gemacht*

Wenn Du einen dieser Gedanken selbst schon einmal oder mehrmals gedacht hast, dann hast auch Du einem anderen Menschen (unbewusst) **die Erlaubnis erteilt**, Dir das Gefühl zu geben, nicht in Ordnung zu sein. Denn Du hast damit der Meinung einer anderen Person Glauben geschenkt.

Keiner dieser Sätze ist ein „natürlicher" Glaubenssatz. Ein natürlicher Glaubenssatz ist für mich eine Überzeugung, die von Anfang an da ist. Hast Du schon einmal ein Baby gesehen, das sich zu dumm, zu jung, zu klein oder zu unfähig vorkam? Mit großer Sicherheit nicht. Babys probieren alles aus, nehmen sich das, was sie brauchen, sie schreien und rufen, sobald sie sich unwohl fühlen und sichern sich somit das Überleben. Erst mit der Zeit werden wir zu den angepassten und verbogenen Wesen, die die meisten von uns bis heute waren (denn nach diesem Kapitel wird sich das definitiv ändern!!!).

DU, EIN AUSSERIRDISCHER!?

Ich werde Dir nun zeigen, wie auch Du bewusst die Entscheidung treffen kannst, die Meinung anderer abzulehnen und ganz bei Dir zu bleiben. So wirst Du unverletzbar gegen emotionalen Schmerz und immun gegen jede direkte oder indirekte, Dir nicht dienliche Äußerung.

Du weißt, dass es einer bewussten oder unbewussten Entscheidung bedarf, ob wir einen Glaubenssatz annehmen oder nicht. Wenn heute jemand zu Dir kommen würde und Dir sagen würde, dass Du ein Außerirdischer namens Vasilliev Waytucheck vom Planeten V6S9 bist und vor einer halben Stunde mit Deinem Raumschiff auf der Erde gelandet bist, dann würdest Du natürlich sofort sagen: „Das stimmt nicht!", denn alles in Dir sagt Dir, dass diese Aussage überhaupt nicht der Wahrheit entsprechen kann.

Dir liegen viele Informationen (also Referenzen) vor, die Dir selbst das Gegenteil beweisen können. Zum einen weißt Du, dass Du vor einer halben Stunde vielleicht schon in diesem Buch hier gelesen hast, etwas gegessen, gekocht oder anderes getan hast und zum anderen weißt Du, dass Du noch nie von einem Vasilliev Waytucheck oder dem Planeten V6S9 gehört hast. Die Aussage der anderen Person ist damit nicht weiter von Bedeutung für Dich. Du würdest Dich niemals dazu entscheiden, sie zu Deiner eigenen Wahrheit werden zu lassen, wahr oder wahr?

DIE DREI MAGISCHEN PUNKTE FÜR UNVERLETZBARKEIT

Um niemals wieder den Worten eines anderen die Macht zu geben, Dich zu verletzen, musst Du Dich also lediglich bewusst dazu entscheiden, ihnen keinen Glauben zu schenken. Das Beispiel mit dem Außerirdischen hat uns gezeigt, dass dabei die folgenden drei Punkte helfen. Ich bezeichne sie auch als die **DREI PUNKTE DER UNVERLETZBARKEIT:**

> **1.** Du hast genügend für Dich plausible Gründe, die das Gegenteil der jeweiligen Aussage beweisen.
>
> **2.** Du verfügst über Erfahrungswerte aus Deinem Leben, die unwiderruflich widerlegen, was der andere gerade sagt.
>
> **3.** Die innere Einstellung, dass auch in Zukunft nichts und niemand etwas daran ändern kann, dass die Dinge so sind, wie sie aktuell sind.

Zugegebener Maßen ist das Außerirdischen-Beispiel relativ leicht nachzuvollziehen. Nehmen wir daher noch ein zweites Beispiel, um die Wirkungsweise dieses Konzeptes zu verdeutlichen.

DIE BEWEGENDE GESCHICHTE DER KLEINEN MARIA

Erst vor kurzem lernte ich im Rahmen eines Seminars Renate und Maria kennen. Renate nahm an unserer Coaching-Ausbildung teil und brachte ihre 14-jährige Tochter Maria mit zum Seminar. Schon vor dem Seminar erzählte mir Renate, dass ihre Tochter in der Schule seit einigen Wochen von zwei Mitschülern in ihrer Klasse immer wieder wegen ihren roten, lockigen Haaren und ihrer Sommersprossen gehänselt wurde. Die Jungs riefen ihr zu, dass Maria hässlich sei - und lachten sie immer wieder aus.

Was glaubst Du, was wird ein junges Mädchen ohne viel Selbstbewusstsein denken, wenn sie immer wieder zu hören bekommt, dass sie hässlich sei? Richtig - irgendwann denkt sie sich, dass diese Aussagen stimmen müssen, schließlich hat sie bislang keinerlei Gegenargumente gelernt, auf die sie sich stützen kann. Meine Aufgabe bestand also darin, Maria zum einen

> **1.** plausible Gründe an die Hand zu geben, die ihr das Gegenteil der Aussage „Du bist hässlich" beweisen, sowie
>
> **2.** sie an Situationen und Momente in ihrem Leben zu erinnern, die unwiderruflich belegen, dass die Aussagen ihrer Mitschüler Schwachsinn sind und
>
> **3.** ihr dabei zu helfen, sich so auszurichten, dass sie auch in Zukunft nicht dem Glauben verfällt, dass irgendetwas an ihr nicht schön oder wertvoll sei.

Sobald Maria diese drei Punkte der Unverletzbarkeit verinnerlichen würde, wäre sie vor zukünftigen Mobbing-Attacken geschützt, da sie sich ganz aktiv dagegen entscheiden würde, sie als „wahr" zu bestätigen und anzunehmen.

WIE MARIA BEGANN, SICH SELBST ZU LIEBEN

Vielleicht denkst Du nun, dass dieser Prozess ein langwieriges Unterfangen ist, das sich über Wochen hinzieht und erst nach Monaten wirklich „greifen" kann. Doch ich liebe schnelle Ergebnisse. Also nahm ich Maria gleich am ersten Tag des Seminars an die Hand und ging mit ihr auf die Bühne, stellte sie auf einen Stuhl, sodass jeder Teilnehmer sie sehen konnte und bat alle Anwesenden im Raum darum, nacheinander kurz zu schildern, was sie wahrnehmen, wenn sie Maria auf dem Stuhl stehen sehen.

Schüchtern lächelnd stand Maria da und hielt sich an dem Mikrofon fest, das ich ihr in die Hand gedrückt hatte. Der erste Teilnehmer, ein Jung-Unternehmer aus Österreich, begann, seine Wahrnehmung zu schildern: *„Ich sehe eine junge Frau voller Energie und einem riesigen Strahlen im Gesicht, die sich vielleicht gerade noch etwas versteckt, aber wenn sie sich zeigt einfach alles übertrifft, was neben ihr im Raum ist"*. Er reichte das Mikrofon weiter an eine Heilpraktikerin aus Hildesheim. Sie sagte: *„Ich sehe ein wunderschönes Mädchen, das* *einzigartig ist und einen ganz eigenen Look und Style entwickelt hat. Du scheinst von Innen heraus und bleibst mir sofort im Gedächtnis. Diese roten Haare sind wirklich großartig, fast wie Pippi Langstrumpf!".*

Die nächste Teilnehmerin fing fast an zu weinen, als sie ins Mikrofon sprach: *„Du bist ein echter Rohdiamant. So verletzlich stehst Du da, aber zeigst Dich und bist damit Ausdruck wahrer Stärke. Du bist vollkommene Schönheit, weil Du bist wie Du bist und weil Du mir zeigst, dass auch ich mich zeigen kann, wenn auch Du Dich traust, auf diesem Stuhl zu stehen."*

MAGISCHE MOMENTE: WARUM ICH LIEBE, WAS ICH TUE

In den Augen von Maria bemerkte ich eine kleine Träne, die sie sich aber schnell wegwischen konnte, ehe sie ihr über die Wange kullerte. Diese Momente sind die Augenblicke, die ich so sehr liebe. Alle Teilnehmer in diesem Raum haben dem jungen Mädchen natürlich nur bestärkende, positive Dinge gesagt - weil ich im Rahmen der Coaching-Ausbildung auch nur Menschen mit an Bord nehme, die sich dazu bereit erklären, andere Menschen groß werden zu lassen, anstatt sie klein zu machen.

Von all diesen Aussagen war auch nichts gelogen oder ausgedacht, denn alle im Raum sprachen aus ihren Herzen. So kam es, dass Maria bemerkte, was passiert, wenn sie sich in ein neues Umfeld begibt, in dem Menschen sind, die mit ihrem Herzen sehen und die die wahre Größe in ihrem jeweiligen Gegenüber erkennen.

Damit konnten wir als Gruppe Maria einen magischen Moment schenken, der ihr unwiderruflich belegte, dass die Aussagen ihrer Mitschüler Schwachsinn sind. Damit wäre der zweite Punkt der Unverletzbarkeit also erfüllt.

WIE DU DEIN WISSEN AKTIV IN DER PRAXIS ANWENDEN KANNST, UM DIR UND ANDEREN ZU HELFEN

Ich berichtete Maria später vom Phänomen der sauren Gurke und half ihr somit dabei, ihr einige plausible Gründe an die Hand zu geben, die ihr bewiesen, dass eine Aussage wie *„Du bist hässlich"* niemals stimmen kann, denn Menschen haben nun einmal verschiedene Geschmäcker und das ist auch gut so. Damit erfüllte ich den ersten Punkt der Unverletzbarkeit und Maria erkannte, dass ihre Mitschüler sie lediglich als Projektionsfläche benutzten, um sich selbst überlegen und stärker zu fühlen.

> **DENN EIN EINZIGER SATZ HAT DIE *Kraft*, EINFACH ALLES ZU VERÄNDERN!**

Innerhalb eines einzigen Tages konnte Maria dank der drei erfüllten Punkte der Unverletzbarkeit selbstbestimmt darüber entscheiden, den Satz „Du bist hässlich" anzunehmen oder nicht.

Natürlich lehnte sie ihn ab und ersetzte diesen alten Satz durch den neuen Glaubenssatz :„Ich bin das Beste, was mir je passiert ist und ich liebe mich bedingungslos." Vielleicht klingt das alles für Dich wie Zauberei - und das könnte ich sehr gut verstehen. Denn bis Thomas Alva Edison die Glühbirne erfunden hatte, war für die meisten Menschen elektrisches Licht ebenfalls pure Magie. Wenn Dich die Thematik der Coaching-Ausbildung allerdings etwas mehr interessiert, kannst Du Dich gerne bei mir melden und vielleicht bist ja auch Du eines Tages einmal live mit dabei und machst Dir vor Ort selbst ein Bild.

Wem Du die Macht gibst, über Dich zu urteilen und wem nicht, hängt also von Deiner inneren Einstellung ab. Die drei Punkte der Unverletzbarkeit sind von enormer Bedeutsamkeit, da sie Dir dabei helfen, auf emotionale Distanz zu den Aussagen anderer Menschen zu gehen und Deine eigene Wahrheit zu denken. Am Anfang benötigst Du - wie in jeder Sache, die Du neu lernst - etwas Übung und Training. Je mehr und intensiver Du Dich mit all dem auseinandersetzt, desto eher wirst Du merken, dass sich **Dein Denken, Dein Handeln** und auch **Deine Gefühlswelt verändern** werden.

Und wenn Du es so richtig ernst meinst mit Deinem *gailen* Leben, dann hol Dir noch heute ein Ticket für das nächste Level up your Life - Event. Ein rabattiertes Sonder-Ticket für alle GO-Leser findest Du unter:

WWW.DAMIAN-RICHTER.COM/GO-TRAINING

KAPITEL 7.4

AB HEUTE WIRD **MODELLIERT** - ENTDECKE DEN *Muhammad Ali* IN DIR

Hinter jedem Kapitel, das ich für „GO!" verfasst habe, steckt natürlich ein ganz bestimmtes Ziel. Kapitel 7 habe ich geschrieben, um Dir dabei zu helfen, ein gigantisch großes Selbstvertrauen zu entwickeln.

Dass dieses Kapitel damit eines der elementarsten Kapitel dieses Buches ist, leuchtet ein, wenn wir uns bewusst machen, dass Selbstvertrauen ein Grundbaustein für ein außergewöhnliches Leben ist. Die anderen Grundbausteine sind in meiner Wahrnehmung Selbstliebe, Selbstbewusstsein und Selbstwert.

WAS BEDEUTET EIGENTLICH WAS?

Und ja, die vier Begriffe **Selbstvertrauen, Selbstliebe, Selbstbewusstsein** und **Selbstwert** werden leider viel zu oft in einen Topf geworfen, sodass viele Menschen denken, alle vier bedeuten irgendwie das gleiche.

Wäre das so, gäbe es keine vier Worte, sondern nur eins. Damit wir also beide wissen, worüber wir in den kommenden Zeilen sprechen, erkläre ich Dir meine Definition dieser vier Begriffe:

➡ 1. SELBSTVERTRAUEN

Die Fähigkeit, Dir selbst und damit auch Deinen Fähigkeiten, Talenten und Schwächen zu vertrauen. Wahres Selbstvertrauen geht sogar soweit, dass Du verstehst, dass Du ein Teil des großen Ganzen bist und damit nicht nur Dir selbst, sondern auch dem Fluss des Lebens zu 100% Vertrauen schenken kannst.

2. SELBSTLIEBE

Die Fähigkeit, Dich selbst zu lieben - und zwar bedingungslos. Das bedeutet, dass Du Dich liebst mit allem, was Du bist und mit allem, was Du nicht bist. 24 Stunden am Tag, sieben Tage in der Woche und 365 Tage im Jahr. Es gibt keine Bedingungen für die Liebe. Das bedeutet, dass Du Dich selbst auch dann liebst, wenn Du scheiterst, 10 kg zu viel auf der Hüfte hast oder Dir gerade ein Pickel mitten auf der Nase wächst.

3. SELBSTBEWUSSTSEIN

Die Fähigkeit, dass Du Dir Deiner selbst bewusst bist. Du bist Dir darüber bewusst, wer Du bist, wozu Du fähig bist, was Du tust, wofür Du es tust und was Du willst. Du nimmst Dich wahr im Hier und Jetzt und spürst Deine Emotionen, ohne sie zurückzuhalten, reagierst auf sie und richtest Dich so aus, dass Du Dich nicht von destruktiven Gedanken oder Reizen im Außen kontrollieren lässt.

4. SELBSTWERT

Die Fähigkeit, den eigenen Wert zu erkennen, sich beständig an ihn zu erinnern und seine Handlungen nach ihm auszurichten. Jeder Mensch - ohne Ausnahme - ist unendlich wertvoll. Sich seines Wertes bewusst zu sein und sich nicht unter Wert zu verkaufen, ist eine wahre Kunst. Denn Dein Selbstwert bestimmt auch Deinen Geldwert und damit die Summe an Geld, die in Dein Leben fließt.

Bist Du es Dir wert, Sport zu treiben um fit zu sein? Bist Du es Dir wert, Dich gesund zu ernähren und Dich weiterzubilden? Bist Du es Dir wert, Entscheidungen zu treffen, die ungemütlich sind, um ein Leben in Glück, Erfüllung und Liebe zu führen? Bist Du es Dir wert, die Geschenke des Lebens anzunehmen?

WARUM DEIN SELBSTVERTRAUEN SO WICHTIG IST

Wie Du siehst, sind die Unterschiede der einzelnen Begriffen enorm. Daher konzentrieren wir uns in den folgenden Zeilen zunächst auf Dein Selbstvertrauen. Denn vertraust Du Dir selbst, wirst Du mutig auf das Leben zugehen, anstatt zurückzuschrecken und Dich zu verstecken. Und genau das ist die Intention von „GO!". Dich zu befähigen, mutig und entschlossen Deinen eigenen Weg zu gehen und in die Umsetzung zu kommen.

SELBSTVERTRAUEN HAT EINEN NAMEN: MUHAMMAD ALI

Einer, der seinen Weg wie kein anderer gegangen ist, ist Muhammad Ali. Ali ist für mich und tausende andere der Inbegriff von echtem Selbstvertrauen, da er in jedem seiner Boxkämpfe unter Beweis stellte, dass er sich selbst und seinen Fähigkeiten - ganz egal wie aussichtslos seine Lage auch war - immer unerschütterlich vertraute. Er gehörte zu den bedeutendsten Schwergewichtsboxern des 20. Jahrhunderts und schaffte es als einziger, drei Mal in seiner Karriere den Titel des unumstrittenen Boxweltmeisters zu gewinnen.

Neben seinen legendären Boxkämpfen machte Ali auch mit seinem politischen Engagement Schlagzeilen. Er setzte sich für die Emanzipationsbewegung der Afroamerikaner ein, lehnte öffentlich den Vietnamkrieg ab und verweigerte sogar den Wehrdienst.

GROSSE KLAPPE, VIEL DAHINTER

Zu seiner Person zählen natürlich auch seine legendären Sprüche, die er meistens in Pressekonferenzen oder Interviews vor Wettkämpfen von sich gab. Einer seiner besten war zum Beispiel dieser hier: *„Es ist schwer, bescheiden zu sein, wenn man so großartig ist wie ich"* oder, nach seinem Sieg gegen Liston: *„Ich bin der König der Welt! Ich habe die Welt erschüttert!"*

Gedanken sind wirkende Kräfte und Worte vertonte Gedanken. Somit hast Du ein Bild von dem, womit sich Ali gedanklich beschäftigte. Tag und Nacht arbeitete er an seinem Kampfstil, doch noch viel mehr Fokus richtete er auf seine mentalen Nehmer- und Geberqualitäten. Während des als „Rumble in the Jungle" berühmt gewordenen Kampfes gegen George Foreman 1974 musste Ali schwere Treffer einstecken - und rief seinem Gegner dennoch lautstark zu: *„Ist das alles, was Du hast, George?!"* Dass Muhammad Ali den „größten Boxkampf aller Zeiten" vor 100.000 frenetischen Zuschauern durch K.O. in der achten Runde gewann, muss ich wohl kaum noch groß erläutern, oder?

DAS MINDSET DES BESTEN BOXERS DER WELT

„Damian, das mag ja alles schön und gut sein, aber findest Du nicht, dass der Herr Ali einfach nur ein Großmaul war, der sich durch seine Provokationen selbst motiviert hat?" - Einwände wie diese höre ich ziemlich oft und nein - Ali war garantiert kein Großmaul, schließlich geben ihm seine Erfolge recht. Er war auch kein arroganter oder unfairer Sportsmann. Denn er ließ seinen Worten Taten folgen. Das, was er sagte und tat, war die gelebte Form von Selbstvertrauen. Denn indem Ali sich selbst und der Welt sagte, er sei der beste Boxer der Welt, handelte er auch danach.

> AN DIESER STELLE IST ES **WICHTIG**, DASS DU DICH AN DIE **TRIADE ZURÜCKERINNERST!**

Wenn Dein Fokus sich dahin ausrichtet, dass Du von Dir selbst denkst, dass Du der beste Boxer der Welt bist, wie gehst, stehst, kämpfst Du dann? Mit erhobenem Haupt oder mit eingezogenem Kopf? Wohl eher ersteres. Wie kämpfst Du dann? Mutig und fordernd. Wie verhältst Du Dich, wenn Du Schläge kassierst? Gibst Du auf? Natürlich nicht! Schließlich bist Du ja der beste Boxer der Welt! Keiner kann Dir das Wasser reichen! Somit gibt es immer einen Weg, den Gegner zu besiegen, wahr oder wahr?

MUHAMMAD ALI ALS MEISTER DER TRIADE

Wie Du merkst, entzündet ein einziger Gedanke und eine einzige Überzeugung eine Kettenreaktion. Ali hatte mehr Energie, mehr Fokus und mehr Sicherheit in seinen Worten, als jeder andere Boxer zur damaligen Zeit. Seine Aussagen wurden für ihn zu selbsterfüllenden Prophezeiungen. Und was denkst Du, passierte mit zunehmendem Erfolg? Alis Selbstvertrauen wuchs weiter an. Er wurde noch besser - und jeder Gegner, der mit Ali in den Ring stieg, spürte dieses Selbstvertrauen.

Das Gute ist: Du bist nicht Muhammad Ali. Daher musst Du auch nicht in den Ring steigen und vor tausenden von Menschen Kämpfe austragen, um Dein Selbstvertrauen aufzubauen und stetig weiter anwachsen zu lassen. Du kannst Dir die Essenz von Alis Erfolg abschauen und in Deinem Leben modellieren - also nachmachen und für Dich umsetzen. Ganz nach dem Motto: „Große Gedanken ziehen große Ergebnisse nach sich!"

WIE GUT KENNST DU DICH SELBST?

Was sind nun also die ersten Schritte für Dich, um Dein Selbstvertrauen massiv zu steigern? Zunächst einmal darfst Du den Fokus darauf legen, Dich selbst und Deine „Eigenheiten" besser kennenzulernen. Denn sich selbst zu vertrauen, setzt voraus, dass Du Dich selbst überhaupt kennst. Schließlich vertrauen wir auch sonst nur Menschen, die wir gut genug kennen und zu denen wir eine bestimmte Bindung aufgebaut haben. Die folgenden Fragen werden Dir im Prozess des **„Sich-selbst-kennenlernens"** weiterhelfen:

- Was sind meine Stärken? Was sind meine Schwächen?
- In welchen Bereichen will ich mich verbessern?
- In welchen Bereichen muss ich mich verbessern, um meine Ziele zu erreichen?
- Was ist die beste Methode für mich, um Trägheit und Energielosigkeit zu überwinden (Triade)?
- In welchen Momenten/Bei welchen Tätigkeiten fühle ich mich sicher und gut - und warum?
- In welchen Momenten/Bei welchen Tätigkeiten fühle ich mich unsicher - und warum?
- Was versuche ich zu verstecken & wovor habe ich Angst?
- An was darf ich mich erinnern, um meine Ängste zu fühlen und trotz Angst zu handeln?
- Was treibt mich an? Was schenkt mir Energie?
- Wofür stehe ich morgens auf? Was ist mein Warum?
- Welche „Probleme" löse ich mit Leichtigkeit?
- Was bereitet mir am meisten Freude? Wobei vergesse ich sogar die Zeit um mich herum?
- Was sind meine zehn größten Erfolge und was habe ich getan, damit sie möglich wurden?

Nimm Dir die Zeit und setz Dich bei einer Tasse Tee in eine gemütliche Ecke, sodass Du fokussiert und ohne Ablenkungen die Fragen beantworten kannst. Du wirst sehen, dass Du Dich selbst und Deine Verhaltensgewohnheiten immer besser einschätzen und verstehen lernst - und somit Vertrauen zu Dir und Deinen Fähigkeiten aufbauen kannst.

WIE SIEHT SIE AUS, DEINE GLORREICHE ZUKUNFT?

Ist dieser erste Schritt getan, widmen wir uns dem zweiten. Und dieser lautet: Verändere Deine Art, über Dich zu denken! Muhammad Ali hat es uns vorgemacht. In großen, bunten Farben sah er seine glorreiche Zukunft vor sich und schuf damit ein Bild, für das es sich für ihn im wahrsten Sinne des Wortes zu kämpfen lohnte.

Stell Dir einmal vor, es gäbe **keine Zweifel** und keine hinderlichen Gedanken in Deinem Kopf und auch Du könntest diese kleine mentale Übung mit **Leichtigkeit** mitmachen. Welche Bilder zeigen sich Dir dann bei der Beantwortung der folgenden Fragen:

Wo würdest Du Dich sehen?

Welche Großartigkeit blitzt vor Deinem inneren Auge auf? Siehst Du Dich als erfolgreichen Supersportler? Als gefeierte Bestseller-Autorin? Als Künstler, Schauspieler, Tänzer oder Rockstar? Als Unternehmer, Investor, Speaker, Trainer, Coach oder Lehrer einer neuen Generation?

Veränderst Du mit Deinem Wirken das Leben tausender und damit die ganze Welt? Wie wirst Du die „Kämpfe" des Lebens austragen? Mit Leichtigkeit und Vertrauen, voller Zuversicht und Harmonie?

Wie wird sich Dein Leben weiter entwickeln? Wo stehst Du in drei, fünf und zehn Jahren?

In unserem exklusiven Trainingsbereich zum Buch haben wir hierzu eine passende Meditation vorbereitet, die Dich genau dieses Gefühl erleben lässt. Hier geht es zum kostenlosen Download:

WWW.DAMIAN-RICHTER.COM/GO-TRAINING

MACH´S WIE MUHAMMAD ALI UND SETZ DEINEM LEBEN DIE KRONE AUF

Lass Dich in all diese Gedanken hineinfallen und schreibe Dir im Nachgang all das auf, was Du für Dich erkennen und sehen konntest. Und dann fang an, diese Gedanken zu einer täglichen Routine werden zu lassen.

Kreiere Dir Anker, die Dich in Deinem Alltag an all die wunderbaren Bilder erinnern, die Du gerade eben gesehen hast. So vergisst Du sie nicht, greifst sie immer wieder neu auf, ergänzt vielleicht einige Details und verbindest Dich immer wieder mit der Energie, die in Deiner Vorstellungskraft steckt. Ganz genau wie Ali wirst Du beginnen, auf einem ganz neuen Level zu denken, mehr Energie in Dir zu kultivieren und neue Ergebnisse in Dein Leben zu ziehen. Denn aus Deinen Gedanken erwachsen Emotionen. Deine Emotionen beeinflussen Deine Entscheidungen, welche wiederum die Handlungen in Deinem Leben bestimmen.

Große Handlungen bringen große Ergebnisse hervor, die Dein Leben Stück für Stück, Ergebnis für Ergebnis, verändern werden - sodass Du eines Tages sagen wirst: *„Halleluja, ich bin ganz angekommen im Leben!"*

> „ZUERST ERSCHAFFEN WIR UNSERE **GEWOHNHEITEN**, DANN ERSCHAFFEN *sie uns*."
>
> JOHN DRYDEN

KAPITEL 7.5

ICH GLAUBE AN DICH!
UND ICH VERRATE DIR AUCH *warum*

Ich kenne Dich (wahrscheinlich) nicht. Noch nicht. Das einzige, was ich über Dich zu diesem Zeitpunkt sagen kann ist, dass Du zu einer besonderen Gruppe von Menschen gehörst. Denn wie Du schon aus meiner Einführung zu Beginn des Buches weißt, lesen die wenigsten Menschen mehr als die ersten drei Seiten, geschweige denn mehr als das erste Kapitel. Und Du bist bereits im siebten angekommen.

Das zeigt mir, dass Du es wirklich willst. Du willst wirklich an Dir arbeiten, Dein Leben verändern und durchstarten. Und genau aus diesem Grund kann ich Dir sagen:

Ich glaube an Dich!

DIE ANLEITUNG FÜR ERFOLG LIEGT IN DEINEN HÄNDEN

Denn da, wo Du jetzt bist, war ich auch einmal. Genauer gesagt, war ich so ungefähr 8,35 Millionen Euro Schulden weiter unter Dir, hatte Selbstzweifel und Existenzängste und nichts anderes als die Eckpfeiler des Wissens um Persönlichkeitsentwicklung, um aus diesem Loch wieder herauszukommen. Ein Buch wie dieses - also eine Anleitung für Erfolg - hätte ich mir damals sehnsüchtig herbeigewünscht.

Du hast es gerade in Deinen Händen und damit kann ich Dir sagen, dass Du, wenn Du dieses Wissen nicht nur konsumierst, sondern es auf Dein Leben überträgst, schneller an Dein Ziel kommen wirst, als ich es jemals hätte tun können. Du lebst außerdem in der perfekten Zeit, denn das Internet ermöglicht Dir den Zugang zu jeder Form von Wissen, das die Menschheit je geschaffen und herausgefunden hat, sowie zu sämtlichen Kontakten in der Geschäfts- und Businesswelt.

Und selbst wenn die Welt durch unvorhersehbare Ereignisse wie Bankenkrisen, dem Corona-Virus oder anderen Katastrophen auch weiterhin erschüttert wird, so ist eines sicher:

> **ALLES IST MÖGLICH! IMMER!**

MACH´S EINFACH, DENN DU BIST GRÖSSER ALS DU DENKST!

Mein Motto für alles, was ich tue lautet: „Mach´s einfach - Denn Du bist größer als Du denkst!" Denn die, die es einfach machen, werden die sein, die auch ankommen. Ein Ort, an dem sich dieses Motto immer wieder so offensichtlich wie nirgendwo anders bestätigt ist mein Train-the-Trainer-Seminar, in dem ich anderen Nachwuchs-Trainern, Coaches und Speakern zeige, wie sie selbst erfolgreich auf der Bühne stehen und performen können.

Diese Form von Seminaren sind immer etwas ganz besonderes, da wir in einem sehr kleinen und vertrauten Rahmen über mehrere Tage zusammen arbeiten und intensiv jeden einzelnen Teilnehmer genauestens unter die Lupe nehmen, um bestmögliche Hilfestellungen geben zu können.

DIE WUNDERSAME WANDLUNG VON FRANZ AUS ÖSTERREICH

Es ist noch gar nicht lange her, als Franz an unserem Train-the-Trainer-Seminar hier in Gifhorn teilnahm. In einem großen Event-Saal hatte mein Team eine große Bühne samt Tonanlage und Showlicht aufgebaut, sodass die Atmosphäre selbst in der kleinen Gruppe von Teilnehmern dem Ambiente eines großen Seminars in nichts nachstand. Franz kam aus Österreich und erklärte in der Vorstellungsrunde als einziger, dass er nicht vorhabe, auf die Bühne zu gehen, um vor anderen Menschen zu sprechen. Er wollte sich lediglich umschauen und umhören. Er war einer der Seminarteilnehmer, die zwar in der ersten Reihe saßen, allerdings nicht durch rege Beteiligung, Fragen oder eine hohe Präsenz auffielen. Fast schon schüchtern zog er sich in der Pause zurück und fand Tag für Tag einen immer besseren Zugang zum Rest der Gruppe.

EIN MOMENT, DER EINFACH ALLES VERÄNDERTE

Am vierten Tag des Seminars hatten die Teilnehmer die Aufgabe, einen Text aus der weltberühmtem Rede von Martin Luther King nachzusprechen und auf Englisch auf der Bühne voller Energie und Kraft zu performen. Fast zwei Stunden lang bereitete ich die Gruppe auf diese Aufgabe vor, schließlich war die Performance eines der Schlüsselelemente und Höhepunkte des gesamten Seminars.

Zwei der erfahrenen Teilnehmer begannen schließlich die Übungsrunde und gingen nacheinander auf die Bühne, um den Text vorzutragen. Sie begeisterten die Gruppe so sehr, dass sich im Anschluss keiner mehr traute, ebenfalls nach vorne auf die Bühne zu gehen, um die Aufgabe zu meistern.

Bis zu diesem Augenblick hatte auch Franz sich **sehr zurückgehalten**, sich fast nie gemeldet, nichts nachgefragt und auch sonst keinerlei Anstalten gemacht, sich auf der Bühne zu zeigen. Doch genau in diesem Moment, als alle anderen ruhig und verhalten auf ihren Plätzen sitzen blieben, stand auf einmal ein kleiner Österreicher in der ersten Reihe auf, betrat mit breiter Brust die Bühne und verkündete, dass er nun der nächste sei, der diese Rede rocken werde.

DIE ANLEITUNG FÜR ERFOLG LIEGT IN DEINEN HÄNDEN

Ohne auch nur ein Wort gesagt zu haben, applaudierte der gesamte Raum und es gab frenetische Jubelschreie. Von den Teilnehmern, meinem Team, den Tontechnikern und Sabine, unserem Catering-Engel spürte jeder, dass dieser Moment etwas Besonderes war. **Denn auf einmal begann ein Licht, das schon immer da gewesen war, heller zu strahlen, als jemals zuvor.**

Auf seine einzigartige Art und Weise gab Franz alles, ließ sich nicht verunsichern, als er ins Stocken geriet und machte einfach unbeirrt weiter. Als er fertig war, blickte er von seinem Zettel nach vorn ins Publikum und sah, dass bereits alle mit Standing-Ovations seinen Auftritt feierten und jeder, wirklich jeder(!) hatte Tränen in den Augen.

Denn damit hatten die meisten nicht gerechnet - abgesehen von mir. Ich wusste, dass es einen Grund gab, warum Franz an diesem Seminar teilnahm. Ich wusste, dass er die Bühne betreten und die Gruppe begeistern würde, weil ich die Freude und die Energie in seinen Augen sah. Und ich wusste, dass ihn niemand auf dem Zettel hatte.

> HÖR AUF ZU *labern* UND **FANG AN** ZU LEBEN!

In all den Jahren habe ich gelernt, dass es meistens diejenigen sind, von denen die breite Masse es am wenigsten erwarten würde, die die Welt verändern und die es tatsächlich durchziehen. Denn es gibt viel zu viele Schnacker da draußen und **viel zu wenig Macher.**

Du bist allein zuhause, vielleicht Single, hast nicht viel Geld auf dem Konto und würdest Dich selbst bislang eher als schüchtern und introvertiert bezeichnen? Na dann herzlichen Glückwunsch - das ist das perfekte Starterpaket für eine großartige Erfolgsgeschichte. Denn Du bist ein unbeschriebenes Blatt. Du kannst alles machen, was Du willst. Zeit haben wir alle gleich viel, denn keiner weiß, wann es vorbei ist und somit bleibt uns allen nur der gegenwärtige Augenblick.

In diesem kannst Du Dich dazu entscheiden, es ab heute eben einfach zu tun. Jeden Tag etwas mehr, jeden Tag ein bisschen besser. Ähnlich wie bei Franz, wird es auch bei Dir auf einmal „plopp" machen und der Knoten ist geplatzt. Dann betrittst auch Du die Bühne des Lebens und die Augen werden auf Dich gerichtet sein und Du wirst es einfach tun!

SEI DU DIE VERÄNDERUNG UND DEIN UMFELD VERÄNDERT SICH MIT DIR MIT

Weißt Du, was das allerbeste war? Nachdem Franz von der Bühne ging, gab es keinen mehr im Raum, der sich weigerte nach oben zu gehen. Auf einmal wollte jeder nach vorne, denn alle wussten, dass es nun keine Ausrede mehr gab. Ein einziger Moment, eine einzige Entscheidung, kann alles verändern. Aufgrund eines einzigen Entschlusses zog Franz sozusagen auf der Überholspur des Lebens an den anderen Seminarteilnehmern vorbei und zeigte allen, wie es geht. Nämlich indem Du es einfach tust. - GO!

Und ja, ich wiederhole mich - und schreibe hier in jedem Kapitel wie wichtig es ist, dass Du es machst! Doch genau diese Wiederholung ist lebensnotwendig für Dich. Denn wenn ich nur einmal erwähnen würde, dass das TUN das schicksalsbestimmende Quäntchen ist, das über Glück oder Unglück im Leben entscheidet, dann würden es die meisten Leser und Leserinnen nicht realisieren!

Frage Dich daher, was genau Du jetzt aktiv tun kannst, um ebenfalls in die Umsetzung zu kommen - und dann fang an! Besser werden kannst Du schließlich immer noch - also GO!

KAPITEL 7.6

EIN ZÄHNEKNIRSCHENDES **EINGESTÄNDNIS**

Jeder kennt sie, (fast) jeder mag sie und ich bin mir sicher, dass 90% all derer, die gerade diese Zeilen lesen, sie entweder schon einmal zu Weihnachten selbst verschenkt oder geschenkt bekommen haben: Die Rede ist von Spruch- und Zitatkalendern.

Angefangen mit Highlights wie „Carpe diem" oder „Hinfallen, aufstehen, Krönchen richten" eroberten derartige Kalenderblätter, Postkarten oder Untersetzer in den letzten Jahren Millionen von Haushalten in Deutschland - und manch ein Spruch schmückt sogar die ein oder andere Wohnzimmerwand oder auch den ein oder anderen Unterarm.

Diese Tatsache allein ist natürlich überhaupt nicht verwerflich, im Gegenteil. Solange sich die Menschen an diesen Sprüchen erfreuen, ist die Aufgabe des Produktes an sich natürlich erfüllt. Brenzlig wird es allerdings dann, wenn manch einer denkt, dass ein Spruchkalender dabei helfen kann, wahrhafte Veränderung im Leben zu bewirken. Denn nur dadurch, dass Du ein einziges Mal einen motivierenden Spruch liest und danach weiter staubsaugst, Wäsche machst oder Dich mit der Buchhaltung auseinandersetzt, wirst Du keinerlei Wachstum verspüren, glaube mir.

SPRUCHKALENDER BRINGEN NICHTS! ... ODER?

Bereits in Kapitel 1 haben wir dazu die **VIER PHASEN DES VERSTEHENS** besprochen. Besonders die beiden Phasen des praktizierenden und vertiefenden Verstehens werden alleine durch das Betrachten eines Kalenderblattes natürlich überhaupt nicht erfüllt. Denn Du setzt Dich nicht aktiv mit dem Spruch und der dahinter steckenden Botschaft auseinander. Und somit birgt so ein Kalender die Gefahr in sich, dass er zwar nett und schön anzusehen ist, Dich allerdings in Bezug auf Deine Ziele kein Stück weiter voran bringen kann.

Dachte ich jedenfalls. Doch dann sah ich das Kalenderblatt, dass für mich **alles verändern** sollte.

Diesen einen Satz, der auf besagtem Kalenderblatt stand, hast auch Du schon tausendmal gelesen, da bin ich mir sicher. Doch hast Du sehr wahrscheinlich - ähnlich wie alle anderen auch - zu keinem Zeitpunkt die wahre Bedeutung und die wahre Tiefe hinter diesem Satz auch nur ansatzweise erahnen können.

DAS SCHMERZHAFTE EINGESTÄNDNIS EINES UNTERNEHMERS

Dieser eine Satz ist der Superstar unter allen Kalendersprüchen und zwingt mich immer wieder zu einem zähneknirschenden Eingeständnis, das ich mir selbst wirklich nur ungern eingestehe... Denn wie Du weißt, bezeichne ich mich selbst sehr gerne als Erfolgsmacher. Ich bin Unternehmer und liebe es, die Dinge einfach umzusetzen. Alles, was mich interessiert, sind Ergebnisse in meinem Leben und dem Leben meiner Seminarteilnehmer.

Niemals würde ich auf die Idee kommen, mir freiwillig einen Spruchkalender auf meinen Schreibtisch zu stellen, schließlich bedeutet so ein Kalender nichts anderes als kitschige Ablenkung vom wesentlichen - und zwar meines Herzensbusiness. Doch das zähneknirschende Eingeständnis lautet: *Spruchkalender können in manch einer Situation, ganz vielleicht, vielleicht, vielleicht möglicherweise doch etwas bewirken. Vorausgesetzt Du bist offen und bereit, Dich **aktiv** mit einem bestimmten Spruch auseinanderzusetzen.*

EIN EINZIGARTIGES WEIHNACHTSGESCHENK

Ich selbst war lange Zeit alles andere als offen und hatte keinerlei Lust, mich aktiv mit dem Kalender, den mir meine kleine Schwester Timna zu Weihnachten geschenkt hatte, auseinanderzusetzen. Doch als Zeichen der Höflichkeit und weil mein heiß geliebtes Schwesterlein an Heiligabend auch noch Geburtstag hatte, nahm ich den Kalender mit zu mir ins Büro, stellte ihn auf den Schreibtisch und schickte Timna als Beweis ein Foto, damit sie sehen konnte, dass ich ihn tatsächlich aufgestellt hatte.

Eigentlich wollte ich ihn direkt danach wieder wegpacken, doch wie es eben manchmal so ist, vergaß ich mein Vorhaben und als ich am nächsten Tag wieder ins Büro kam, stand er noch immer dort, wo ich ihn am Vortag platziert hatte. Kurz musterte ich den Kalender mit einem abfälligen Blick, als auch schon mein Handy klingelte und ich von einem Meeting in das nächste rutschte, sodass ich auch an diesem Tag nicht dazu kam, den Kalender wieder wegzuräumen.

MEINE MONATE MIT MEINEM SPRUCHKALENDER

Das Titelblatt des Kalenders war übrigens in typischer Spruchkalender-Manier in Pastellfarben gehalten, verziert mit silbernen schwungvollen Linien, einem Schmetterling sowie einem Regenbogen und in großen weißen Pinselstrichen stand über allem der Spruch, den ich eben bereits groß angekündigt hatte:

DER WEG ist DAS ZIEL

Gähn. Ich hatte mich schon so an den Kalender und das Titelblatt gewöhnt, dass er mir irgendwann gar nicht mehr auffiel. Die Tage und Wochen gingen ins Land und so kam es, dass es Frühling wurde und der Kalender unberührt exakt dort stand, wo ich ihn einst hingestellt hatte.

WIE AUS EINER GASTSTÄTTE UNSER NEUES BÜRO WURDE

Ich weiß es noch genau, wie ich an einem Dienstagabend im Mai - zu diesem Zeitpunkt stand der Kalender geschlagene fünf Monate am gleichen Platz - etwas erschöpft in meinen Schreibtischstuhl sackte, an meinem Latte Macchiato nippte und die Hände über meinem Kopf zusammenschlug.

Zu der damaligen Zeit befanden wir uns inmitten des Umbaus unseres heutigen Büros in Gifhorn. Ich hatte ein altes Fachwerkhaus aus dem Jahr 1900 gekauft, das bis dahin eine bekannte Gaststätte mit Gästezimmern war. Die Gaststätte trug den Namen „Lönskrug". Schon meine Oma arbeitete hier in ihrer Jugendzeit als Kellnerin und auch ich konnte mich noch daran erinnern, wie ich in jungen Jahren mal am Zapfhahn stehen durfte.

AUCH WENN ES DIR NICHT PASST: DER WEG IST DAS ZIEL!

Der Umbau war für mich ein echtes Herzensprojekt, doch mit fortschreitender Dauer wurde unsere Baustelle immer herausfordernder. Mehr und mehr Herausforderungen traten auf, bis wir schließlich an dem Punkt waren, an dem eine Kernsanierung der einzige Ausweg war, um das Projekt zufriedenstellend zu beenden.

Jeder, der bereits mit Fachwerkhäusern gearbeitet hat, weiß, was das bedeutet. Es ging wahrlich an die Substanz. Der besagte Dienstagabend war der Tag, an dem ich auf der Baustelle entschied, sogar einige Außenwände komplett neu auszumauern und marode Balken auszutauschen, was für uns bedeutete, dass sich der Umzug in das neue Büro um weitere drei Monate verzögern sollte.

Gedanklich fragte ich mich, was ich aus all dem lernen sollte und was das Gute daran sei. Da fiel mein Blick auf das Titelblatt des Kalenders. „Der Weg ist das Ziel." Genervt stöhnte ich auf und kickte den Kalender wütend vom Tisch. Zum ersten Mal bemerkte ich, dass er sich seit Weihnachten nicht bewegt hatte und musste im gleichen Moment schmunzeln. Als ich mich bückte, um den Kalender aufzuheben staunte ich nicht schlecht.

Als der Kalender vom Tisch fiel, blätterte sich das Titelblatt weiter und das Kalenderblatt des Monats Mai lag aufgeschlagen auf dem Boden - und zu meiner großen Verwunderung war im Mai der gleiche Spruch zu sehen, wie auf dem Titelcover: *„Der Weg ist das Ziel."*

UND PLÖTZLICH WAR MIR ALLES KLAR

„Das muss ein Zeichen sein!", dachte ich mir, schnappte mir den Kalender und stellte ihn vor mir auf. *„Aber was zur Hölle soll ich denn nun damit anfangen?! Mein Ziel ist doch der Einzug und nicht tagtäglich neue, auftretende Herausforderungen!"* Etwas frustriert stand ich auf, ging in die Büroküche und stellte die leere Tasse in die Spülmaschine, als es mir plötzlich wie Schuppen von den Augen fiel.

> Ich dachte nach:
> *"Angenommen der Weg wäre für mich das Ziel, dann würde ich rein theoretisch ja schon während der langwierigen Bauphase genau die Gefühle empfinden, die ich normalerweise erst dann empfinden würde, wenn wir in das Büro einziehen... Und damit wäre ich an einem Tag wie heute nicht mit den Nerven am Ende, sondern tiefen entspannt! Schließlich gehört **jede weitere Herausforderung zum Weg und damit zum Ziel dazu**, womit sich sämtliche Deadlines und die daran gebundenen Erwartungshaltungen in Luft auflösen würden!"*

Mit einem breiten Lächeln im Gesicht setzte ich mich wieder an meinen Schreibtisch. Für einen kurzen Moment fühlte ich mich so, als hätte ich die Weltformel neu entdeckt. Dabei verstand ich nun endlich, was schon seit fast einem halben Jahr direkt vor meiner Nase stand. In den folgenden Tagen beschäftigte ich mich immer mehr mit dem Satz und erkannte, dass er den Sinn des Lebens treffend zusammenfasst.

Jede Herausforderung gehört zum Weg und damit zum Ziel dazu!

BETRACHTE JEDE SEKUNDE ALS EINEN BAUSTEIN DEINES ERFOLGS

Nicht der Moment, an dem Du sagst, dass Du zur richtigen Zeit, am richtigen Ort die richtige Person und vollkommen angekommen bist, ist das eigentliche Ziel. **Sondern vielmehr der Weg dahin** und der Mensch, zu dem Du werden musst, um das große Endziel tatsächlich zu erreichen.

Jede bestandene Prüfung, jeder Moment, jede Sekunde ist ein **Baustein Deines Erfolgs** und damit von essentieller Bedeutung für Dein außergewöhnliches Leben. Mit der Zeit entsteht auf diese Art und Weise ein ganzes Haus des Erfolgs, das sich aus vielen einzelnen Bausteinen zusammensetzt und Dir Stück für Stück immer mehr das Gefühl gibt, endlich angekommen zu sein. Du richtest Dich aus, arbeitest an Deinen Zielen aus dem Rad des Lebens und merkst, dass Du vollkommen glücklich und erfüllt bist.

Ohne jeden einzelnen Schritt würde kein Marathonläufer der Welt im Ziel ankommen. Der Zieleinlauf an sich ist niemals für das Glück eines Läufers entscheidend, sondern immer der Weg, den er zurückgelegt hat, um am Ziel anzukommen, wahr oder wahr?

„Der Weg ist das Ziel" bedeutet auch, dass Du den **Prozess genießt.** Genieße den Prozess der Veränderung sowie die Eingewöhnungsphase Deines Systems an die vielen neuen Gedanken, Übungen oder Konzepte, die Du in „GO!" für Dich erarbeitet hast.

DAS GROSSE PHÄNOMEN DER ERFOLGS-DEPRESSION

Ein Phänomen aus der Sportwelt besagt, dass viele Sportler, wenn sie ihr großes Endziel erreicht haben, in schwere Depressionen und Energielosigkeit verfallen, da für sie der eine große Traum zwar in Erfüllung gegangen ist, damit aber auch der entscheidende Antrieb verloren geht. Schließlich weißt Du, wie es sich anfühlt auf dem höchsten Berg der Welt zu sein, wenn Du einmal oben warst.

Schließlich weißt Du, wie es ist, Fußballweltmeister zu sein, die Formel 1 zu gewinnen oder Gold bei den Olympischen Spielen gewonnen zu haben. Was soll danach noch kommen? Auf einmal fehlt die Kraft, weiterzumachen. Denn das eigentliche Ziel war nie die Goldmedaille oder der eine Pokal, sondern der Weg dorthin.

SPIEL DAS SPIEL DES LEBENS AUF DEINE ART

Das Gute ist, Du befindest Dich am Anfang Deines Weges. Denn genau dieser Moment hier ist für Dich der Startschuss und damit der Anfang für Dein neues Leben. Damit liegt Dir die Welt zu Füßen. Nimm jeden Tag so, wie er ist und etabliere für Dich Stück für Stück das Mindset, dass der Weg auch Dein Ziel sein kann. Ich bin mir sicher, dass Du deutlich schneller damit sein wirst, als ich. Denn wenn Du verstehst, dass der Weg zu Deinem Ziel das wirkliche Ziel ist, dann kannst Du jetzt bereits glücklich, voller Freude und Dankbarkeit sein - denn Du bist mitten drin im Spiel des Lebens. Du kannst Dich ausprobieren, neu erfinden und jeden Tag einen weiteren Aspekt der Schönheit des Lebens entdecken, wenn Du Deine Sinne dafür schärfst.

„Der Weg ist das Ziel" ist für mich der **Superstar** unter den Kalendersprüchen, weil ich durch ihn ebenfalls verstanden habe, wie wertvoll der gegenwärtige Augenblick ist.

GENIESSE DEN PROZESS

Mein Team und ich träumen davon, eines Tages das größte Erfolgsseminar der Geschichte Deutschlands im Berliner Olympia Stadion zu veranstalten. Dieser Gedanke ist **unsere große Vision**, unser Antrieb und unser Feuer. Doch weißt

Du was? Jedes noch so kleine Seminar und jede noch so kleine Begegnung auf dem Weg dorthin ist für mich das **eigentliche Ziel**. Dass Du zum Beispiel gerade diese Zeilen liest, erfüllt mich mit **großer Demut und Dankbarkeit**.

Schließlich ist es nie mein Ziel gewesen, eine pompöse Show auf die Beine zu stellen und irgendwelche Rekorde zu knacken, sondern Menschen dabei zu helfen, **das Beste** aus ihrem Leben zu machen. So wie auch mir einst geholfen wurde, als ich nicht mehr weiter wusste. Und sofern Dich einige Inhalte von „GO!" inspiriert haben, in Deinem Leben eine neue Sichtweise oder Perspektive einzunehmen und vielleicht das ein oder andere mal etwas anders zu machen als bisher, ist mir dieses Vorhaben gelungen. Und dass ich durch Dich genau das erleben darf, ist für mich die **größte Ehre**, die es auf Erden gibt.

BIST DU MUTIG GENUG, NEUE ERFAHRUNGEN ZU MACHEN?

Stelle daher **keine Erwartungshaltungen** an Dich, die Dich unter einen zerstörerischen Druck setzen, sondern **genieße es**, Deinen Weg zu gehen. Erwarte nicht, morgen mit breiter Brust und unzerstörbarem Selbstvertrauen aus dem Haus zu gehen und jeden bösen Blick oder Kommentar einfach zu ignorieren, sondern freue Dich, wenn Du merkst, dass Du gerade auf einen Reiz im Außen „anspringst" und vielleicht auch emotional reagiert hast oder reagieren willst.

Alleine schon die Tatsache, dass Du Dir der Umstände in Deinem Leben **bewusst** bist, zeigt, wie sehr Du gewachsen bist. Genieße das Training, gib Dir selbst die Zeit, die Du brauchst, um neue Verhaltensweisen und Denkmuster fest zu etablieren und Du wirst sehen, dass Du deutlich schneller wachsen wirst, als Du es Dir jemals erträumen konntest.

Ich weiß, wovon ich spreche. Und ich hoffe Du bist mutig genug, diese Erfahrungen ebenfalls zu machen - also **GO!**

HERZLICH WILLKOMMEN IM CLUB DER MACHER

Langsam nähern wir uns dem Ende unserer gemeinsamen Reise. Und wie immer nach einer besonderen Zeit mit besonderen Menschen fällt es mir schwer, Abschied zu nehmen. In solchen Momenten hilft es mir sehr, nicht auf das zu schauen, was ich verliere, sondern mir bewusst zu machen, was ich erlebt und bekommen habe.

Zusammen haben wir in „GO!" von Chamäleons, roten Rasenmähern, sauren Gurken und Dr. Strange gehört, haben gelernt, wie wir ein außergewöhnliches Leben führen, haben uns unseren Ängsten gestellt, meditiert, die Schuld lieben gelernt, unsere Dämonen gezähmt, uns selbst kennengelernt, neue Ziele entdeckt und herausgefunden, wie man einen Elefanten isst. Dass Du Seite für Seite bis zum Schluss dabei geblieben bist, ist wirklich außergewöhnlich. Du bist ein Überflieger und eine Überfliegerin, ein Mensch, der es wirklich ernst meint. Und das finde ich großartig.

DANKE für Dein Vertrauen, Danke für Deine Energie, Danke für Dich. Ich freue mich jetzt schon darauf, Dich bald einmal persönlich kennenzulernen und zu erfahren, was sich in Deinem Leben verändert hat - ganz egal ob im Rahmen des LEVEL UP YOUR LIFES, eines anderen Seminars oder auf einen Kaffee hier bei mir im Lönskrug in Gifhorn.

Ich wünsche Dir tausende magische Momente und Augenblicke, in denen Du scheiterst und wieder aufstehst, damit Du wächst, Dein volles Potential entfaltest und jede Zelle Deines Körpers realisiert, dass Du größer bist, als Du denkst! Vergiss das niemals!

Pass auf Dich auf, bleib gesund und alles Glück der Welt für Deinen Weg,

Dein Damian

PS: Eine letzte **ÜBERRASCHUNG** habe ich als Abschiedsgeschenk noch für Dich vorbereitet. Du findest sie allerdings **nicht** in unserem Trainings-Bereich, sondern nur unter dem folgenden Link:

 WWW.DAMIAN-RICHTER.COM/GO-GESCHENK

Doch Achtung! Gehe nur auf diesen Link, wenn Du es wirklich ernst meinst und Dein Leben für immer verändern willst! Denn das wird es sich, da kannst Du Dir sicher sein...

GO!
ONLINEKURS

- **31 TAGE** ZUR STÄRKUNG DEINER GO!-IDENTITÄT
- **JEDEN TAG** EIN NEUES **VIDEO FÜR DEIN WACHSTUM**
- UMFANGREICHES **WORKBOOK**
- 5 KRAFTVOLLE **MEDITATIONEN**
- GESCHLOSSENE **GO!-FACEBOOKGRUPPE** ZUM AUSTAUSCH UNTER ECHTEN MACHERN UND MACHERINNEN
- 4 **TRAININGS-SESSIONS** MIT DAMIAN
- **INKANTATIONS** (BESTÄRKENDE GLAUBENSSÄTZE FÜR DEINE GO!-IDENTITÄT)
- **BONUS:** DIE 5 MINUTEN **GO!-POWER-MEDITATION**
- + DEINE EXKLUSIVE ÜBERRASCHUNG

MEHR INFOS UNTER:
WWW.DAMIAN-RICHTER.COM/GO-ONLINEKURS

DAS LIVE-SEMINAR

LEVEL UP *your* LIFE!

AUFBRUCH IN DEIN NEUES LEBEN

WAS ERWARTET DICH...?

In diesen zwei Tagen erhältst Du **unzählige Tools, Techniken** und **Konzepte**, die Dein wahres Potenzial entfesseln werden! Du wirst mehr Energie haben, als jemals zuvor. Du wirst Menschen begegnen, die ähnliche Visionen und Ideen vom Leben haben. Und Du wirst über Dich hinauswachsen!

Während des Seminars hast Du die Möglichkeit, Deine eigenen, tief liegenden Themen zu erkennen und aufzulösen. In speziellen **Meditationen** wirst Du Dir selbst näher sein, als jemals zuvor und eine **Kraft in Dir** befreien, mit der Du all das schaffen kannst, was Du Dir schon seit vielen Jahren wünschst!

Das nächste Level in Deinem Leben ist zum Greifen nah! Mach Dich bereit für zwei Tage, an dessen Ende Du die tiefe Gewissheit in Dir tragen wirst, Dein Leben nun selbst in der Hand zu haben.

SICHERE DIR DEINE TICKETS:
WWW.DAMIAN-RICHTER.COM/LEVEL-UP

www.damian-richter.com